TUDO O QUE VOCÊ PRECISOU DESAPRENDER PARA VIRAR UM IDIOTA

TUDO O QUE VOCÊ PRECISOU DESAPRENDER PARA VIRAR UM IDIOTA

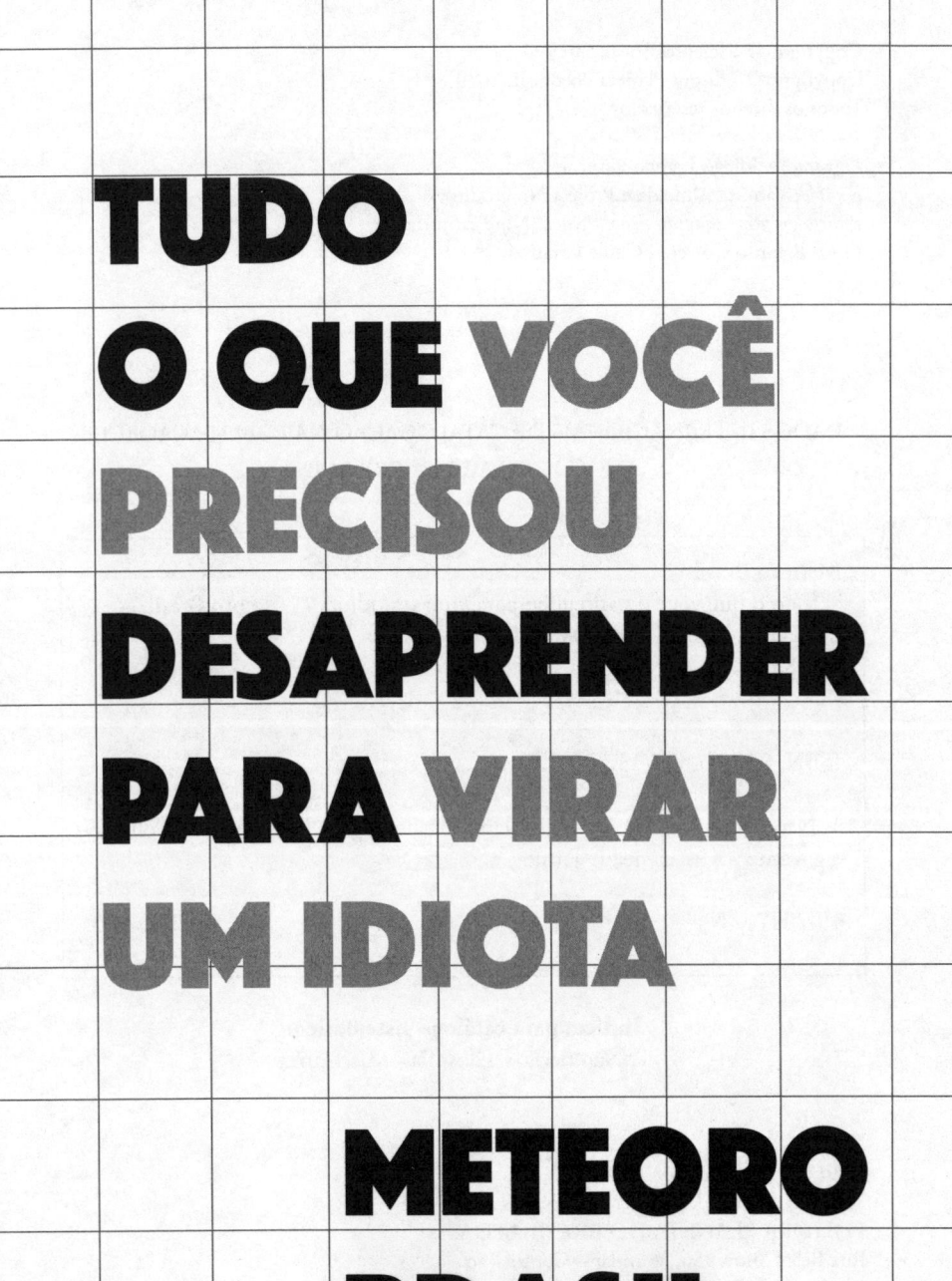

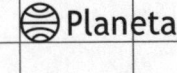

METEORO BRASIL

Planeta

Copyright © Meteoro Brasil, 2019
Copyright © Editora Planeta do Brasil, 2019
Todos os direitos reservados.

Preparação: Diego Franco Gonçales
Revisão: Vanessa Almeida e Project Nine Editorial
Projeto gráfico e diagramação: Project Nine Editorial
Capa: Ricardo Correia - Caule Criativo

DADOS INTERNACIONAIS DE CATALOGAÇÃO NA PUBLICAÇÃO (CIP)
ANGÉLICA ILACQUA CRB-8/7057

Meteoro Brasil
  Tudo o que você desaprendeu para virar um idiota / Meteoro Brasil. -- São Paulo: Planeta do Brasil, 2019.
  288 p.

ISBN: 978-85-422-1775-9

1. Não ficção 2. Filosofia - Miscelânea 3. Ideologia - Miscelânea 4. Política e governo - Miscelânea I. Título

19-2047   CDD 100

Índices para catálogo sistemático:
1. Não ficção - Filosofia - Miscelânea

2020
Todos os direitos desta edição reservados à
EDITORA PLANETA DO BRASIL LTDA.
Rua Bela Cintra 986, 4º andar – Consolação
São Paulo – SP CEP 01415-002.
www.planetadelivros.com.br
faleconosco@editoraplaneta.com.br

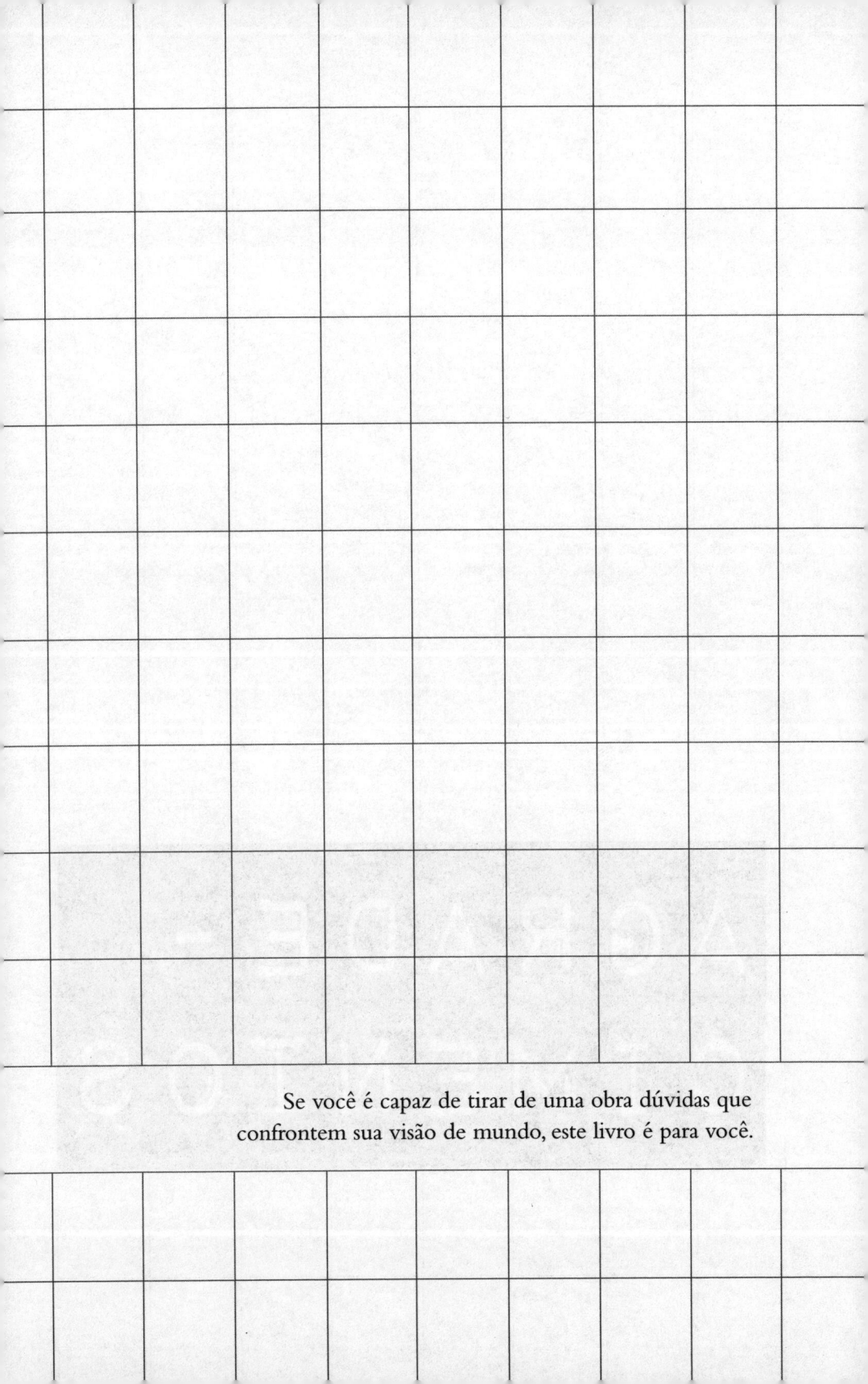

Se você é capaz de tirar de uma obra dúvidas que confrontem sua visão de mundo, este livro é para você.

AGRADE-CIMENTOS

Muito obrigado a todos que salvam o Meteoro da extinção – vocês são maravilhosos e sabem que(m) são! Com o mesmo entusiasmo, agradecemos ao advogado Bruno Silvestre e o Núcleo de Combate aos Cibercrimes da Polícia Civil do Paraná, por tratarem com a devida atenção as calúnias e ameaças que começaram a chegar desde que anunciamos nossos planos de escrever este livro.

SUMÁRIO

ANTES DE TUDO, O IDIOTA 10

CAPÍTULO 1
TEORIAS CONSPIRATÓRIAS SÃO IRREFUTÁVEIS, MAS ISSO NÃO AS TORNA VERDADEIRAS 44

CAPÍTULO 2
GLOBALISMO NÃO EXISTE 52

CAPÍTULO 3
A RELIGIÃO BIÔNICA MUNDIAL NÃO AMEAÇA A MORAL JUDAICO-CRISTÃ ..64

CAPÍTULO 4
O MEDO DO MARXISMO CULTURAL É UMA INVENÇÃO NAZISTA 74

CAPÍTULO 5
GRAMSCI NUNCA FOI MAQUIAVÉLICO 82

CAPÍTULO 6
DIREITOS HUMANOS NÃO SÃO UMA FERRAMENTA DE DOMINAÇÃO GLOBAL 90

CAPÍTULO 7
POLITICAMENTE CORRETO É COISA DA DIREITA 98

CAPÍTULO 8
OBAMA NÃO É UM AGENTE DA KGB 110

CAPÍTULO 9
MARTIN LUTHER KING JR. NÃO ERA ANTICOMUNISTA 118

CAPÍTULO 10
NADA NA PSICOLOGIA NOS RECOMENDA UM SISTEMA DE CASTAS 126

CAPÍTULO 11
FREUD NÃO DEFENDE O INCESTO 138

CAPÍTULO 12
IDEOLOGIA DE GÊNERO, NÃO; ESTUDOS DE GÊNERO, SIM 148

CAPÍTULO 13
TODO HOMOFÓBICO VIVE EM UM MUNDO SALVO POR UM MEMBRO DA COMUNIDADE LGBTQI+ 162

CAPÍTULO 14
NÃO HÁ SOCIEDADE LIVRE DE DROGAS 170

CAPÍTULO 15
O MÉTODO CIENTÍFICO É UMA CONQUISTA A SER CELEBRADA 178

CAPÍTULO 16
VACINAS SÃO SEGURAS 192

CAPÍTULO 17
A TERRA NÃO É PLANA, E MAIS: ELA GIRA EM TORNO DO SOL 200

CAPÍTULO 18
A HUMANIDADE NÃO PODE QUEIMAR PETRÓLEO INDEFINIDAMENTE ... 210

CAPÍTULO 19
NÃO HÁ RAZÃO PARA DUVIDAR DAS MUDANÇAS CLIMÁTICAS 218

CAPÍTULO 20
A ESCRAVIDÃO EXISTIU E SUAS CONSEQUÊNCIAS SÃO SENTIDAS NO PRESENTE 228

CAPÍTULO 21
O FORO DE SÃO PAULO JAMAIS FOI UMA ORGANIZAÇÃO SECRETA 234

CAPÍTULO 22
A LEI ROUANET NÃO É UMA MAMATA 242

CAPÍTULO 23
UNIVERSIDADES PÚBLICAS PRODUZEM PESQUISA, MUITA PESQUISA ... 250

CAPÍTULO 24
PAULO FREIRE NÃO DOUTRINOU NINGUÉM 260

DEPOIS DE TUDO, VOCÊ 268

REFERÊNCIAS 276

ANTES DE TUDO, O IDIOTA

Um idiota é, antes de tudo, tudo *mesmo*, um marginal. Originalmente, o termo ídhios era usado de maneira depreciativa para definir aqueles que se apartavam da vida pública na antiga Atenas: o cara abria mão da vida em sociedade, com suas regras e anseios civilizatórios, e automaticamente era chamado de idiota. Esse é o idiota ancestral.

O tempo passou e o jogo virou. Antes marginalizado, o idiota agora se apossa com facilidade das estruturas de poder. Com essas estruturas nas mãos, constrói um mundo à sua imagem e semelhança – um mundo no qual estamos todos condenados a viver.

Alguém pode ver aí uma prova incontestável da ascensão do idiota: de mero marginal para um político de destaque, grande empresário, *digital influencer*, milionário ou pensador pop. Mas há outra maneira de ver as coisas, bem menos amarga.

Os idiotas que ditam os rumos de nossas vidas têm muito pouco a ver com aqueles ancestrais e marginalizados. Um olhar atento para o termo ídhios revela as diferenças: o significado original é "próprio, ao mesmo, a si". Era o ateniense que olhava e cuidava de si em oposição ao cidadão grego, sempre integrado e dedicado às questões da cidade-estado (ou, como os gregos chamavam, *pólis*). Se o cidadão era um animal político, o ídhios era apenas um animal. Justamente por não querer saber de política, passou a ser designado por um termo depreciativo.

No século XXI, ao contrário, os idiotas estão obcecados pela política. E é nessa contradição entre o sujeito apartado das questões da vida pública, mas em imensa proporção disposto a atuar diretamente sobre elas, que mora uma explosiva combinação comunicacional. Pois o idiota agora não está sozinho. Em grupo, em rede, conectado, ele não quer *saber* de política, mas *participa* dela continuamente.

Os idiotas mudaram porque o próprio termo mudou, adquirindo novos usos e assimilando novos conceitos. Aqui e agora, *idiota* é sinônimo de falta de inteligência, baixo discernimento. Mas *idiota* – e o Aurélio e o Houaiss concordam – também significa "pretensioso" ou "vaidoso". A lista de sinônimos é grande, mas mantém alguns laços com ídhios. Se o idiota ancestral optava por renunciar ao coletivo e se dedicar à sua vida particular, pode-se pensar que se considerava superior à coletividade rejeitada. Havia uma vaidade ali e, aos olhos da sociedade ateniense de então, também tolice.

Nesse ponto, o idiota ancestral e apolítico se encontra com o contemporâneo e obcecado por política: desde sempre, o idiota é um sujeito autocentrado, preocupado exclusivamente consigo mesmo.

O idiota era um egoísta no passado – e continua sendo. A diferença é que, na antiga Atenas, ele ficava de *fora* da política. Hoje, ele é a política. Tudo é feito por ele, para ele, em nome dele. Por isso, a prioridade absoluta do idiota é combater qualquer filosofia ou doutrina que pregue valores coletivos. Se há um coletivo, o idiota se sente ameaçado em seu direito sagrado de ser idiota.

Essa é a primeira lição que foi preciso desaprender para virar um idiota: o respeito a todos e a tudo que não está relacionado a si mesmo.

Até aqui, vimos como, por trás de cada palavra, há ideias, conceitos e abstrações que são a matéria-prima com a qual moldamos nosso léxico e a nossa *subjetividade*. A etimologia – que investiga a origem das palavras – estuda, por tabela, a história da consciência humana.

Nas mãos da Filosofia, a etimologia tem se revelado um verdadeiro canivete suíço: ela parece ser só um campo específico da Gramática, mas há muitas ferramentas contidas nela. Nietzsche que o diga! Certa vez ele abriu seu canivete etimológico e dissecou as origens dos termos *bem* e *mal*. Lá se vão uns cento e trinta anos, e ainda debatemos o que Nietzsche escreveu.

No presente idiotizado, há quem use o mesmo instrumento para assaltar as palavras, destituindo-as de sua riqueza histórica, seus conceitos, suas abstrações e suas ideias acumuladas ao longo dos séculos. O assaltante linguístico é perigoso, e a periculosidade aumenta quando ele encontra outras armas, como a comunicação pública. Aí, ele ganha acesso a armas de destruição em massa.

Reagir a um assalto, bem se sabe, é sempre perigoso. Sendo assim, é prudente avisar: lendo este livro, é exatamente isso que você estará fazendo. O lado bom é que talvez você consiga reaver coisas preciosas – talvez até coisas que nem sabia que tinha.

A gente resolveu falar do idiota primeiro porque ele sempre acha que é mais importante que todo o resto; e também porque quase ninguém lê os prólogos. Dito isso, precisamos avisar que este livro é dividido em duas grandes partes: a primeira, onde você está, apresenta as fundações do que entendemos como os procedimentos de comunicação das teorias conspiratórias. Estão aqui os autores que nos instigaram a escrever esta obra e que nós acreditamos que possam funcionar como aliados na luta para entender – e combater – a idiotice. Depois desta (longa) introdução, aí sim, começamos a desconstruir algumas das teorias conspiratórias que, no momento, embasam a política e a comunicação no Brasil. Faça o seu caminho entre os capítulos como quiser, mas, acima de tudo, não deixe de questionar e buscar novas referências. Por enquanto, nós vamos tentar desvendar um assassinato.

CAUSA MORTIS

Aconteceu nos Estados Unidos, no Brasil e em uma porção de outros lugares: o poder político foi entregue a homens que dizem coisas até então inadmissíveis. Nos Estados Unidos, o candidato a presidente diz que uma minoria étnica é formada por estupradores. No Brasil, seu equivalente tropical recomenda dar umas porradas no filho que estiver ficando "assim, meio gayzinho". No fim, ambos vencem suas respectivas corridas eleitorais, não apesar de declarações como essas, mas, como veremos aqui, em função delas.

Enquanto isso, do outro lado do mundo, há quem se compare sem pestanejar a um ditador: "Hitler massacrou 3 milhões de judeus. Agora há aqui 3 milhões de viciados em drogas. Eu gostaria de massacrá-los todos", disse o presidente das Filipinas. Qualquer dúvida a respeito da veracidade da declaração seria reconfortante, mas o mundo não tem esse luxo. O trecho consta na transcrição divulgada oficialmente pela presidência do país. Da Turquia, vem um discurso presidencial segundo o qual "uma mulher que se nega a cuidar da casa é incompleta e deficiente". Já na Hungria, o primeiro-ministro diz que os refugiados vindos de um Oriente Médio devastado por guerras sucessivas são um "veneno" matando a Europa lentamente.

Não costumava ser assim. Houve um tempo em que o mais comum era que políticos optassem por discursos menos polarizadores e mais consensuais. Fazia sentido: não queriam magoar ninguém, não por nobreza ou consideração, mas por votos. No entanto isso mudou – do consenso como padrão, passamos à polarização como ferramenta política.

E, com as declarações propositalmente polarizadoras, vieram as mentiras. Não que em política isso seja novidade, mas, na década em que esse novo paradigma de liderança emergiu, as mentiras passaram a se organizar para formar teorias conspiratórias elaboradas e complexas. O líder dos Estados Unidos nos avisa que as mudanças climáticas são a invenção de "uma indústria que ganha dinheiro" e sustenta com a mesma convicção (ao menos na aparência) que a certidão de nascimento de seu antecessor foi fraudada para esconder o fato de que ele representava interesses estrangeiros infiltrados no país. Na Hungria, a questão migratória é atribuída integralmente ao financista George Soros, que teria inclusive um exército particular trabalhando para entupir a Europa de muçulmanos. No Brasil, ministros falam em globalismo, marxismo cultural e, claro, na ameaça sempre presente de uma ditadura comunista. No decorrer deste livro, compreenderemos o que há por trás desses termos e o que nos permite afirmar, mesmo diante dos mais estritos critérios metodológicos, que há aí uma superteoria conspiratória. Por ora, as questões são outras e mais urgentes: como isso foi acontecer? Como teorias conspiratórias passaram a ocupar um espaço central no debate político? Ou, com o perdão antecipado da carga dramática: como foi que a verdade morreu?

Muita gente está tentando entender o que quer que esteja acontecendo no mundo. Não é tarefa fácil: além das ferramentas metodológicas necessárias à análise do fenômeno, algum distanciamento histórico também é demandado. Nesse caso, os objetos de estudo tendem a ser grandiosos demais para serem contemplados tão de perto. Steven Levitsky, cientista político da Universidade Harvard, faz parte desse esforço coletivo de interpretação da realidade. Seu *Como as democracias morrem* foi concluído meses antes de o Brasil ter escolhido entregar a presidência a um representante dessa nova tendência polarizadora. Levitsky nos alerta para o fato de que líderes que se demonstram autoritários no discurso costumam fazer o que falam. Ao que tudo indica, embora sejam conhecidos por descumprir promessas, os políticos costumam levar suas ameaças mais a sério. Dessa forma, é sempre prudente considerar que um líder que diz que este ou aquele grupo merece "porrada" eventualmente estará disposto a transformar palavras em ação. Parece óbvio que discursos violentos ensejem ações violentas, mas estamos precisando que alguém nos aponte essa tendência – exatamente o que Levitsky faz. Talvez essa necessidade seja uma das consequências mais evidentes do esvaziamento simbólico de uma era de polarização.

Recorrendo com frequência ao trabalho deixado por Juan Linz em seu *The Breakdown of Democratic Regimes* [O colapso dos regimes democráticos], Levitsky elabora um modelo simples para identificarmos as potenciais tendências autoritárias de um líder. O mérito de Levitsky é dar clareza e atualidade ao texto de Linz, que nem sempre é compreendido com facilidade. Usando Linz como ponto de partida, Levitsky elabora uma metodologia simples e direta para a identificação de tendências autoritárias.

O teste de autoritarismo de Levitsky precisa de apenas 4 etapas para entregar um resultado: primeiro observamos se o líder em questão rejeita as regras do jogo democrático. Por exemplo: se alguém, ao disputar uma eleição, diz que não aceitará o resultado em caso de derrota; isso é sinal de autoritarismo. Em segundo lugar, precisamos ficar atentos a qualquer discurso ou comportamento que encoraje a violência: um político que, durante sua campanha, ensinasse uma criança a simular uma arma com as mãos, certamente se enquadraria aqui. Na terceira etapa do teste, observamos se o político em questão nega a legitimidade da existência de seus adversários políticos; se ele diz, hipoteticamente, que os adversários merecem ser metralhados, o que nunca é bom sinal, pouco importam as qualidades morais dos adversários. Por fim, devemos reparar se o aspirante ao cargo, em algum momento, sugere que usará seu poder para restringir as liberdades civis de seus opositores ou prejudicá-los de alguma forma; aí poderíamos enquadrar alguém que se dissesse capaz e disposto a acabar com "todos os ativismos do Brasil".

Quando olhamos para a obra de Levitsky, concluímos que há uma tendência autoritária unindo todas aquelas declarações polarizadoras e teorias conspiratórias. Além de abrangente, o fenômeno é perigoso: no século XXI, não é com tanques de guerra nas ruas e tiros de canhão que se mata uma democracia, mas elegendo alguém disposto a subverter as regras do jogo. Nesse empenho, a comunicação é a ferramenta perfeita, pois é no âmbito dos significados que reside a maior disputa por poder na atualidade. A guerra é semântica, e mesmo os adeptos das teorias conspiratórias mais alucinadas parecem reconhecê-la quando escolhem nominar seus esforços para exercer poder na arena discursiva como "guerra cultural".

A maioria de nós aprendeu na escola sobre as grandes tragédias políticas humanas. Sabemos quando e onde ocorreu o Holocausto, recitamos os nomes e as datas de posses de generais, decoramos os nomes de regimes e guerras. Contudo – e não dizemos isso necessariamente como uma crítica ao sistema de ensino, mas talvez por reconhecermos as limitações que a imaturidade escolar nos impõe –, nos acostumamos a pensar muito mais no que *aconteceu* (assim, no passado) do que no que *está acontecendo*.

Como funciona o fascismo, de Jason Stanley, é outro livro que se esforça para levar ao grande público alguma compreensão das transformações políticas em curso. Stanley, que pesquisa na Universidade Yale a respeito de movimentos neofascistas, destaca 10 características fundamentais que se unem para formar o conceito escondido na palavra "fascismo". De história ultrajante, essa palavra é ainda pouco discutida e conhecida em sua mecânica de produção de sentido.

Com o passar do tempo, velhas palavras podem ganhar novos significados: o que hoje é um insulto já foi uma filosofia tida como válida, um movimento político tido como legítimo e uma visão de mundo tida como defensável. É só quando olhamos para trás e reconhecemos os padrões que podemos compreender como as coisas aconteceram – e como podem voltar a acontecer, mesmo que os movimentos não venham convenientemente embalados com a etiqueta do fascismo. Nesse caso, ao mostrar os 10 pilares em que o fascismo se apoia, Stanley nos permite ponderar se essa safra de líderes polarizadores que observamos hoje pode ou não ser chamada – para muito além do puro insulto – de fascista.

Há quem entenda o fascismo como um regime específico; outros, como uma ideologia particular; outros, ainda, como um modo de fazer política. Na obra de Stanley, ele aparece não apenas como ideologia, mas como uma técnica para obter e manter o poder. Tanto quanto as características definidoras do fascismo, os tais 10 pilares descrevem os procedimentos adotados por essa técnica.

O primeiro desses pilares consiste em despertar nas pessoas uma nostalgia que viabilizará as etapas seguintes. Na retórica fascista, há sempre uma busca por aquilo que Stanley chama de "passado mítico". Ao menos na superfície discursiva, toda política existe como um meio para promover a volta a um determinado período histórico glorificado pelo fascista – que invariavelmente se coloca como herdeiro legítimo desse passado patriarcal em que ainda existia a ordem que ele quer fazer valer no presente. Se percebêssemos no Brasil uma nostalgia nesses moldes, direcionada ao período da ditadura militar, saberíamos que o primeiro pilar foi erguido.

O segundo pilar do fascismo é a propaganda, que se dedica a inverter as coisas: doutrinadores falam em luta contra a doutrinação e corruptos falam em luta contra a corrupção. Se qualquer iniciativa brasileira no sentido de fechar os ralos por onde escorrem os recursos públicos se confirmasse como parte de um plano de poder igualmente corrupto, teríamos a certeza da solidez desse pilar.

A terceira característica fascista é o anti-intelectualismo: as universidades são hostilizadas por disseminar muita doutrinação e pouca educação, servindo como propagadoras de todo o tipo de imoralidade. É, portanto, parte fundamental dessa técnica encarar a universidade como balbúrdia a ser combatida. Infelizmente, Stanley não diz se um ministro da educação rejeitar a própria área contaria pontos extras nesse jogo.

É o quarto pilar que se relaciona de maneira direta com a nossa pretensão de entender o esfacelamento da verdade e a presença massiva de teorias conspiratórias no debate político. A destruição da realidade também é fundamental. Stanley explica que a liberdade depende da realidade: sem uma compreensão adequada da realidade, não temos qualquer capacidade de embasar nossas decisões e ficamos perdidos. Quando o consenso sobre a realidade é destruído e o medo de inimigos imaginários é disseminado por meio de teorias conspiratórias, tudo que poderemos fazer é confiar em um líder e acreditar que seus discursos são verdadeiros. Essa quarta parte consiste, assim, em transformar as palavras do líder no único referencial possível para a compreensão da realidade. E até faz sentido que seja dessa forma, afinal, o fascismo é sobre lealdade – nunca sobre liberdade.

Numa quinta divisão da técnica fascista, encontramos a hierarquização da sociedade. É aqui que o subtítulo da obra de Stanley – *A política do "nós" e "eles"* – encontra sua justificativa. Aqueles que estão ou ainda pretendem estar no comando, sempre seguidos dos que os apoiam, não hesitam em expressar sua pretensa superioridade. Radicalizada, essa tendência poderia chegar a ponto de um deputado dizer a uma colega de posicionamento ideologicamente oposto que ela não é estuprada por ele porque não merece.

O sexto pilar do fascismo é a vitimização: o grupo dominante, já devidamente enquadrado naquele esquema de lealdade ao líder, se diz vítima das minorias. Toda e qualquer tentativa, por mais branda que seja, de estabelecer alguma justiça social e de promover igualdade é encarada como uma violência cometida contra o grupo dominante. Se o Brasil em algum momento passasse a atacar o sistema de cotas que levou negros e pobres às universidades, então saberíamos estar diante da tentativa de erguer o sexto pilar.

A sétima prática fundamental do fascismo é a criminalização de suas dissidências por meio de um princípio batizado por Stanley de "Lei e Ordem". Aqui, qualquer questionamento ao líder ou às posições do grupo que o cerca é visto como indício de crimes ainda maiores que o próprio questionamento. As dissidências, criminalizadas, devem ser vigiadas, e o líder encoraja seus seguidores a ajudá-lo nessa tarefa. Se um presidente vence uma eleição e, ao comemorar sua vitória, diz que o concorrente logo estará na cadeia, ele ergue o sétimo pilar instantaneamente e não importa que fosse uma bravata.

Se um ministro da educação soltasse um comunicado incentivando estudantes de todo o país a denunciar professores com ideias que pareçam contrárias à política governamental, talvez poderíamos pensar que este pilar estivesse em pleno riste.

O oitavo pilar do fascismo é surpreendente apenas se considerarmos que a política é feita de grandes questões públicas, excluindo aspectos mais particulares de cada indivíduo. Trata-se da disseminação de uma tensão sexual que apela para nossos medos mais íntimos. Os opositores do líder são considerados naturalmente imorais, dados a todo tipo de prática sexual para lá de contestável. Quando uma mamadeira erótica vira um dos assuntos mais comentados de uma corrida presidencial, definitivamente não é um bom sinal.

Em seu nono passo, o fascismo expande o que conquistou espalhando tensão sexual. Em referência à Bíblia, Stanley chama esse pilar de "Sodoma e Gomorra" e sintetiza seu significado da seguinte forma: existiria no líder e no grupo dominante uma pureza tradicional e ancestral que se contrapõe àquela imoralidade moderna e urbana de seus opositores. Cria-se no núcleo do fascismo um sentido de dever: o grupo dominante precisa assumir a liderança moral e ensinar aos seus opositores, muito hipoteticamente, que menino veste azul e menina veste rosa.

Por último, o fascismo estabelece a noção de que qualquer um que resista a seu domínio é um preguiçoso. Ao batizar o décimo pilar de "*Arbeit macht frei*" [o trabalho liberta],[1] Stanley nos alerta para todos os horrores que se tornam justificáveis quando julgamos que contra nós há apenas monstros imorais e preguiçosos. Tudo começa com a acusação de que a oposição só quer a queda do fascista para continuar na mamata.

É necessário ressaltar o papel central da destruição da realidade nisso tudo: é só porque os seguidores do grande líder perderam qualquer contato com a verdade que eles se rendem a seus piores ódios e temores. E pouco importa se esses ódios e temores são exatamente os mesmos do fascismo da primeira metade do século XX. O que

---

1 Tradução do alemão. A frase foi usada nos portões de vários campos de concentração nazistas, incluindo Auschwitz.

importa aqui é que os métodos são os mesmos: o ataque deliberado contra a realidade faz parte da técnica. De fato, alguns fantasmas são recorrentes na história da humanidade; basta lembrar que o mundo luta contra uma poderosa onda comunista que ainda não chegou desde os anos 1950. Mas sempre há espaço para um novo bicho-papão nos armários das mentes seduzidas pelo fascismo.

Uma síntese precisa do ideário dos líderes polarizadores – agora já tecnicamente compreendidos como potenciais fascistas – está em *O ódio como política*. Organizado por Esther Solano Gallego e publicado em 2018, o livro reúne artigos de diferentes autores e concentra seus esforços na tentativa de compreender o caso específico do Brasil dentro de toda essa história. Um desses textos, "A nova direita e a normalização do nazismo e do fascismo", pode ser especialmente útil na medida em que traça uma síntese das ideologias que compõem o fenômeno político que estamos tentando compreender. Assinado por Carapanã, o artigo identifica que "misturam-se ideais do conservadorismo, do libertarianismo e do reacionarismo". E mais: segundo o autor, a nova direita flerta, "de maneira consciente ou inconsciente, com construtos que remetem ao nazismo e ao fascismo". Por aqui, gostamos de chamar esse tipo particular de combinação política de "estado mínimo fio dental" ou o tradicional "liberal na economia e conservador nos costumes": deseja-se um estado que não cobre a educação ou a saúde, mas que se importa sumariamente em cobrir as partes mais íntimas dos seus cidadãos.

Nesse ponto, a percepção de diferentes autores se soma. Levitsky nos avisa que há democracias que estão em risco porque foram entregues a políticos interessados em subverter suas regras em nome da obtenção ou da manutenção do poder. Stanley expõe 10 procedimentos pelos quais essas regras são subvertidas. Por sua vez, Caparanã nos dá os argumentos necessários para sustentar que "nova direita" é um termo adequado para definir a coisa toda. E ele vai além, complementando a obra de Stanley, ao nos contar o que existe de fato dentro do tal "aglomerado ideológico" que a técnica fascista colocou em evidência. Ao observar uma recessão democrática no cenário global, Carapanã também conta que "a atual movimentação política tem muitos pontos em comum, algo definitivamente favorecido pela internet".

E é aqui que tudo começa a ficar mais complexo. Até esse ponto, buscamos na política – e, ingenuamente, apenas dentro dela – a *causa mortis* da verdade. Talvez tecnologia e comunicação também possam ser mencionadas no atestado de óbito. A suspeita é legítima: tudo bem que a técnica fascista contenha dentro de si procedimentos bem estruturados para destruir a realidade, como afirma Stanley, mas não é surpreendente que essa técnica volte a ser bem-sucedida no exato momento histórico em que as redes sociais consolidam sua presença dentro do instrumental usado pelas campanhas eleitorais?

Os precedentes apontam para uma relação entre transformações sociais e a chegada de novas tecnologias de comunicação. Basta olhar para como Johannes Gutenberg sacudiu o mundo no século XV. Filho de um ourives, Gutenberg deveria estar familiarizado com as habilidades técnicas necessárias para dar forma ao metal, o que forneceu os pré-requisitos necessários para que pudesse conceber sua grande invenção: a prensa de tipos móveis. Em linhas gerais, o equipamento permitia que blocos metálicos contendo letras em relevo fossem combinados numa chapa que, besuntada em tinta e pressionada contra uma folha de papel, poderia imprimir diferentes textos. Até então, a reprodução de um livro era o trabalho moroso dos monges, feita à mão, com muita técnica e, claro, sob o poder de escolha da Igreja a respeito dos temas privilegiados. Graças a Gutenberg, do século XV em diante, os livros se tornaram mais abundantes e, portanto, mais baratos. Renascença e revolução científica podem ser colocadas na conta dessa nova tecnologia: ambas cresceram e se espalharam graças à facilidade de reproduzir suas ideias. O mesmo vale para a reforma protestante de Martinho Lutero que, ao combater a noção de pobreza como virtude desejável, é parte do que nos levou ao capitalismo. Será que uma revolução desse porte seria possível sem o auxílio da facilidade e velocidade de disseminação de informação que a prensa de tipos móveis representa?

Séculos depois, precisamente em 1895, os irmãos Lumière apresentaram ao público seu cinematógrafo. Inicialmente, o cinema era visto como uma curiosidade sem maiores consequências. Os próprios irmãos Lumière chegaram a afirmar que o cinema não passava de um divertimento que logo perderia seu encanto ao longo da história. Talvez por isso tenham dedicado os primeiros anos da invenção ao monopólio de sua empresa, que fazia as máquinas, registrava os filmes e controlava as exibições. Mais à frente, abririam o mercado para outros produtores de conteúdo, o que permitiu que gente como Georges Méliès começasse a experimentar em direções muito diferentes dos filmes dos Lumière – e também permitiu que o cinema se consolidasse como mercado e como cultura, para além de uma moda passageira. E foi por isso que, em 1917, quando estourou a Revolução Russa, o governo bolchevique percebeu que havia ali uma peça importante para o aparato de propaganda que sustentaria o novo regime e logo tratou de financiar e distribuir produções que propagavam seus ideais.

O que o cinema fez pelos bolcheviques, o rádio fez pelos nazistas. É mais que simbólico o fato de o receptor de rádio mais difundido na Alemanha de então se chamar Receptor Popular 301 (ou VE301, na sigla original). O número 301, aqui, faz referência ao dia 30 de janeiro, aniversário da chegada de Adolf Hitler ao poder. Não por acaso, o ministério da propaganda buscou envolvimento direto com a produção e a distribuição do equipamento. O Estado obrigou os três grandes fabricantes (Telefunken, Blaupunkt e Loewe) a produzir o mesmíssimo aparelho e fixou seu preço máximo em acessíveis 76 reichsmark.

Percebendo que o rádio permitia ao Führer e aos ideais do regime uma presença massiva e simultânea nos lares alemães, o ministro Joseph Goebbels, encarregado pela comunicação nazista, chegou a comparar o advento do rádio ao da escrita. Goebbels não tinha, certamente, o mesmo refinamento estético que Leni Riefenstahl desenvolvia no cinema documental, demonstrado nos famosos e monumentais planos abertos de *Triunfo da vontade*. A sutileza de Riefenstahl a estabeleceu como a cineasta do regime nazista, mas também foi fundamental para que ela não fosse acusada durante os julgamentos pós-guerra, sob a alegação de estar apenas documentando a realidade. Mas talvez o grande trunfo de Goebbels tenha sido perceber seu papel como agente de controle do fluxo de informação, atuando como ampliador dos canais que permitiriam a chegada da mensagem do partido a quem mais pudesse ser influenciado por ela.

Nesse caso, o investimento governamental no rádio permitiu que a versão do governo para as notícias mais quentes do dia estivesse servida diariamente na mesa de cada família alemã.

O VE301 vinha equipado apenas para captar as transmissões internas do regime. Consta que, em 1939, o rádio estava em 12,5 milhões de residências alemãs, embora os dados do regime sejam sempre dignos de uma prudente desconfiança. Os proprietários do VE301 só tinham acesso às transmissões que reproduziam o discurso nazista. Outros aparelhos, que permitiam o acesso a conteúdo estrangeiro ou "inimigo", eram comercializados de maneira limitada, apesar do esforço do nazismo para combatê-los. Garantir a presença massiva do VE301 era uma necessidade estabelecida pela propaganda nazista, que corresponde ao segundo dos pilares descritos por Jason Stanley. Já a pretensão de evitar que as notícias estrangeiras fossem captadas com outros receptores certamente se apoia no quarto pilar – a destruição da realidade.

Da mesma forma, no século XXI, alguém capaz de mobilizar um aparato de disparo massivo de conteúdo estaria operando segundo os mesmos princípios – seja por meio de um aplicativo de troca de mensagens, seja instruindo seus apoiadores a consumirem informação apenas de suas fontes selecionadas, retirando a credibilidade de todas as outras. Talvez a verdade tenha morrido porque o fascismo – e aqui voltamos a falar de fascismo como técnica, mais do que como regime ou ideologia – finalmente voltou a encontrar as ferramentas necessárias para cometer o ato. Para que essa hipótese seja válida, é necessário assumir que o fascismo nunca deixou de estar entre nós. Se conseguiu muito do que queria só agora, foi porque a tecnologia lhe concedeu novas possibilidades.

É claro que o entremeio entre tecnologia e sociedade não é simplesmente uma linha reta em que a primeira induz transformações diretas na outra. Os estudos sociotécnicos, a filosofia da técnica e a teoria ator-rede de autores como Bruno Latour, Gilbert Simondon e Vilém Flüsser, entre outros, nos apontam para as complexas relações entre humanos e tecnologia. Já não podemos dizer que a tecnologia é apenas produto da sociedade e nem que os efeitos sociais são apenas produto da tecnologia, mas sim que uma coisa influencia a outra. Mais do que isso: aprendemos que a tecnologia também é feita por pessoas, e que pessoas são feitas de interesses, culturas e contextos sociais, econômicos e políticos. Quando os interesses políticos de um determinado momento histórico encontram nas tecnologias disponíveis uma ferramenta que os permite manipular a realidade, o que temos é a tempestade perfeita.

A eleição de um meme, de Paulo Sérgio Guerreiro, é outra dessas obras concebidas enquanto a ascensão disso que já foi definido aqui como "nova direita" ainda estava em curso. O texto aparece, portanto, em meio à construção coletiva da qual participam os autores anteriormente citados. Guerreiro, logo no título, se mostra disposto a contemplar qualquer articulação possível entre tecnologia, comunicação, cultura e política que ajude a explicar o fenômeno. Focado no Brasil, o autor parece concordar com a perenidade do fascismo cogitada anteriormente. Guerreiro contesta as chances de que a eleição do político que ele define como um "meme" se deva exclusivamente ao que os jornais, por meses, definiram como uma "crise de representatividade" no sistema político. E alerta: o sistema representativo "cumpriu bem sua função de fazer coexistir na esfera política o racismo, a homofobia, o autoritarismo, o fanatismo e demais características fascistas na esfera civil". Aqui, Guerreiro parece se referir ao que Carapanã define como o "conglomerado ideológico" do fascismo, e não àquele fascismo concebido por Stanley. Seja como for, estamos diante da possibilidade de que tanto o ideário fascista quanto a técnica usada para infectar as estruturas de poder com esse ideário tenham sobrevivido até nossos dias.

Ainda que não mencione os pilares descritos por Stanley, Guerreiro nos alerta para as consequências de cada uma das estratégias de dominação do fascismo. É difícil deixar de pensar sobre o quarto pilar (aquele que presume a destruição da realidade) quando o autor tenta nos dar uma medida da gravidade da profusão de notícias falsas: as *fake news* não terão impactos "puramente eleitorais, mas também consequências científicas. A eleição não é um fato isolado de uma sociedade política, mas sim uma ação ligada a vários outros fatores, entre eles, a educação, o conhecimento artístico, econômico, político, científico, filosófico, sociológico, geográfico, matemático, biológico e físico, entre outras tantas disciplinas que poderiam ser citadas".

É assustador que tamanha promessa de obscurantismo possa se concretizar apenas com a eleição de um personagem que é menos um político do que um meme; coisa que, ao menos como a internet a entende, nasceu como uma curiosidade sem maiores consequências. Algo análogo ao surgimento do cinema, que posteriormente se revelaria uma poderosa forma de propaganda política – o que sugere que já poderíamos ter aprendido a lição.

Originalmente, o termo *meme* surge de uma analogia entre os funcionamentos da genética e da memória (e, por extensão, da cultura também). Formulado em 1976 por Richard Dawkins em seu *O gene egoísta*, o meme é uma unidade básica de informação, transmitida pelas mais variadas formas de comunicação. Como os genes, que definem as características de vários corpos físicos por meio da propagação, memes definem culturas na medida em que se propagam. Guerreiro, no entanto, ao nos narrar os efeitos da eleição de um meme, está se referindo à compreensão, ainda que pouco consensual, que a internet tem do termo: "A duplicação e a proliferação são as principais características dos memes da internet; não há meme sem duplicação de um espaço para outro. Portanto, é a partir dessas características que se relacionam os conteúdos de internet, e assim foram designados memes".

As duas visões, com efeito, se relacionam; uma enfatiza os aspectos unitários da informação memética, enquanto a outra reconhece nas formas de transmissão da rede o canal ideal para esse tipo de pedaço de informação. Na internet, os memes replicam, segundo Guerreiro, "ideias reduzidas a pequenos conteúdos". Quanto mais síntese e quanto mais caricatura, maior a capacidade de reprodução: "A capacidade de um texto científico tornar-se viral é quase zero, e se acontece, não é um meme, pois ninguém consegue reproduzir com facilidade 40 páginas de um texto científico". Esse é um ponto de virada importante na reflexão. Se reconhecermos que a informação memética que circula na internet depende de algum tipo de redução e apelo de transmissão a fim de manter o efeito viral, talvez possamos entender por que alguns tipos de mensagens parecem circular mais facilmente do que outros e quais as consequências disso para a formação da cultura – ou para uma eleição.

Nesse ponto, já bem fundamentado, o título *A eleição de um meme* perde um pouco da graça, mas, em compensação, ganha em precisão: é a candidatura que se apresenta de maneira sintética e caricatural — talvez até grosseira — que tem mais chances de se replicar no ambiente das redes sociais digitais. Na medida em que as redes acumularam relevância dentro dos aparatos de propaganda, foram essas as candidaturas beneficiadas. Sua mensagem é feita sob medida para os métodos de propagação viral: informação direta; muitas vezes cômica, outras vezes polêmica; em outras palavras, curta e grossa.

De maneira semelhante, poderíamos assumir que aquela incapacidade de reduzir textos científicos a memes tenha fortalecido a presença das teorias conspiratórias na esfera comunicacional. Tomemos como exemplo a fantasia globalista que reduz toda a complexidade da geopolítica ao embate entre três blocos distintos: o ocidental, o islâmico e o temido bloco comunista eurasiano prestes a aniquilar os dois anteriores. Grosseira e imprecisa como pode ser, ela é dona de um superpoder de síntese que a viabiliza como meme e, portanto, como peça comunicacional capaz de se reproduzir. Se os memes replicam "ideias reduzidas a pequenos conteúdos", então era mesmo de se esperar que toda e qualquer redução da realidade ganhasse prioridade na internet.

Tomemos outro exemplo, a vasta obra de Antonio Gramsci. Apenas seus *Cadernos do cárcere* contêm 29 volumes e justificaram a publicação posterior de um dicionário dedicado a auxiliar o leitor na missão de desvendar as centenas de conceitos, até então inéditos, apresentados pelo autor. Na internet, todo esse conteúdo, que abrange diversas áreas do conhecimento, é falsamente sintetizado no termo "gramscismo". A falsidade está na noção ofensiva e redutora de que o "gramscismo" não passa de uma técnica de dominação social, associada, claro, ao globalismo — porque internet é interação, e as teorias conspiratórias sabem muito bem interagir entre si.

A verdade morreu porque ignoramos que havia entre nós gente disposta a empreender todos os passos de uma técnica de dominação baseada, entre outras coisas, na morte da verdade. Desconsideramos que havia motivação para matá-la e, se por acaso percebemos que a motivação estava lá, subestimamos as chances de que ela encontrasse meios de agir. Falhamos terrivelmente nisso. A verdade morreu porque a internet, uma revolução recebida com tanto otimismo, uma tecnologia que deveria disseminar o conhecimento e elevar a humanidade ao próximo patamar, tem sido tudo menos isso. Todo o potencial do maior aparato de comunicação já criado esbarrou nas limitações de seus usuários e dos operadores dos algoritmos que definem como o conteúdo será distribuído. A matemática Cathy O'Neil bem avisou: "algoritmos são formas de automatizar o status quo". Também falhamos em nos dar conta disso.

 É possível que a internet seja uma boa representação daquilo que Garrett Hardin chamava de "tragédia dos comuns"? Num debatido artigo para a revista *Science*, em 1968, Hardin argumentou que, sem que haja algum tipo de regulação em curso, talvez os humanos não saibam se comportar de forma sustentável em relação a bens comuns, tendendo a destruir sistemas coletivos por pura falta de capacidade de agir de forma não egoísta. Logicamente, o problema das ideias de Hardin começa quando tentamos definir quem vai regular o que, porque, ao que parece, muitos grupos sociais (curiosamente aqueles que já gozam de algum tipo de privilégio) possuem a estranha tendência de acreditar ter um direito natural ao trono, como se fossem todos legítimos herdeiros de um Targaryen. A tragédia dos comuns vira a tragédia das diferenças num estalar de dedos. Em face de outros modos humanos de cooperação e compartilhamento, o crítico americano Howard Rheingold defendeu mais à frente a revisão do conceito de tragédia dos comuns quando aplicado à internet. Rheingold apontou, por exemplo, para as formas de autorregulação da Wikipédia como um modelo possível para uma divisão social menos destrutiva de espaços virtuais. Mais otimista, Rheingold acredita na possibilidade de aproveitamento da inteligência coletiva como oportunidade criada a partir da tecnologia.

 Seja como for, tivemos múltiplas chances de agir preventivamente: as histórias da prensa de tipos móveis, do cinema e do rádio deveriam ter sido o suficiente para que nos adiantássemos às transformações sociais que sempre sucedem a chegada de novas tecnologias comunicacionais. Também já deveríamos estar cientes de como as tendências autoritárias se manifestam no âmbito da comunicação de massa.

No início dos anos 1990, houve um último chamado para esse aprendizado; e isso foi antes que a internet se tornasse algo grande. A história que vem a seguir pode até parecer se distanciar da nossa pretensão de compreender a morte da verdade como observada no início de século XXI, mas será útil para entendermos como chegamos até aqui.

Mais uma vez, a narrativa se passa na Alemanha: o muro de Berlim havia caído e, ao otimismo inicial, logo se seguiu um choque de realidade. Não seria fácil reintegrar as metades ocidental e oriental do país, sobretudo do ponto de vista econômico. O período era de crise e o principal problema era o desemprego.

Nas ruas de Hoyerswerda, manifestantes expressavam sua vontade de trabalhar. Começaram o movimento pedindo trabalho e, dias depois, reclamavam da presença dos estrangeiros que estariam roubando seus empregos. Nesse ponto, o protesto passou a adotar o slogan "emprego alemão para trabalhador alemão". Um leitor vacinado pode imaginar para onde a história vai: as manifestações se espalharam pelo país. Inicialmente convocadas em avenidas e praças, agora cercavam as obras em que os imigrantes trabalhavam, principalmente os de Moçambique. Não demorou muito para que os manifestantes depredassem os alojamentos dos imigrantes e agredissem alguns deles. A imprensa alemã lidou com os conflitos com alguma naturalidade; a xenofobia não era execrável, apenas polarizadora. Se o slogan "emprego alemão para trabalhador alemão" era considerado polêmico, foi também visto como aceitável naquele contexto, como uma tese a ser debatida.

A violência escalou e as lideranças do movimento logo se sentiram à vontade para serem fotografadas fazendo saudações nazistas. Das paredes e muros de Hoyerswerda, epicentro da onda de violência, começaram a brotar suásticas. Foi só aí que o movimento perdeu apoio popular e midiático. Os seus integrantes agora se sentiam constrangidos demais para voltar às ruas. O espaço deixado por eles foi ocupado por uma contramanifestação. Dessa vez, o slogan era "não ao racismo, não ao terror".

Amplamente registrado pela mídia alemã, esse breve *revival* do nazismo nos anos 1990 é o ponto de partida de "Movements and

Media: Selection Processes and Evolutionary Dynamics in the Public Sphere" [Movimentos e mídia: processos seletivos e dinâmicas evolucionárias na esfera pública], artigo publicado pelo pesquisador Ruud Koopmans. Observando com cuidado a cobertura do movimento na imprensa alemã, Koopmans conclui que foi justamente o caráter polarizador do slogan o responsável pelo sucesso, ainda que temporário, das manifestações.

Em seu artigo, Koopmans nos apresenta 3 conceitos distintos que interagem entre si: legitimidade, ressonância e visibilidade. Toda mensagem, notícia e slogan pode ser medido em função desses 3 parâmetros. É a razão entre as qualidades que determina as possibilidades de que a mensagem se dissemine, se reproduza e ocupe espaço na esfera pública de comunicação. Se compreendermos esses conceitos e considerarmos as novas possibilidades que as redes sociais nos trouxeram, teremos novas perspectivas sobre a morte da verdade.

A legitimidade, dentro do arsenal teórico de Koopmans, é uma régua feita para medir o consenso. Assim, se emitirmos uma mensagem com a qual todos nossos interlocutores concordam, teremos emitido uma mensagem legítima. Se, ao contrário, dizemos algo que é universalmente tido como inválido, teremos emitido uma mensagem ilegítima. Uma informação polarizadora ficaria bem no meio dessa régua imaginária e provocaria, por sua vez, bastante ressonância.

Ressonância é a capacidade que uma mensagem tem de gerar debate a respeito de si mesma, ao menos em ambientes particulares. Se encontramos um estranho no ponto de ônibus e nos sentimos dispostos a puxar papo sobre um determinado tema, é porque o tema tem ressonância. A ressonância, explica Koopmans, depende da legitimidade. Mensagens altamente legítimas não são capazes de gerá-la: como todos concordam com ela, não há muito que acrescentar, e qualquer possibilidade de debate se esgota. Da mesma forma, mensagens ilegítimas também carecem de ressonância porque, quando todos discordam, forma-se um consenso que é igualmente eficaz em limitar as possibilidades de um debate. Para alcançar a ressonância, é necessário estar naquele ponto central da régua imaginária da legitimidade. Em síntese, é preciso ser polarizador. E a ressonância é o que define se a mensagem em questão terá visibilidade.

Em Koopmans, visibilidade é a "extensão da cobertura dos meios de comunicação de massa", proporcional à ressonância. Ou seja: assuntos que geram debates na sociedade ganham mais atenção na mídia. A ideia aqui é simples: são as teses apenas mais ou menos legítimas que ganham ressonância entre nós. Elas geram debates longos e talvez desgastantes, quem sabe até uma briga na mesa do almoço de domingo. São elas que os meios de comunicação de massa preferem. Afinal, se elas nos mantêm discutindo durante horas, certamente terão potencial de nos manter colados diante da televisão por períodos igualmente longos.

A relação entre esses 3 conceitos não está muito longe de um tradicional conselho apresentado aos estudantes de jornalismo como uma definição informal do "valor-notícia", um conceito mais complexo que trata de compreender os motivos pelos quais um ou outro acontecimento na realidade é selecionado para ser noticiado. A definição completamente informal do que é uma notícia diz: se um cachorro morde um homem, não é notícia; mas se um homem morde um cachorro, é! Um cachorro mordendo um homem é consensual e legítimo; um homem mordendo um cachorro é polarizador e, portanto, ressonante.

Retornemos à Alemanha. Percebendo como esses 3 conceitos interagem, Koopmans traça o histórico das manifestações iniciadas em Hoyerswerda. Num primeiro momento, elas tinham muita legitimidade. Ao levantar a ideia de que a Alemanha precisava de mais empregos, os manifestantes geravam poucas discussões (ressonância) e ganhavam pouco espaço na mídia (visibilidade). Quando adotaram o slogan "emprego alemão para trabalhador alemão", a legitimidade caiu, fazendo disparar a ressonância e a consequente visibilidade. Mas quando as saudações nazistas e suásticas apareceram, a legitimidade se esgotou. Nem cinquenta anos separavam a manifestação analisada por Koopmans do fim da Segunda Guerra Mundial. O conjunto da sociedade reprovava unanimemente esse posicionamento, pois ele evocava um trauma coletivo. Surgiu outro consenso capaz de limitar a ressonância – e, com ela, a visibilidade.

Koopmans também explica que a chamada esfera pública de comunicação tende a jamais ficar vazia. Por esfera pública de comunicação, entendemos um espaço limitado dentro do qual cabem todos os temas que podem ser discutidos de maneira simultânea pela sociedade. Quando um tema sai, outro entra. No caso analisado, o slogan "emprego alemão para trabalhador alemão" foi substituído por "não ao racismo, não ao terror". É um final feliz, sem dúvidas, mas não foi possível atingi-lo sem atravessar uma onda de vandalismo e violência. Sempre haverá o próximo homem mordendo um cachorro.

As relações que Koopmans estabelece entre seus 3 conceitos precede a internet, mas nem assim caem em desuso. Sabemos, por puro empirismo, que numa rede como o Facebook, por exemplo, publicações que recebem mais comentários tendem a ser mostradas a públicos maiores. Aqui, nossas interações correspondem à ressonância, e o alcance total da publicação (o número final de usuários ao qual a plataforma decide mostrar o conteúdo) corresponde à visibilidade. Naturalmente, publicações polarizadoras tendem a atrair mais interações e, com isso, conquistar mais visibilidade. Mais uma vez, o aparato comunicacional contribui para a eleição de um meme. A disseminação de teorias conspiratórias, polarizadoras por natureza, também leva vantagem. Sabendo disso tudo, já não podemos nos surpreender que nesses meios a mamadeira erótica ganhe mais visibilidade do que a discussão da política tributária. Essa mensagem é talhada para ganhar fôlego no sistema.

Houve um tempo, não muito distante, em que a política tinha a comunicação como instrumento. Uma boa reunião entre o político e o magnata da mídia seria o suficiente para direcionar a cobertura. A lógica se inverteu: as redes sociais transformam todos nós, ainda que em escala moderada, em veículos de comunicação. Assim, é a política que se torna um instrumento nas mãos da comunicação; uma comunicação digital que, como vimos, é feita de síntese, caricatura e polarização. Não há como voltar atrás. Resta-nos apenas desenvolver estratégias para lidar com o novo paradigma. Até lá, a comunicação continuará privilegiando uma política feita à sua imagem e semelhança.

Consta no atestado de óbito da verdade, portanto, não apenas a política, mas também a comunicação e a nossa já conhecida incapacidade de usar de maneira responsável as tecnologias que criamos.

Eis a *causa mortis* em seu duplo sentido: além de apontar literalmente a causa da morte, o termo também faz referência ao imposto que pagamos para coletar uma herança à qual tenhamos direito. Quando a verdade morre, pagamos com a democracia. Só resta ao leitor um último e melancólico questionamento que não temos nenhuma pretensão de responder: será que a verdade morta deixará uma herança que compense o preço de seu assassinato?

AS BOBAGENS QUE PRECISAMOS LEVAR A SÉRIO

Quem ainda não perdeu totalmente os vínculos com a realidade e deu uma boa olhada no sumário pode até estar questionando, possivelmente em choque, a necessidade de afirmar que vacinas não fazem mal à saúde, que nosso planeta orbita o Sol e que a Religião Biônica Mundial não existe; isso para citar apenas alguns dos títulos. Lamentamos o possível estranhamento, mas, ao mesmo tempo, reafirmamos a necessidade urgente de tratar desses temas e, principalmente, nesses termos. Mais: garantimos que este livro também é do seu interesse, apesar de repetir muitas das coisas que você já sabe.

Se o leitor nunca duvidou da segurança das vacinas, ele descobrirá aqui como, quando, onde e por que nasceu toda uma desconfiança em torno delas. E se o leitor sempre soube o lugar de seu planeta no Sistema Solar, talvez ele se surpreenda ao perceber que o questionamento ao heliocentrismo se relaciona diretamente com a invalidação enfática do método científico como um todo – e até com uma tentativa de subjugar a própria ciência. Por outro lado, o termo "Religião Biônica Mundial" pode soar infame. É tão infame que qualquer esforço para explicar o ridículo da coisa se torna desnecessário, certo? Adoraríamos responder de maneira afirmativa, mas o fato é que a Religião Biônica Mundial é parte integrante do globalismo, uma tese na qual a política externa brasileira hoje concentra seus esforços.

Em 2019, o Itamaraty chocou os acadêmicos dedicados ao estudo das relações internacionais ao convocar um seminário sobre o tema tão duvidoso – inclusive, a palestra de abertura tinha ponto de interrogação no título: "Globalismo: teoria da conspiração ou fenômeno político observável?". Entre os convidados estavam alunos daquele que nos diz que a Religião Biônica Mundial é a ferramenta que o globalismo tem para derrotar a moral judaico-cristã, impondo uma antifé permissiva que abriria caminho para um governo comunista global. Pois é, isso é globalismo e, sim, trata-se de teoria conspiratória.

Aqui, é possível que o livro já esteja ofendendo outro grupo de leitores; aquele contingente que está satisfeito em finalmente ver o Itamaraty mobilizado contra o globalismo. É possível que os leitores tenham chegado a esta obra atraídos pela convicção de que os textos falharão miseravelmente em qualquer tentativa de refutar as teses apresentadas aqui como teorias conspiratórias. Ironicamente, são as pessoas com mais chances de sair da leitura completamente satisfeitas. Como veremos, todas as teorias conspiratórias, por mais mentiras que possam conter, são invariavelmente irrefutáveis – justamente porque são questões de crença e não argumentações ancoradas na realidade. Ademais, seus métodos discursivos blindam qualquer tipo de argumentação contrária, pois quem as critica só pode estar comprado, a serviço de algum tipo de organização malévola – ou deve ser respondido com ofensas. As conspirações propõem um jogo em que elas sempre vencem.

Não surpreende que a realidade tenha caído de joelhos diante delas. Vivemos em um mundo caótico, e a impossibilidade de compreendê-lo em sua totalidade nos causa desconforto e insegurança. Ou nos conformamos com a compreensão de que estes são fatores intrínsecos da condição humana, ou tentamos superá-los. Teorias conspiratórias vingam nessa tentativa de superação: embasadas em nada, elas explicam tudo.

Não é de agora que histórias nos confortam e nos ajudam a lidar com o caos do mundo; pois é exatamente isso que as narrativas em geral fazem. Os seres humanos já estão acostumados a tentar ordenar e explicar as incertezas da vida. Das mitologias à religião, ao teatro, às lendas infantis e ao cinema, usamos as narrativas como zona de conforto e segurança nas quais podemos nos sentir momentaneamente no controle. Contar e ouvir histórias é parte fundamental da constituição simbólica do ser humano. Mas as teorias conspiratórias são um tipo muito perverso de narrativa. Nelas, o desconforto e a insegurança trazidos pela incapacidade de compreender o mundo cedem lugar a uma falsa noção de superioridade: aquele que crê numa teoria conspiratória que explica tudo, do micro ao macro, acha que superou o desconforto da condição humana. Para ele, é triste a posição dos outros, seres atirados dentro de um universo que não compreendem, vivendo vidas vazias sem enxergar a realidade que ele, o conspirador, julga ter desnudado.

Nas teorias do lúdico, em especial nos textos de Roger Caillois, *mimicry* é a característica daquilo que se entende como jogos de simulação. Entram aí as ficções, os rituais e as brincadeiras de faz de conta. A imaginação ativada pela *mimicry* é essencial tanto no desenvolvimento do ser humano infantil quanto no dia a dia do adulto. Pois é necessário brincar de fingir: em inglês e francês, isso fica claro nas expressões que se traduzem de forma literal como "jogar" um papel (ou interpretar um personagem): *"jouer"*, *"play"*. Mas, se no âmbito infantil o fingimento lúdico está na imaginação – que sustenta momentaneamente a crença de que a criança é um leão que rosna para a mãe ou um pirata a conduzir um barco de papelão –, para o adulto, a *mimicry* também é o que sustenta as máscaras que usamos socialmente e nos ajudam a navegar as complexas relações sociais. Da mesma forma, a *mimicry* nos ajuda a produzir sentido por meio dos pequenos e grandes rituais humanos. Pois quando um padre diz "eu vos declaro marido e mulher", não é uma transfiguração física o que se opera, mas uma criação de sentido. Assim, não é a formatura que faz o graduado, nem o aniversário que faz a idade, mas os rituais de passagem que criam o sentido do tempo e da maturidade para o ritualizado. No entanto, tal como a criança se chateia ao ter sua brincadeira de faz de conta estragada por um adulto que se recusa a fingir que há chá dentro das xícaras bebidas cerimoniosamente pelo infante, os adeptos da teoria da conspiração também fazem de tudo para manter erguidas as fundações da sua fantasia.

É apenas natural, portanto, que o conspirador seja ensinado por seu mestre a nos xingar quando apontamos a conspiração como o que ela é: conspiração. Ele não quer se ver obrigado a agir com a humildade que qualquer ser humano deve ter diante da complexidade do mundo. Essa humildade é exigida apenas de nós, aqueles que não sabem e admitem não saber tudo sobre tudo. É tão confortável dentro da teoria da conspiração quanto dentro da ficção e da fantasia. Mas Caillois já nos advertia dos perigos da "possessão", que é o que acontece quando o ser humano esquece que os jogos de simulação, o faz de conta só servem para produzir sentido e passa a acreditar no ritual pelo ritual. Quem caiu na possessão se torna incapaz de sair da fantasia e enxergar a realidade; torna-se, fundamentalmente, incapaz de distinguir a linha que separa uma coisa da outra. Ele defende a ilusão como quem defende a própria vida.

Como se percebe, a adesão a uma visão conspiratória do mundo tem lá suas vantagens, mas também suas consequências. São as vantagens que ajudam a explicar como as teorias conspiratórias transcenderam a marginalidade e chegaram ao poder. As consequências são o motivo pelo qual escrevemos este livro. Nesse momento, como comprova aquele seminário do Itamaraty, existem conspirações norteando as políticas públicas brasileiras. Só isso seria razão suficiente para que nos dedicássemos a entendê-las em suas origens, em suas características e, principalmente, em suas capacidades de alterar um mundo que já seria complexo sem elas. Não há exagero algum nisso: essas ficções são plenamente capazes de dar nova forma à realidade.

Um brasileiro que queira entender como a ficção e a realidade exercem influência uma sobre a outra encontrará um exemplo notório bem ali ao lado, na Argentina. Nos anos 1980, a ditadura militar dos nossos vizinhos parecia tão esgotada quanto a nossa: a inflação aumentava, a classe média encolhia e o discurso patriótico que ajudava a manter a coesão do regime perdia o apelo diante da dura realidade de uma profunda recessão econômica. É nesse contexto que a junta militar que comandava o país passa a pautar uma discussão sobre as Ilhas Malvinas. Tanto a França quanto a Espanha já tinham se considerado donas do arquipélago no passado, mas, desde 1833, o território era ocupado pela Inglaterra. Mais de cem anos depois, a Argentina estava prestes a contestar essa ocupação – o patriotismo em declínio precisava de um inimigo externo para recuperar suas forças.

A Guerra das Malvinas se desenhava no horizonte quando a imprensa argentina publicou rumores sobre o deslocamento do submarino inglês Superb para as águas do Atlântico Sul. Como se tratava de uma manobra militar, coisa que costuma demandar sigilo, as fontes oficiais não se posicionaram a respeito. O que se seguiu a partir daí foi uma onda de avistamentos do submarino, sempre estimulada pelas descrições grandiloquentes que a imprensa fazia do Superb. Ainda que não contassem com qualquer comprovação fotográfica, os relatos ganhavam farto espaço no noticiário.

Em determinados momentos de 1982, na véspera da guerra, o submarino chegou a ser avistado simultaneamente em dois pontos da costa do continente. E é aqui que as supostas capacidades do Superb passam a fazer jus ao seu nome autoelogioso: o submarino poderia estar, ao mesmo tempo, no litoral de Santa Catarina e nas redondezas de Punta Buque. Ora, era impossível que todos os avistamentos do Superb presentes na mídia argentina fossem verídicos, mas a tensão provocada pelas notícias era real. No fim, o submarino capaz de estar em dois lugares ao mesmo tempo virou parte daquilo que justificaria as decisões da junta militar e, por consequência, uma guerra que mataria 649 soldados argentinos.

Essa história é usada por Umberto Eco em seus *Seis passeios pelos bosques da ficção* para demonstrar como costumamos completar as lacunas da nossa compreensão da realidade com elementos ficcionais: quando há um buraco entre duas coisas que sabemos, não hesitamos em preenchê-lo com algo que apenas imaginamos. Usamos a ficção para completar a realidade e a realidade para completar a ficção. A população e a imprensa argentina sabiam que havia uma manobra militar em curso (realidade), mas não sabia a extensão do poderio do inimigo (lacuna), que prontamente foi preenchido pela imaginação de um poder quase sobrenatural (ficção), que, por sua vez, embasou decisões muito reais (de volta à realidade).

É fato: quando lemos um livro de ficção, usamos os dados extraídos da nossa realidade imediata para preencher as lacunas deixadas pelo autor. E isso não é uma falha do texto ficcional, mas seu trunfo, pois, ao permitir que o receptor "participe" do processo de preenchimento do texto, este o mantém interessado enquanto atua colaborando com a construção do mundo ficcional. Eco conta em certo ponto sobre uma determinada autora de ficção que não deixa espaço para que o leitor preencha o texto, tornando-o óbvio e enfadonho; se um personagem entra em um carro e o dirige até certo ponto da cidade, é necessário mesmo dizer que ele possui todos os quatro pneus?

Esse trabalho de preenchimento das lacunas do texto vai além das questões mais operacionais e mundanas, chegando ao terreno das suposições que fazemos sobre as histórias e que dizem respeito a como entendemos nossas próprias vidas. Em *Moby Dick*, por exemplo, Herman Melville nos conta que muitos baleeiros acreditavam que a fera poderia existir em dois lugares simultaneamente, sendo inclusive caçada ao mesmo tempo por diferentes navios em diferentes pontos dos mares. Com essa passagem, entendemos que a baleia era suficientemente temida para que superstições infundadas se somassem à sua reputação. Se não ousamos tomar como verdadeiros os relatos dos baleeiros de Melville é porque completamos a lacuna deixada pela ficção com nossa percepção – extraída da realidade – de que tal coisa é impossível.

Não usamos *Moby Dick* como exemplo por acaso. A comparação entre o romance de Melville e o noticiário argentino mostra que tipo de distorções as interações entre ficção e realidade são capazes de provocar: negamos o poder da bilocação a uma baleia ficcional, mas o concedemos a um submarino real. É claro que o Superb nunca esteve em dois lugares ao mesmo tempo, mas é fato que seus avistamentos simultâneos alteraram a realidade de maneira bastante dramática: foi uma ficção que preencheu as lacunas da realidade.

Por mais absurda que a história do Superb pareça e por mais trágicas que tenham sido suas consequências para a Argentina, não há brasileiro que possua autoridade para criticar o vizinho. Nosso Superb, vejamos bem, é uma mamadeira erótica. Ainda durante o primeiro turno da eleição de 2018, um vídeo se espalhou rapidamente pelos celulares brasileiros. Nele, uma voz masculina avisa: "Olha aqui, olha, vocês que votam no PT, essa aqui é uma mamadeira distribuída nas creches", e na sequência o rapaz parece ter dificuldade para abrir a tampa da mamadeira, revelando seu explícito bico fálico. É nesse ponto que ele nos conta porque, afinal, essa mamadeira teria sido distribuída às crianças: "é com a desculpa de combater a homofobia".

Nunca saberemos quantos entre nós caíram nessa história, mas não é difícil, para quem ainda tem o ano de 2018 fresco na memória, perceber o quanto esse boato ajudou a sustentar um princípio de tensão sexual que norteou toda a campanha eleitoral para a presidência do país. Um dos candidatos falava num igualmente ficcional kit gay, que nunca foi mostrado ou comprovado como algo distribuído de fato nas escolas públicas brasileiras. Foi assim que a grosseira e infundada associação entre homossexualidade e pedofilia ocupou um espaço precioso no debate político. Mentiras explorando essa tensão sexual surgiam numa velocidade maior que a capacidade de negá-las. Pouco importa se a mamadeira foi ou não levada a sério por um grande contingente de brasileiros: ela ajudou a manter em pauta um assunto que interessava muito mais a uma das candidaturas que ao conjunto do país. Mais uma vez, a ficção se mostrou determinante na definição dos rumos da realidade.

É atribuída a Mark Twain a percepção de que "uma mentira pode dar a volta ao mundo enquanto a verdade ainda calça seus sapatos". Twain – se é que foi mesmo ele quem chegou a essa conclusão – não conheceu a internet, o aparato comunicacional que acentuou esse desequilíbrio. Mas a frase nunca fez tanto sentido. Na rede, a mentira pode circular ainda mais rápido, e seu único limite de velocidade é definido pela taxa de transferência de dados ou o quão rápido alguém consegue digitar uma mensagem no WhatsApp usando apenas os polegares. A verdade jornalística, no entanto, segue submetida a um conjunto de procedimentos de checagem que demandam esforço e, acima de tudo, tempo. Só depois de passar por esses morosos processos humanos é que ela se beneficia da tecnologia para se disseminar, ainda contando com uma capacidade de ressonância infinitamente menor. A verdade é sempre menos interessante do que a mentira, porque não goza das mesmas liberdades – seja de procedimentos, seja de limites éticos e estéticos.

Com mentiras circulando livremente e em abundância, era de se esperar que elas se organizassem em conjuntos ficcionais coesos ou em narrativas próprias. É a esses conjuntos que damos o nome de teorias conspiratórias. Elas têm seu léxico próprio, seus intertextos particulares, suas tradições e seus bardos. E teorias conspiratórias também podem se agrupar, de maneira que uma conspiração justifica a existência da próxima e a criação de uma terceira. Assim nasce toda uma leitura frequentemente simplificada do mundo chamada de superteoria conspiratória – uma espécie de *megazord* da conspiração. Não apenas para todas dominar, mas que é composta de várias outras, capazes de meter medo nas pequenas verdades que organizam o mundo aos poucos, com cautela e zelo. No Brasil, uma superteoria conspiratória agora é parte do que norteia o funcionamento do Estado. E o mais escandaloso: é frequentemente chamada, de maneira muito livre, de filosofia.

Não nos faltam motivos para que, nos capítulos a seguir, lidemos frontalmente com essas ficções. O primeiro deles mora na noção de que "chamar uma ideia de teoria da conspiração não é refutá-la; é apenas xingá-la". Essa noção é compartilhada, de maneira conveniente, pelo articulador daquela superteoria conspiratória que vem norteando políticas públicas. Ora, "refutar" é um conceito tão elástico quanto uma meia velha: você pode esticar até cobrir o que quiser, mas vai deixar seus pés gelados de noite. É impossível "refutar" algo que se baseia em uma crença; também é impossível argumentar com xingamentos.

E que fique claro: aqui, jamais o xingaremos. Também não mencionaremos seu nome, porque se tem uma coisa que aprendemos com a leitura de *Harry Potter e as relíquias da morte*, é que há uma boa razão para que Voldemort permaneça sendo Aquele-Que-Não--Deve-Ser-Nomeado. E esse é apenas um dos muitos filtros que aplicamos no processo de escrita deste livro. Todo texto é resultado de um processo de seleção de informações; é preciso definir o que entra e o que fica de fora.

FILTROS: GATEKEEPING

Na teoria da comunicação existe um termo chamado *gatekeeping*. Esse termo é usado para chamar atenção para os vários filtros e escolhas pelos quais uma informação passa até chegar às mãos, ou aos olhos e ouvidos, do receptor final. No jornalismo, cada escolha sobre fontes, assuntos, ângulos, tempo ou posição da notícia faz diferença – isso é *gatekeeping*. Quem trabalha na comunicação – e especialmente quem a controla – escolhe quais informações passam pelos portões até alcançar você.

Quando o psicólogo social Kurt Lewin cunhou o termo *gatekeeper*, ele não estava falando sobre comunicação, mas sobre os muitos fatores que influenciam os hábitos alimentares dos estadunidenses na década de 1940. Quem controla os métodos de distribuição de alimentos? Quem decide, e como, quais alimentos estão disponíveis, com que preço, em quais regiões? E como todas essas pequenas decisões e complexas relações de fatores materiais e psicológicos se combinam para influenciar os hábitos alimentares de um grupo social?

Em outras palavras: se você tem uma rodela de tomate ou um pedaço de bacon no seu prato, podemos entender que o que levou a essa situação é muito mais do que a sua escolha individual no cardápio do almoço: é o resultado de uma série de decisões que determinam disponibilidade, preço e outros valores que formam, por fim, os seus hábitos alimentares. Os guardiões dos portões, nesse contexto, são os agentes responsáveis pelas cadeias de ações que levam um alimento ao seu prato.

Como psicólogo social, Lewin entendia que o conceito poderia ser útil em outras áreas humanas, mas foi só com Pamela Shoemaker e Tim Vos que o termo ganhou força nos estudos de comunicação de massa – no esforço de compreensão das relações de poder de redes de pessoas e canais comunicacionais. Mais para a frente, a mesma teoria foi revista para dar conta dos desafios da comunicação em rede, mas continuamos entendendo que toda mensagem (seja ela uma notícia na TV ou um tweet pessoal) existe como resultado de um percurso de seleções que privilegiam esta ou aquela informação, neste contexto, de acordo com as restrições e os desejos de um ou muitos indivíduos. Tudo isso serve para dizer que uma mensagem comunicacional não pode ser, por natureza, isenta; pois sua natureza é ao mesmo tempo materialmente moldada pelas redes de distribuição e psicologicamente influenciada pelos agentes que encontra no caminho. A comunicação é social.

Falamos algumas páginas atrás sobre como a mentira tem a capacidade de circular rapidamente nas redes sociais enquanto a verdade é lenta e minuciosa em seus processos. A mentira explora especificamente os aspectos sociais e psicológicos dos *gatekeepers* na era informacional, fazendo seu caminho por entre os nós da rede e os influenciadores, disseminando-se como um vírus. As *fake news* são as chaves mestras dos portões da comunicação na internet.

Pois bem: se o termo *gatekeeping* serve na teoria da comunicação para iluminar a subjetividade aplicada a qualquer decisão durante a construção de uma mensagem, ele pode também se converter em uma missão quando o emissor de uma mensagem acredita ter autoridade para cuidar dos portões de algum corredor da cultura.

Quando um texto requer do leitor aceitação total dos fatos apresentados, sem qualquer questionamento, ele toma para si a posição de porteiro do conhecimento. Com as chaves na mão, obriga o leitor a aceitar o caminho indicado ou sentir-se – acho que você já sabe o que vem aí – um idiota.

O que vamos ver nas páginas a seguir não é nenhum segredo. Não há mensagens ocultas, ritos iniciáticos, nada que emane de uma fonte poderosa de sabedoria. Aliás, este é um dos pilares de uma citação frequentemente atribuída a René Guénon, escritor perenialista sobre o qual falaremos mais à frente: "O segredo é da natureza mesma do poder". A frase é vista com frequência como uma citação de segunda mão, mas nunca em sua forma original; assim, curiosamente, uma rede de segredos aponta para o segredo como a chave para o poder. E com as chaves na mão, aqueles que detêm o poder de abrir as portas detêm também a posição de autoridade sobre quem passa ou não para o "outro lado".

É assim que chegamos a compreender o que é este livro. Como agentes da comunicação, somos necessariamente responsáveis pelas seleções e recortes que fazemos. Somos, assim, mesmo que não gostemos, responsáveis pelo portão que leva este livro até você. Disso não podemos nos eximir. Podemos, no entanto, abrir mão das chaves numa tentativa de convidá-lo a passar pela porta com a certeza de que poderá voltar e, quem sabe?, procurar um novo caminho.

Este livro é isto: um convite para explorar e, acima de tudo, duvidar das certezas que só a insegurança nos dá. Acompanharemos ao longo das próximas páginas alguns dos principais corredores semânticos que têm sido base e sustentáculo para políticas públicas no Brasil recente. Esses corredores são o que chamamos aqui de teorias conspiratórias. Essas são ideias que, tentando manter a metáfora que fazíamos, encurralam o pensamento em um jogo de autorreferenciação. As teorias conspiratórias, por mais que pareçam nascer da saudável dúvida, aprisionam o sujeito no destino das certezas. Como veremos, elas possuem a peculiar capacidade de comprovar a si mesmas. Não gostam muito de companhia, exceto de outras teorias conspiratórias.

E companhia é o que buscamos. Companhia, contexto, cultura. Para cada ficção que observarmos, tentaremos aliar um fato que contextualize o surgimento dessa ideia, que demonstre seus mecanismos comunicacionais, que explore as aberturas e ramificações que nos levam para longe do caminho estreito da conspiração. Ao fim de cada capítulo, oferecemos indicações que possam ampliar a discussão – sejam livros, filmes ou outros exemplos.

Assim, recebemos nossos leitores como entes livres e curiosos, com quem desejamos traçar caminhos múltiplos para fora da ficção cultural (um jeito carinhoso que encontramos para designar uma mentira). Como autores, reforçamos, não podemos evitar a função de cuidar da porta, mas não tomaremos para nós a autoridade de fechá-la atrás de você. Recomendamos ao leitor que busque outras fontes, que perceba de onde vêm as ideias, e como elas são parte da negociação de significados que hoje entendemos como uma noção alargada de política.

Pois quando a política e a comunicação se mostram indissociáveis, como faces de processos de construção de sentido e de realidade, não há como realmente ficar de fora, como o idiota deseja. É preciso entrar – *mas só se você quiser!*

CAPÍTULO 1

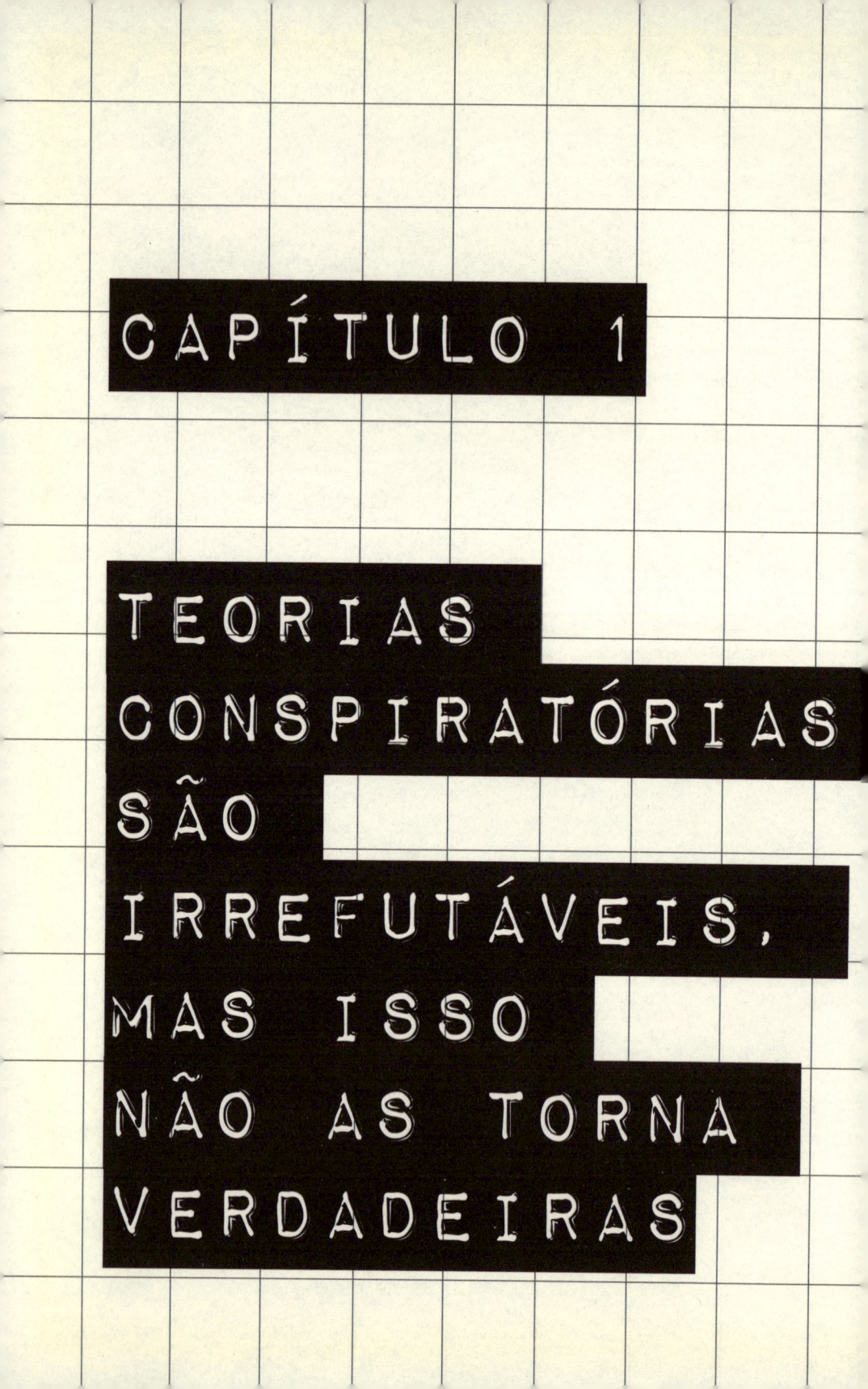

TEORIAS CONSPIRATÓRIAS SÃO IRREFUTÁVEIS, MAS ISSO NÃO AS TORNA VERDADEIRAS

FICÇÃO

Dizer que uma ideia é uma teoria conspiratória
é apenas xingá-la, e não refutá-la.

REALIDADE

Não há como refutar uma teoria da conspiração diante
daquele que nela crê. A questão é de fé, não de prova.

Houve uma época em que podíamos achar que teorias conspiratórias eram engraçadas. O mundo pode ser um lugar estranho, confuso e desafiador, mas às vezes também pode ser um tanto aborrecedor. Alimentar ideias malucas sobre répteis que governam o mundo, imaginar tramas mundiais que explicam um acidente misterioso, divertir-se com a hipótese de que *aliens* sejam responsáveis pela criação de monumentos humanos – tudo isso pode ser uma forma de exercitar a imaginação. Mas no fim das contas, as teorias conspiratórias são muito mais nocivas do que parecem, especialmente quando alimentam ódios e medos e embasam políticas públicas.

Teorias conspiratórias podem ser facilmente reconhecidas porque possuem uma série de características que as definem. Desde "Os protocolos dos sábios de Sião", texto anônimo que acusava judeus e maçons de tramarem a "dominação mundial por meio da destruição do mundo ocidental", a humanidade conhece os danos que tais teorias infundadas podem causar. A inverdade do texto foi demonstrada em 1921, mas isso não impede que toda a paranoia contida ali inspire novas conspirações – muitas delas populares entre membros do governo brasileiro atual.

Como sabemos que as teorias conspiratórias nunca são inofensivas, dedicamo-nos a identificá-las e classificá-las. O jornalista e escritor Jesse Walker, com passagem por alguns dos principais veículos da imprensa norte-americana, pode ter sido um dos pioneiros na árdua tarefa de analisar seriamente todas essas coisas que ninguém deveria levar a sério. Walker criou uma classificação para as teorias conspiratórias baseada puramente naquilo que elas combatem ou cultuam. A classificação de Walker divide as conspirações em 5 tipos, identificados topologicamente.

O primeiro é chamado de "inimigo externo". Essas conspirações hostilizam grupos e figuras fora da comunidade, que estariam tramando pesadamente contra ela. Normalmente, o "inimigo externo" é taxado de imoral, violento, perverso ou pervertido. Atribui-se a ele qualidades que o tornam digno de ser temido e combatido. O segundo tipo, ao contrário, trata de um "inimigo interno", indistinguível dos cidadãos comuns. Como uma célula cancerosa (uma comparação frequente, aliás), esse antagonista ameaçaria o sistema por dentro. No terceiro, encontramos o "inimigo de cima"; caem nessa classificação as conspirações que imaginam a manipulação coordenada de pessoas poderosas contra a sociedade abaixo. No quarto tipo, o ódio se volta contra as classes populares, já que os conspiradores acreditam que são elas que estão tramando uma revolução secreta; essas conspirações são chamadas de "inimigo de baixo". A última categoria, chamada de "conspiração benevolente", imagina grupos ou entidades (naturais ou sobrenaturais) trabalhando para nos proteger de todos aqueles inimigos vindos de dentro, de fora, de cima e de baixo – de todos os lados – para ameaçar a paz e a segurança de quem acredita nela. Curiosamente, a ameaça nunca parte dos próprios adeptos da teoria, pois o negócio aqui é criar um clima de "nós *vs.* eles".

Outro teórico que colabora para nossa compreensão das teorias conspiratórias é Michael Barkun, professor de Ciência Política da Universidade de Syracuse, nos Estados Unidos. Barkun elabora uma classificação distinta da de Walker, priorizando, mais do que a direção de onde vêm os perigos imaginados, a abrangência das conspirações.

A primeira categoria de Barkun é chamada de "teorias conspiratórias de eventos". Aqui, a conspiração lida apenas com um único fato ou com um conjunto limitado deles. Muito do que se disse sobre o assassinato do presidente Kennedy e se especulou sobre o 11 de Setembro cai facilmente nessa categoria. As teorias conspiratórias de eventos são uma forma coletiva de se lidar com o desconhecido, o imprevisível e o incontrolável, preenchendo as lacunas da realidade que não são acessíveis ao cidadão comum, seja por desconhecimento ou por alienação das fontes de informação.

As "teorias conspiratórias sistemáticas", enquadradas na segunda classificação, são bem diferentes: aqui, imagina-se uma entidade ficcional movendo praticamente todas as engrenagens da realidade com um objetivo bem estabelecido: a dominação de um país, de uma região ou até – e com maior frequência – do mundo. Esse tipo de teoria é especialmente reconfortante porque cria a imagem – ainda que terrível – de que há qualquer coisa no controle do mundo. Às vezes é mais fácil pensar que há um grupo de pessoas ou entidades mexendo as cordinhas que fazem o mundo andar do que admitir que somos um bando de alucinados sem saber direito como e por que fazemos o que fazemos.

Já as "superteorias conspiratórias" são aquelas que combinam elementos de conspirações distintas em uma ficção construída especialmente para acomodar de maneira satisfatória todos esses elementos. É quase como um filme dos Vingadores, que consegue incluir em algumas horas de projeção dezenas de heróis de dezenas de filmes diferentes. A diferença é que as superteorias conspiratórias não são nem de longe tão divertidas quanto o universo cinemático Marvel: os roteiristas nunca são tão bons, não há efeitos especiais e a iluminação e fotografia, em vez de reproduzir o rico padrão de Hollywood, correspondem àquilo que vemos em alguns dos piores vídeos do YouTube. Nessa categoria, poderíamos enquadrar as muitas versões do globalismo – em especial a sua versão brasileira, que imagina um complô envolvendo diversos poderes para estabelecer um governo comunista global. O globalismo consegue comportar dentro de si o marxismo cultural (a ideia de que os comunistas estão manipulando a cultura para nos dominar gradualmente), a noção de um *establishment* acadêmico dominado por comunistas e até mesmo a tal Religião Biônica Mundial. "Superteorias conspiratórias, ativar!": o seu superpoder é a gestão combinada do medo e o conforto em conseguir explicar tudo aquilo que nos surpreende e desafia; seu poder de alívio existencial só é comparável a seu poder de destruição.

O próprio Barkun aponta que houve um crescimento monstruoso nas superteorias da conspiração a partir da década de 1980. Tal crescimento deu-se, sobretudo, dentro dos círculos perenialistas da extrema direita norte-americana. O perenialismo é uma escola filosófica nascida na primeira metade do século XX que sobreviveu, quase sempre, à margem da academia. Misturando misticismo e um desejo de voltar a uma fabulação mágica do passado, os membros do perenialismo acreditam em uma verdade absoluta inerente às tradições e religiões antigas. Contra essa verdade absoluta, existe a ameaça da "modernidade". É aqui que a distância da academia começa a pesar nas costas do perenialismo: há pouquíssima descrição conceitual dessa modernidade (própria da filosofia) e muita demonização em torno dela (própria do misticismo). Em alguns casos, a "modernidade" é o próprio demônio.

Quando a ânsia conservadora do perenialismo encontra a ideia de que um governo vem aí e segue especulando até concluir que esse mesmo governo global vai nos impor uma Religião Biônica Mundial financiada por uma entidade secreta de bilionários comunistas chamada de "Consórcio", o que nós temos é uma superteoria da conspiração *made in Brazil* – coisa tão nossa quanto o sushi de goiabada com *cream cheese*, já que a versão brasileira do globalismo é uma mistura de conspirações importadas tardiamente. Embora não seja muito inovador, esse pacote conspiratório, convenhamos, é digno de arrepiar até mesmo os poucos cabelos do octogenário Barkum, um pesquisador que deve estar acostumado a sandices.

O autor do universo ficcional descrito no parágrafo anterior foi confrontado, em diversas ocasiões, com o caráter conspiratório de suas ideias. Foi tentando defender-se, portanto, que disse que "chamar uma ideia de teoria da conspiração não é refutá-la; é apenas xingá-la". Aqui, ele até pode estar parcialmente correto. Barkun nos ensina que as teorias conspiratórias são capazes de construir defesas impenetráveis contra uma refutação lógica.

Funciona mais ou menos assim: um indivíduo que acredita na ameaça do governo global e da sua Religião Biônica Mundial se vê diante de um curso universitário completo de Geopolítica (abordando todas as 193 nações, suas histórias, interesses e interações). Diante da informação de que o mundo é muito mais complexo do que a conspiração sugere, ele pode ignorá-la, substituindo-a pela convicção de que o professor que a apresentou é também um agente do globalismo, agindo para doutriná-lo. Todas as informações que contradigam a crença inicial do indivíduo podem seguramente ser descartadas. Problema resolvido!

Dessa forma, toda teoria da conspiração se torna virtualmente infalseável, a ponto de Barkun nos dizer que a questão é sempre de fé, nunca de fato. É apenas sintomático que o termo "refutar" tenha se tornado tão popular no léxico brasileiro nos últimos anos. O desafio para que o oponente do adepto da teoria da conspiração o refute em um debate é quase uma armadilha conceitual, pois a negação sumária das teorias conspiratórias é impossível do ponto de vista lógico. Basta concluir que o outro lado é parte de um esquema acadêmico/econômico/político/religioso de domínio e doutrinação para que nenhuma teoria seja refutada. Por outro lado, é só apresentar uma teoria da conspiração para que argumentos cientificamente estabelecidos sejam sumariamente destruídos, refutados, pisoteados, violentados – as expressões de violência funcionam bem porque expressam o desejo destrutivo desse tipo de estratégia comunicacional.

Assim, as constatações de Walker e Barkun nos apresentam um dilema sem solução fácil ou aparente: se apontamos os fatos, somos vistos como parte integrante da conspiração; se nos limitamos a tratar conspiração como tal, o conspiracionista se ressente e diz que foi xingado. O que fica claro aqui é que as teorias conspiratórias, sobretudo quando aglutinadas em uma única superteoria, acentuam a marginalização de seus crentes, levando-os para longe do alcance da razão e do diálogo. É triste porque, como mostra a história recente do Brasil, esse lugar tão distante da razão e do diálogo pode estar perigosamente próximo do poder político.

PARA VER

Hypernormalisation [Hipernormalização] (Adam Curtis, 2016)

A União Soviética já vivia seus últimos anos quando um fenômeno social muito peculiar surgiu em seus territórios: mesmo diante da inescapável decadência econômica e política, todos viviam suas vidas normalmente, como se nada estivesse acontecendo e nem fosse acontecer. Criou-se um distanciamento abismal entre a realidade política e a percepção geral dessa realidade. O fenômeno é chamado de "hipernormalização". Em seu documentário, Curtis evidencia a ocorrência da hipernormalização no presente ocidental. O filme serve como ponto de partida para pensarmos como as formas de comunicação ajudam a moldar as formas de pensamento e, finalmente, a própria percepção da realidade – não como resultado de uma conspiração malévola organizada por um grupo distinto da sociedade, mas como efeito social da própria comunicação.

CAPÍTULO 2

GLOBALISMO NÃO EXISTE

FICÇÃO

Há um processo revolucionário em curso
e ele se chama "globalismo".

REALIDADE

Há uma simplificação grosseira da geopolítica
em voga e ela se chama "globalismo".

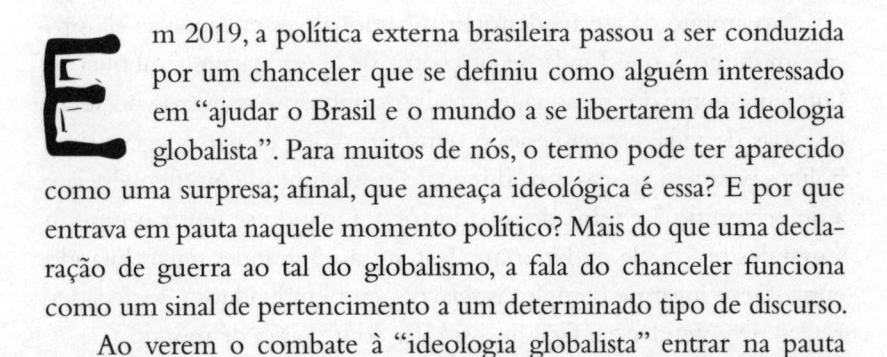

Em 2019, a política externa brasileira passou a ser conduzida por um chanceler que se definiu como alguém interessado em "ajudar o Brasil e o mundo a se libertarem da ideologia globalista". Para muitos de nós, o termo pode ter aparecido como uma surpresa; afinal, que ameaça ideológica é essa? E por que entrava em pauta naquele momento político? Mais do que uma declaração de guerra ao tal do globalismo, a fala do chanceler funciona como um sinal de pertencimento a um determinado tipo de discurso.

Ao verem o combate à "ideologia globalista" entrar na pauta do dia, estudiosos se manifestaram com natural desdém. David Magalhães, doutor em relações internacionais, escreveu no *Estadão*: "Foi Millôr Fernandes quem disse certa vez que as ideias, quando envelhecem nos EUA e na Europa, vêm se aposentar no Brasil. Complemento: quando elas chegam aqui, de andador e fralda geriátrica, são recebidas como se tivessem saído da maternidade".

Concebido originalmente em obscuros círculos conspiratórios nos Estados Unidos do século XX, o globalismo chegava ao Brasil, onde finalmente seria levado a sério.

Pois é, globalismo é coisa velha, mas é necessário que se reconheça o esforço brasileiro para atualizá-lo. Na vertente conspiratória nacional contemporânea, à qual o chanceler subscreve, o mundo estaria dividido em 3 blocos distintos. Haveria um bloco eurasiano, outro ocidental e um terceiro bloco islâmico. A cada bloco, a teoria conspiratória atribui um modelo de operação: o bloco ocidental tenta se impor pelo domínio econômico; o bloco eurasiano apostaria no ponto de vista geopolítico e militar; o bloco islâmico estaria mais interessado em impor sua religião ao restante do planeta.

Mais do que ficcional, essa versão da geopolítica é simplificadora: um mundo complexo – cheio de nações com suas disputas internas e externas, interesses comuns e divergências – se reduz a uma eficiente divisão de 3 partes, com cada bloco representando fantasias associadas ao que os conspiracionistas entendem como "as 3 modalidades essenciais do poder": econômico, político-militar e religioso. São papéis simples, reconhecíveis e com objetivos claros e homogêneos, na medida perfeita para uma ficção reconfortante, se não muito criativa.

No âmbito da escrita de roteiros ficcionais, esses papéis se classificariam como o que Linda Seger chama de "personagens simbólicos". Diferentemente dos personagens realistas, que são complexos, possuem histórias de vida, contradições e transformações, os personagens simbólicos possuem apenas uma dimensão, e sua função com frequência é a de personificar o tema de uma história. Quando se reduz o mundo a grandes blocos de poder, o que se tem são 3 grandes temas lutando entre si, em lugar de complexas relações entre indivíduos e sociedades. É fácil de entender e é fácil de assimilar como visão de mundo.

Por falar em ficção, é inevitável pensar que a vertente brasileira do globalismo se assemelha muito mais ao mundo distópico de *1984*, de George Orwell, que à realidade presente. No romance de Orwell, o mundo também está dividido em 3 partes: Oceânia, Lestásia e Eurásia. A diferença mais fundamental é que, ao longo de sua narrativa, Orwell mostra que as relações entre os 3 blocos podem ser mais complexas do que a versão oficial dos fatos sugere: à primeira vista, eles estariam em guerra pelo domínio global, mas cogita-se, em determinado momento do livro, que a guerra cumpra propósitos mútuos, mantendo o poder das classes altas e limitando o acesso à educação, à cultura e aos bens materiais do populacho. Em tempo: *1984* é uma obra de ficção e qualquer semelhança com pessoas e fatos reais é mera coincidência, não é?

O mais atento dos leitores de *1984* não encontraria na obra os elementos necessários para destrinchar os reais interesses e relações entre Oceânia, Lestásia ou Eurásia. Da mesma forma, o mais bem instruído e atento analista dedicado à geopolítica real jamais conseguiria mapear todos os fatores balanceando todas as relações entre todas as nações. É essa a inacreditável pretensão do termo "globalismo": ele explica tudo sobre tudo. Por trás de suas simplificações e generalizações, encontram-se respostas para tudo quanto ocorre no planeta. Dessa forma, a teoria globalista ordena o caos e reduz a complexidade do mundo para que possamos entendê-lo.

Em um quase exercício daquilo que em novilíngua se chama de duplipensar, é possível concluir que a ficção de Orwell é mais real do que a teoria do globalismo. Ela ao menos se esforça para tentar emular as complexidades da realidade. A teoria conspiratória, não.

A vertente brasileira do globalismo, claro, também carece dos dons narrativos de Orwell e do suspense que eles são capazes de conceder a determinados momentos de *1984*. Ao contrário da distopia orwelliana, o globalismo brasileiro é chato e previsível. *Spoiler*: os comunistas sempre vencem! A primeira grande vantagem do bloco comunista eurasiano estaria na hesitação norte-americana de combater a chegada de um governo global ou de disputar o comando desse governo. Considerando-se o histórico norte-americano em criar guerras imaginárias contra os comunistas (basta olhar para o macartismo) e a vocação autoproclamada de líderes do mundo livre, é difícil acreditar nessa falta de disposição norte-americano para combater tamanha ameaça – mas também é fácil compreender que delegar um papel minoritário aos Estados Unidos é uma boa forma de fortalecer um suposto protagonismo brasileiro nessa luta imaginária.

A segunda grande vantagem do bloco comunista estaria no "Consórcio", talvez o elemento ficcional mais divertido dessa história toda. O Consórcio seria uma instituição secreta, atuando nas sombras e sem identidade jurídica. Muitos autores já escreveram sobre essa entidade, mas fora do Brasil nenhum nunca tinha sido levado a sério. Formada pelas mais ricas famílias da humanidade, todas muito bem-sucedidas dentro da lógica capitalista, essa instituição estaria disposta a apoiar um governo global comunista. Difícil de engolir: primeiro, não há qualquer prova de que o Consórcio exista; segundo, sua existência – ao menos na vertente brasileira do globalismo – presume que os super-ricos, justo eles, estejam trabalhando a favor da ditadura do proletariado. Toda essa gente abastada, apostando fortunas na ditadura comunista global, é designada na versão brasileira do globalismo pelo termo "metacapitalista".

A ditadura comunista global seria praticamente vitoriosa no presente, e tudo o que acontece no mundo seria obra dela. No fim, percebemos que realidade não importa, vale mesmo é a impressão de que há uma grande ameaça global comunista. Aqui a conspiração globalista cria um paradoxo: o comunismo seria, ao mesmo tempo, um modelo econômico fracassado e um inimigo político invencível, capaz de comer criancinhas, roubar seu apartamento e obrigar você a usar as mesmas roupas que o seu vizinho. O horror!

Mas é na medida em que extrapola o âmbito da geopolítica e se capilariza dentro de outros subtemas que o globalismo, em especial a versão nacional, se torna perigoso: o aquecimento global, por exemplo, seria "o maior engodo científico de todos os tempos" e parte da mesma conspiração. Muitos dos cientistas que nos alertam para os riscos das mudanças climáticas, inclusive, seriam financiados direta ou indiretamente pelos metacapitalistas. Outras vertentes de pregadores da luta contra o globalismo acreditam que as vacinas estariam proporcionando um genocídio útil aos interesses do Consórcio e do Governo Global. Se tomássemos como real a distopia de Orwell, em vez do globalismo, correríamos menos riscos. Se o Brasil norteasse sua política externa imaginando que, para fora de nossas fronteiras, há apenas Oceânia, Lestásia ou Eurásia, estaríamos mais seguros.

A crença na conspiração globalista hoje chefia a diplomacia brasileira, e há muito pouca margem para acreditar que o globalismo do qual falam as autoridades no comando do Brasil seja qualquer coisa diferente daquele referido na versão nacional da teoria conspiratória. O ministro de Relações Exteriores brasileiro já se deu ao trabalho de explicar que "parte importante do projeto globalista é transferir poder econômico do Ocidente para o regime chinês". A frase aponta para a teoria conspiratória que pode ter feito o leitor rir de nervoso nos parágrafos anteriores. Outra evidência é o fato de que o chanceler foi indicado para o cargo por ninguém menos que o autor da coisa toda. Ainda que existam outros usos e significados para o termo "globalismo", o que está valendo no Brasil de 2019 é esse aí mesmo.

Em alguns de seus escritos, o chanceler parece referenciar até mesmo os elementos mais caricatos da versão brasileira do globalismo, como a Religião Biônica Mundial (sim, a mesma que está no Capítulo 3 deste livro). Quando o chanceler nos ensina que "a fé em Cristo significa, hoje, lutar contra o globalismo, cujo objetivo último é romper a conexão entre Deus e o homem", ele se aproxima da ideia, bastante disseminada em círculos conspiratórios, de que um eventual governo global – incapaz de acabar com as religiões organizadas – teria de substituí-las por algo similar, porém mais condizente com suas pretensões dominadoras e malévolas. Mas de onde vem toda essa confluência de histórias? É possível que tenhamos inventado não apenas a caipirinha e o drible da vaca, mas uma teoria conspiratória capaz de reunir quase todas as outras em uma só?

Por trás da teoria conspiratória local, há a radicalização do perenialismo. Os pensadores dessa escola partem da crença em uma verdade absoluta que estaria presente nas principais tradições e religiões organizadas. Essa verdade absoluta é chamada de sabedoria perene (*sophia perennis*), justamente por sobreviver ao longo dos séculos e se revelar de diferentes formas em diferentes religiões, sobretudo em seus saberes místicos e esotéricos.

A escola perenialista nasceu no início do século XX, tendo René Guénon como um de seus grandes expoentes. Valorizando as tradições e a verdade metafísica que acreditava envolvê-las, Guénon rapidamente desenvolveu um discurso voltado contra a modernidade. Tudo aquilo que é moderno é uma deturpação, uma ameaça às tradições inscritas nos textos sagrados. Nas mãos de Julius Evola, outro autor perenialista, essa crítica contra a modernidade virou puro fascismo. Do culto à tradição para o racismo e a misoginia – convenientemente justificados pela via espiritual –, foi um pulo. Aquilo que sempre foi deve continuar sendo; nada dessa história de começar a questionar os valores e as formas de organização social, por favor.

A obra de Evola é extensa e continua sendo cultuada pela extrema direita. A biografia do autor é controversa: enquanto Mussolini esteve no poder, Evola tratou de dar sustentação intelectual a seu regime. Depois da queda, publicou uma série de críticas ao líder italiano, mas nunca voltou atrás em suas concepções racistas e misóginas. Em 1974, publicou um último trabalho, prevendo com a mesma mistura de misticismo e autoritarismo a chegada de uma "civilização do sol" (*civiltà solare*) que, após uma dura e longa crise, reestabeleceria devidamente as tradições perdidas; aquelas onde repousa uma verdade absoluta que precisa ser defendida a qualquer custo.

A princípio, a luta contra o globalismo e contra a modernidade parecem ir de encontro com os anseios perenialistas originais. Outra hipótese é a de que a teoria conspiratória do globalismo, na forma observada aqui e agora, seja uma radicalização da face política da escola perenialista. É bom lembrar que, de fato, René Guénon nem sempre via com bons olhos os movimentos políticos de Julius Evola. Seja como for, o perenialismo concedeu a base filosófica à conspiração globalista: é porque as tradições devem ser preservadas que devemos protegê-las da modernidade e de um governo mundial imaginário.

Em muitos casos, as ficções embasadas no perenialismo partilham dos objetivos pretensiosos que estão na gênese dele: perdidas em devaneios de grandiosidade, elas se pretendem mais do que meras ficções. Tentam explicar por que nossa realidade é como é, embora não tenham ferramentas para levar a cabo uma tarefa tão monumental. Isso não significa que todas as ficções perenialistas sejam uma total perda de tempo. Aldous Huxley, por exemplo, flertou com e encontrou nelas as inspirações para romances que entraram para a história da literatura. Infelizmente, nem todos os que entraram em contato com a escola perenialista estavam a fim de fazer arte. Havia – e ainda há – quem queira fazer política, nos mesmos moldes nefastos de Julius Evola.

No início da década de 1990, o perenialismo já norteava o pensamento da chamada *alt-right* nos Estados Unidos, de onde o Brasil retirou, radicalizou e atualizou o globalismo. Não por acaso, os defensores brasileiros do globalismo rejeitam aquilo que chamam de *establishment* acadêmico — afinal, o perenialismo também cresceu à margem da academia. O semiólogo Umberto Eco pode ser creditado pela percepção adiantada da tendência perenialista de se desdobrar em teorias conspiratórias. Em seu livro *Os limites da interpretação*, Eco dedica várias páginas às teses de Guénon, sempre destacando que elas carecem de qualquer confiabilidade factual. A tese central de Eco é a de que o perenialismo não chega a ser filosofia: é mero exercício de fé. Isso devido, por exemplo, a proposições como a existência de um suposto "centro espiritual secreto", governado por um "rei do mundo", que direcionaria todas as ações humanas, sem nunca nos apresentar quaisquer evidências dessas afirmações tão grandiloquentes. Ao mesmo tempo, o perenialismo rejeita toda e qualquer informação que contrarie a existência de seu "centro espiritual secreto", de sua "sabedoria perene" e até mesmo de sua profetizada "civilização do sol".

Perenialismo e globalismo, bem se percebe, complementam-se como goiabada e queijo. O primeiro pede que acreditemos em uma verdade universal por trás das tradições, enquanto o segundo sugere que essa verdade anda ameaçada pelas mentiras de uma política subterrânea. Os autores perenialistas são frequentemente citados nos textos brasileiros que difundem o medo do globalismo. Invariavelmente, tais textos referem-se a Guénon, ou até mesmo ao profeta fascista Evola, como acadêmicos sérios e dignos de crédito, embora a academia pareça não levá-los muito a sério. É como se a teoria da conspiração buscasse (em vão) numa vertente marginal da filosofia toda aquela credibilidade que não tem.

PARA LER

Quem manda no mundo? (Noam Chomsky, 2017)

O proponente da versão brasileira do globalismo já acusou Noam Chomsky dos mais diversos crimes; entre eles, inclusive, a ocultação de genocídios. Tudo tão real quanto seu entendimento de globalismo. Faz sentido, portanto, citar *Quem manda no mundo?* como um contraponto à ideia de que o planeta está dividido em 3 blocos e que a civilização ocidental se encontra em risco diante da ascensão dos comunistas eurasianos. Aqui leremos que os Estados Unidos continuam tendo um peso que não deve ser subestimado. Além disso, encontraremos também um posfácio sobre a eleição de Donald Trump, o Brexit e a reinvenção dos ultranacionalismos que justificam toda a paranoia globalista.

PARA VER

Ponte dos espiões (Steven Spielberg, 2015)

Neste filme de 2015, Tom Hanks interpreta James Donovan, um advogado encarregado da defesa de um espião soviético capturado pelos Estados Unidos. Sem qualquer experiência prévia em direito internacional, o personagem de Tom Hanks acaba mediando a troca do soviético capturado pelos EUA por um prisioneiro norte-americano em poder da URSS. Ao longo do filme, veremos o advogado ficar cada vez mais perplexo com as complexas nuances das relações entre nações. Essa perplexidade é muito mais adequada à imensidão dos interesses em jogo do que aquela pretensa compreensão completa que o globalismo conspiratório pretende nos oferecer.

PARA JOGAR

Papers, Please (3909 LLC, 2013)

É um jogo de estratégia lançado em 2013. Desenvolvido por Lucas Pope, o jogo simula as tarefas de um agente de imigração responsável por definir quem pode e quem não pode entrar em Arstotzka, país fictício inspirado no contexto do Leste Europeu durante a Guerra Fria. Aqui, a complexidade das relações internacionais e a incapacidade de fazer uma leitura abrangente e completa de todos os fatores que elas envolvem colocam o jogador diante de uma série de dilemas morais e humanitários.

CAPÍTULO 3

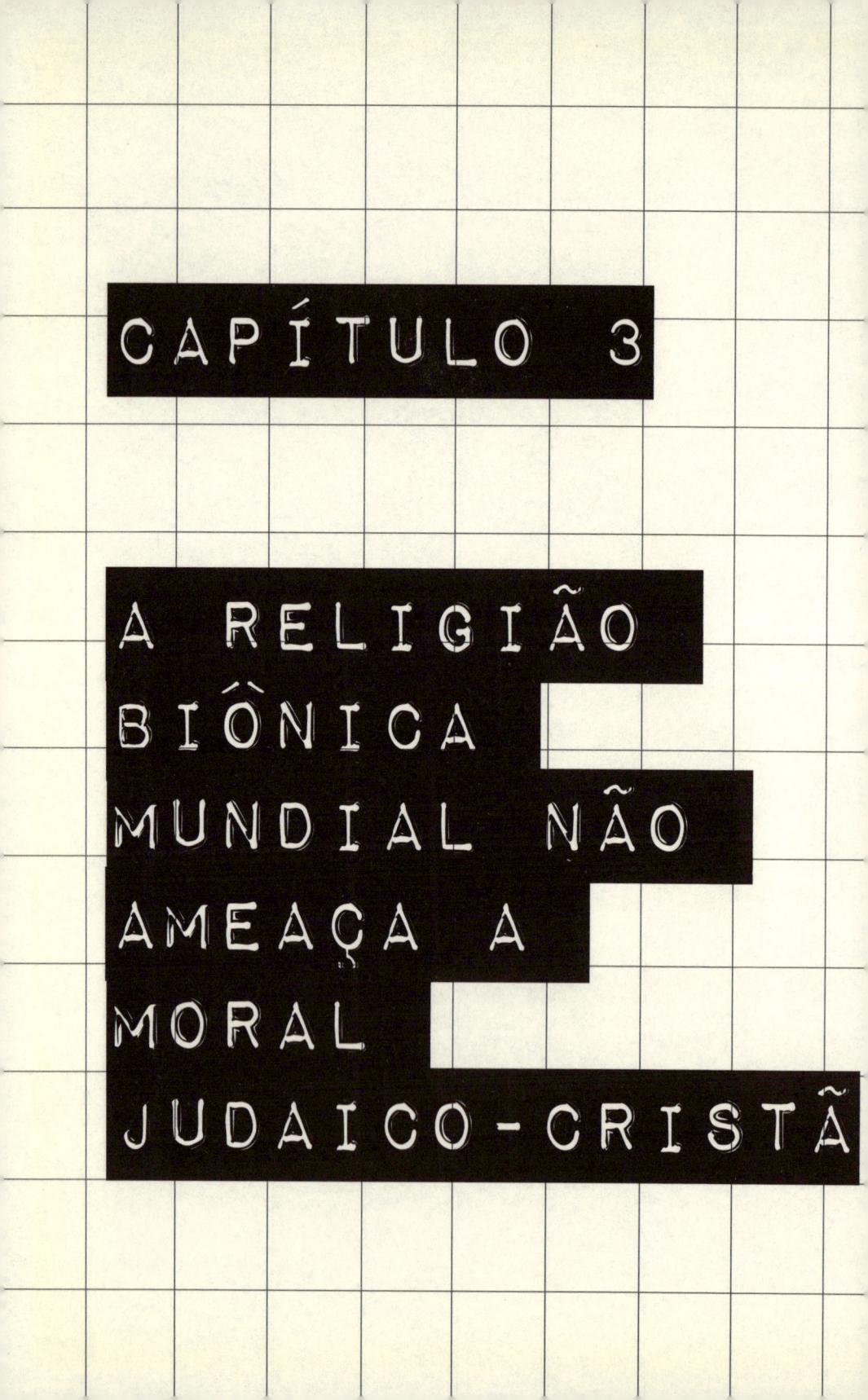

A RELIGIÃO BIÔNICA MUNDIAL NÃO AMEAÇA A MORAL JUDAICO-CRISTÃ

FICÇÃO

A moral judaico-cristã, que guiou a civilização ocidental ao longo dos últimos dois milênios, hoje se vê ameaçada pela chegada de uma Religião Biônica Mundial.

REALIDADE

A moral judaico-cristã é uma abstração que ganha força de tempos em tempos, conforme as exigências do contexto político. Já a tal Religião Biônica Mundial é uma conspiração tão engraçada quanto seu nome sugere.

A existência unificada e indivisível de uma moral judaico-cristã é bastante questionável, e mais ainda são os esforços feitos na tentativa de defender um conceito que é muito genérico e pouco palpável. Embora judaísmo e cristianismo partilhem de um conjunto de crenças, há muita coisa separando os dois. De maneira conveniente, quando necessário, as duas tradições sofrem um amálgama artificialmente talhado para reforçar o discurso de quem invoca a suposta existência de uma moral comum.

Durante a maior parte da história, cristãos e judeus se esforçaram na tentativa de distanciar as duas tradições, evidenciando suas diferenças. Muitos dos conflitos que a humanidade viu ao longo do século XX nos levam a crer que foram bem-sucedidos.

A vontade de separação também se fez presente no interior das comunidades cristãs e judaicas. Ao longo dos últimos dois milênios, surgiram muitos cristianismos e muitos judaísmos diferentes. São vertentes diversas e conflitantes. Cada qual possui um entendimento próprio do que é e não é moral.

Com isso, a moral judaico-cristã se torna uma abstração generalista na medida em que abriga uma complexidade difícil de unificar. Abrigar todas as vertentes cristãs e judaicas sob um mesmo termo é nocivo – sobretudo àqueles que correm o risco de verem solapados os longos processos históricos que geraram uma enorme diversidade.

Unificar toda essa complexidade e chamar a união forçada de "moral judaico-cristã" é um empreendimento muito mais recente do que seus entusiastas podem supor. O termo "judaico-cristianismo" não existia em dicionários até 1899, quando foi incluído no Oxford English Dictionary. Já cai o primeiro mito: aquele segundo o qual a defesa irrestrita da moral judaico-cristã coincide com a defesa de tradições quase tão antigas quanto a história do Ocidente. Não é bem assim.

A vertente obcecada pela defesa da moral judaico-cristã conspira, imagina e inventa o passado a ser preservado. Os conservadores dessa linha, portanto, fazem qualquer coisa menos conservar. Seu discurso simplificador e anti-histórico destrói a verdadeira trajetória daquilo que diz proteger com muito mais eficiência que seus inimigos imaginários. Sobre os escombros da história, é construído um edifício que nada tem a ver com as tradições daquilo que pretende defender, exceto pelo nome que ostenta na porta.

Como conceito, a moral judaico-cristã, claro, sempre teve tudo a ver com política; o que, aliás, também aponta para o fato de que é uma construção ideológica recente, concebida para justificar interesses muito mais práticos e materiais do que aqueles sugeridos por sua suposta ancestralidade.

Em 1952, a Segunda Guerra já estava liquidada e o mundo estava ciente dos horrores que o antissemitismo era capaz de provocar. O Estado de Israel, que se provaria muito útil aos interesses dos Estados Unidos no Oriente Médio, havia sido fundado quatro anos antes. Era essencial para os interesses estadunidenses evidenciar o parentesco da fé judaica e da cristã, identificar suas similaridades morais e esquecer suas divergências. O contexto era mais do que propício para que o judaico-cristianismo ganhasse espaço político – e foi justamente isso que aconteceu. O termo marcou presença pela primeira vez, dentro desse contexto, em um discurso proferido por Dwight D. Eisenhower, o então presidente dos Estados Unidos: "Um governo não faz sentido, a não ser que esteja profundamente voltado à fé religiosa. Para nós, é claro, é o conceito de judaico-cristianismo". Entre o discurso do político (que tenta construir um passado) e as palavras dos antigos profetas (que tratavam, por definição, do futuro), há um abismo temporal e outro conceitual.

Ao menos mil anos separam Moisés e Jesus. Muita coisa acontece em um milênio: tradições mudam, rituais assumem novas formas. Foi o que aconteceu com a religiosidade judaica: um contínuo processo de transformações induzido e influenciado pelas culturas com as quais os antigos hebreus entraram em contato. Diante disso, Jesus marcava o movimento de radicalizar tais transformações ao ignorar limites da fé judaica e até mesmo acentuar princípios morais mais básicos: "Ouvistes que foi dito aos antigos: Não matarás; aquele que matar terá de responder no tribunal. Eu, porém, vos digo: todo aquele que se encolerizar contra seu irmão, terá de responder no tribunal".

Quem recomendou não matar foi Moisés, assim instruído por Javé. Cristo, nessa passagem, resolveria estender larga e profundamente o quinto mandamento. Entre não matar e não se irritar, há uma distância *enorme*. O cristianismo aqui se revela muito mais exigente e se apresenta como uma clara radicalização da moral judaica de então. Curioso notar que a moral judaico-cristã é muito mais defendida do que seguida: há quem se irrite, e muito, contra aqueles que se colocam no caminho dela, como o Twitter pode atestar.

A realidade é que há uma moral judaica, passível de inúmeras interpretações, e uma cristã, igualmente sujeita a exercícios interpretativos. As possibilidades são tão numerosas quanto discrepantes, e a tentativa de abrigar todas essas possibilidades sob um mesmo guarda-chuva entra e sai de moda de tempos em tempos, conforme o contexto e as circunstâncias.

Muita tinta já foi gasta na tentativa de denunciar a generalização da moral judaico-cristã. Jacob Neusner, no livro *Jews and Christians: The Myth of a Common Tradition* [Judeus e cristãos: o mito da tradição comum] vai ao cerne da questão: a aproximação entre judaísmo e cristianismo é um mito, evocado conforme as conveniências. Já o teólogo Arthur A. Cohen, em *The Myth of the Judeo-Christian Tradition* [O mito da tradição judaico-cristã], vai além e afirma com todas as letras que a moral judaico-cristã é uma invenção concebida no campo das relações políticas.

A defesa da moral judaico-cristã identifica em ambas as tradições um código coeso de valores a serem protegidos. Esses valores resultariam em uma sociedade patriarcal, feita *por* homens de bem *para* homens de bem. Isso, claro, considerando-se que o homem de bem esteja armado e pronto para não apenas irritar, mas aniquilar o inimigo que cruze seu caminho. Esse é o sonho conservador que busca em uma fabulação do passado suas inspirações, ignorando suas contradições, por mais evidentes que sejam. E uma delas tem nome: Débora.

Muito antes dos reis Saul e Davi, havia os *shofethim*, líderes e juízes encarregados de dirigir o povo hebreu. Eles tinham a maior de todas as funções naquele contexto cultural e histórico. E quem a cumpriu? Débora. Como *shofeth* – o singular de *shofethim* – ela atuava como estrategista militar e autoridade judiciária suprema diante das 12 tribos hebreias, formadas depois da conquista de Canaã.

A cena corta para o Brasil de 2019, quando Damares Alves, ministra da Mulher, Família e Direitos Humanos e fervorosa adepta do conceito contemporâneo de moral judaico-cristã, defende que "mulher tem que ficar em casa". Novamente, vamos ignorar que Damares diz isso enquanto trabalha fora de casa, uma exceção que se permite a quem defende tão fervorosamente o dever dos outros de não ter direitos. Pois bem, a quem pergunta de onde ela tirou tal ideia, Damares, que também é pastora evangélica, responde: da Bíblia.

Damares entende que a influência de outras culturas, principalmente a "cultura da homonormatividade", seja o que isso for, nos afastou da tal moral judaico-cristã. Mal sabe ela que judaísmo e cristianismo também são mosaicos de influências culturais coletadas ao longo dos milênios.

A presença de Débora – a respeitada e cultuada *shofeth* – entre as grandes lideranças históricas do povo hebreu é uma demonstração disso: os hebreus saíram do Egito, mas o Egito parece não ter saído dos hebreus. O povo de Moisés se tornou um pouco mais matriarcal ao assimilar traços culturais daquela sociedade. Débora, descrita também como profeta no Livro de Josué, é a radicalização excepcional da tendência à permeabilidade cultural.

Culturas sempre exerceram influência mútua umas sobre as outras. Uns povos conquistam outros, alguns se juntam aos vizinhos, outros competem por recursos copiando as invenções que viram ali depois do monte, e as culturas vão se transformando no processo. Bastou alguns coletores começarem a plantar para que a agricultura começasse a se desenvolver e o estilo de vida nômade começasse a se alterar na Europa neolítica. Já no século XXI, o fenômeno da troca cultural ganhou escala graças aos novos meios de comunicação. Infelizmente, o que poderia ser facilmente explicado como a exacerbação de uma tendência natural, proporcionada por novas tecnologias comunicacionais, virou uma intrincada teoria da conspiração.

Hoje, a abstração de uma moral judaico-cristã unificada e indivisível estaria ameaçada por algo chamado de "Religião Biônica Mundial". Esta última, mais do que uma abstração conveniente, como é o caso da moral judaico-cristã, é mera invencionice. Mulheres lutando pelo direito a seus próprios corpos e a comunidade LGBTQI+ lutando pelo direito de amar estariam envolvidas proposital ou inadvertidamente em um sórdido conluio mundial. O objetivo seria o de implantar uma antirreligião simpática ao aborto e capaz de abrir caminho para a "ditadura gayzista". O que parece risível para pessoas de bom senso, é uma ameaça real a ser combatida pelo governo para muitos brasileiros. A ficção cobre os buracos na realidade e torna um mundo desafiador – "algumas pessoas têm costumes e comportamentos diferentes dos meus" – em uma certeza ameaçadora e reconfortante – "há um inimigo doutrinador que deve ser combatido".

A fantasia da Religião Biônica Mundial ameaçaria a abstração da moral judaico-cristã e teria o apoio direto da elite financeira global, que se beneficiaria de forma não especificada da tal "ditadura gayzista". Sua implementação exigiria, em primeira instância, a normalização da homossexualidade entre as crianças. Vem daí o também inexistente "kit gay" e a mamadeira erótica que teriam sido distribuídos nas escolas brasileiras na gestão da presidenta Dilma Rousseff.

Dilma, aliás, estaria envolvida diretamente nos planos conspiratórios, sem nenhuma explicação de qual seria a vantagem para a ex-presidenta em promover o tal novo regime.

É necessário que a Religião Biônica Mundial e seus supostos sacerdotes, cujos cetros cerimoniais são mamadeiras eróticas, sejam descritos de maneira cômica e econômica. Não dá para conceder a essa piada uma seriedade da qual ela não é digna.

Em linhas gerais, trata-se do seguinte: de acordo com a lenda, a rejeição soviética contra religiões organizadas teria contaminado a Organização das Nações Unidas, vista como o germe de um governo mundial. Tal governo, claro, seria comunista, muito embora seja apoiado por alguns dos homens mais bem-sucedidos da história do capitalismo.

Para ser viável, o governo mundial precisaria impor ao mundo a nova fé, ou antifé, da Religião Biônica Mundial. Afinal, não seria fácil exterminar as religiões organizadas. É muito mais fácil substituí-las por um credo maligno e cuidadosamente elaborado que sustente os planos de controle global. A moral judaico-cristã seria o último obstáculo a ser superado pelos ardilosos, ainda que sem nome, dominadores globais. O último bastião, a derradeira resistência, a força que sustenta sozinha toda a cultura tradicional do Ocidente contra um regime antirreligião gayzista abortista comunista.... é um pilar ficcional. Ainda bem que a ameaça é igualmente inexistente, então.

Bom, é preciso livrar-se primeiro dos elementos mais fantásticos dessa ficção. Mamadeira erótica, kit gay e a Religião Biônica Mundial são invenções de quem está muito comprometido com sua própria distopia. Sua existência jamais foi comprovada. Mas não podemos ignorá-los: causaram um dano a ser calculado por gerações futuras de acadêmicos. Esse dano só poderá ser mensurado com as ferramentas metodológicas adequadas e o distanciamento histórico necessário.

A tarefa mais urgente é a desmistificação da moral judaico-cristã, de caráter generalizante e abstrato. É preciso compreender as fragilidades da cultura ocidental e fazer um profundo exercício de autocrítica. Sem ele, caímos em outro mito muito perigoso: o da superioridade cultural, que é a porta de entrada para drogas mais pesadas – como o racismo, por exemplo. Isso porque o que começa com a defesa de uma falsa unidade de um lado (a moral judaico-cristã) faz oposição ao perigo igualmente pasteurizado do "outro", o "estranho", o "diferente" que ameaçam com seus meios nefastos a integridade de um povo "de bem". Não é difícil perceber que xenofobia, homofobia e racismo são os combustíveis que mantêm essa fogueira acesa.

E justamente quem nos alerta para os perigos da Religião Biônica Mundial, acrescentando a presença de uma ex-presidenta na trama, também considera que a contribuição básica dos negros ao Brasil foi dada por meio do trabalho escravo. O autor da teoria admite que esse trabalho "construiu a riqueza da Colônia e do Império", mas pontua que "foi uma contribuição material, não cultural". A tese que se estrutura a partir daí é a de que não há nada de negro ou africano na identidade cultural brasileira e que, portanto, estaríamos em situação melhor se nos entregássemos àquela pretensa unidade judaico--cristã, rejeitando todo o resto. De nada adiantaria, diante do absurdo, argumentar com tudo o que a antropologia cultural nos diz sobre o tema: primeiro, o autor sustenta que não se pode confiar no *establishment* acadêmico – a academia teria sido cooptada pelos comunistas (falaremos disso num capítulo posterior); segundo, uma vez que a herança africana em nossa cultura se tornasse inegável, seríamos colocados diante de questionamentos a respeito do valor qualitativo dessa herança. E os questionamentos seriam invariavelmente ofensivos. É o que se deve esperar de quem escreve que "a história inteira do samba não vale três compassos de Bach".

Como não se pode negar a brasilidade e nem a negritude do samba, o que resta é subtraí-lo em sua relevância. Inadvertidamente, aquele que está radicado nos Estados Unidos e segue radicalizando no Brasil produz aqui um clássico do que Nelson Rodrigues nos ensina a chamar de "complexo de vira-lata" – aquele permanente sentimento de inferioridade por meio do qual o Brasil se enxerga.

A consideração sobre música pega mal, mas é no tópico da religião que compreenderemos melhor com quem e o que estamos lidando. Ao se perguntar por que deveria perceber as religiões de matriz africana como "elevadas expressões de cultura", o autor nos diz (sem revelar a fonte dos dados) que a maioria dos negros se converte ao islã e termina dizendo que os próprios negros abominam a "idolatria politeísta".

É o décimo oitavo artigo da Declaração Universal dos Direitos Humanos que nos dá a liberdade de aderir a uma "idolatria politeísta" ou a outra "idolatria monoteísta" e estabelece que devemos ser respeitados independentemente dessa escolha. Poderíamos usar o documento na argumentação, mas o autor da conspiração guarda em relação a ele a mesma desconfiança que reserva ao *establishment* acadêmico. Mais um ponto para a teoria conspiratória, que fecha todos os caminhos possíveis.

A suposta superioridade da idolatria monoteísta nos remete à chegada dos portugueses na África. É o antropólogo Bruno Latour, em seu *Reflexão sobre o culto moderno dos deuses fe(i)tiches*, que nos conta que, diante do primeiro contato com as religiões africanas, os portugueses ficaram surpresos e ultrajados ao perceber que os africanos produziam seus próprios objetos de culto. Dessa percepção, os portugueses tiraram sua justificativa para chamar de fetiche as práticas religiosas que encontraram na África. Fetiche, em sua origem, significa "coisa feita", estando ligada a feitiço; é feita por gente em oposição àquilo que é gerado de maneira espontânea pela natureza. É claro que Latour não deixa passar batida a contradição dos portugueses: afinal, seus crucifixos e suas medalhinhas de Nossa Senhora também não tinham sido colhidos em árvores. Se uma imagem de Oxóssi anuncia um feitiço, então o mesmo vale para outra de São Jorge.

Mas para os portugueses em solo africano, ficou a estupefata incompreensão de como os locais podiam adorar aquilo que eles mesmos fabricavam. Fetiche, feitiço, coisa-feita, trabalho: aquilo que é feito pelo homem não pode ser de Deus, ou é assim que lhes parece. Ignoravam os portugueses que não apenas suas medalhas e seus crucifixos, mas sua própria noção de religião pertence ao âmbito das coisas-feitas na cultura. Como as coisas que são feitas pelo homem (*techné*), seu modo de vir a ser (*poiesis*) é diverso daquele da natureza. A cultura é mais máquina do que cachoeira. Suspeitamos que venha dessa encruzilhada o termo mais estapafúrdio da coisa toda: a parte "biônica" da religião mundial evoca os medos de um trans-humanismo assustador, uma corrupção do natural pelo artificial. Seria uma rejeição do homem pela cultura? Um desejo de aniquilação que é, ao mesmo tempo, autopreservante e socialmente destrutivo? Ou talvez só uma forma mais contemporânea de desumanizar o inimigo, já que a animalização poderia estar um tanto fora de moda?

Já deve ter ficado claro: sempre há chances de que uma declaração de superioridade cultural, étnica ou até racial esteja escondida na defesa da moral judaico-cristã. E aqui é bom atentar para aquela unificação genérica e arbitrária das duas coisas que apontamos logo no início. É a presença de *judaico* em judaico-cristão que coloca os defensores dessas teses a uma distância estratégica, conveniente e segura de certo regime que perseguiu e matou judeus. De resto, os pontos em comum já devem ter ficado claros.

PARA JOGAR

Nier Automata (Square Enix, 2017)

No ano de 11.945 d.C., dois androides são enviados à Terra. Vêm em missão contra máquinas criadas por alienígenas que ameaçam a existência de humanos, a essa altura refugiados longe do planeta. Os principais agentes da guerra, portanto, não estão presentes na tela, mas lutam por meio de seus construtos artificiais. Lá pelas tantas, os dois androides percebem que as máquinas, abandonadas à sua própria sorte no planeta, começam a desenvolver comportamentos que julgam ser semelhantes aos dos humanos. Um grupo elege um bebê como rei; outros robôs desatam a pintar as caras como se usassem maquiagem; uma grande legião deles se junta para formar uma seita religiosa suicida. No meio disso tudo, a questão sobre contra quem se luta – e por quem se luta – começa a ficar cada vez mais evidente para todos os tipos de máquinas, seja aquelas que se consideram elevadas porque semelhantes aos humanos, ou aquelas que parecem imperfeitas porque diferentes do padrão. Em algum ponto, duas construções maquínicas semelhantes a humanos chamados Adão e Eva ameaçam destruir a própria noção de realidade. Se há alguma coisa que pode ser chamada de Religião Biônica Mundial, ela foi inventada por Yoko Taro e pode ser jogada em qualquer PlayStation ou Xbox One.

CAPÍTULO 4

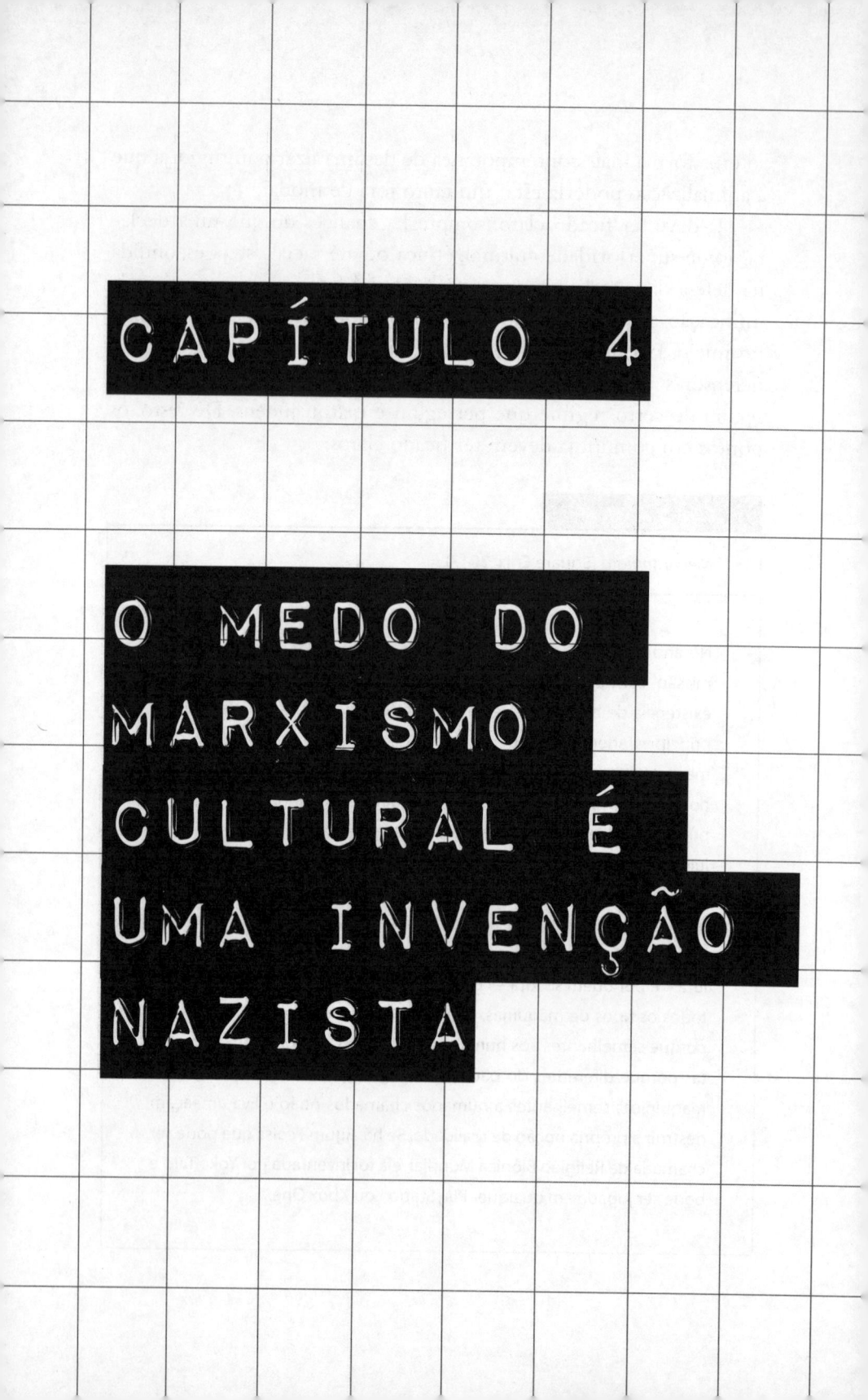

O MEDO DO MARXISMO CULTURAL É UMA INVENÇÃO NAZISTA

FICÇÃO

A Escola de Frankfurt dedicou-se explicitamente a destruir a cultura judaico-cristã e instaurar o marxismo cultural.

REALIDADE

São as próprias acusações contra a Escola de Frankfurt que ajudam a estruturar a conspiração do marxismo cultural.

O dia 22 de julho inspira luto até hoje na Noruega. Foi nesta data, em 2011, que uma caminhonete com aproximadamente 1 tonelada de explosivos foi deixada em frente a um prédio de 17 andares em Oslo. Além de uma série de repartições públicas, o prédio abrigava o escritório do primeiro-ministro. Oito pessoas morreram no atentado. O país ainda tentava compreender com o que estava lidando quando um homem disfarçado de policial invadiu um acampamento de jovens do Arbeiderpartiet, o Partido dos Trabalhadores norueguês, e abriu fogo, matando mais 68 pessoas.

O autor dos atentados, Anders Behring Breivik, divulgou um manifesto em que tentava justificar o injustificável. No texto, ele alertava para o marxismo cultural, que seria uma ameaça contra o cristianismo. Até aquele momento, o marxismo cultural era apenas mais uma alucinação no amplo cardápio conspiratório da extrema direita: insignificante demais para ser notada e inofensiva demais para ser combatida. Em 22 de julho de 2011, o mundo descobriu que, se toda teoria conspiratória é, antes de tudo, uma questão de fé, como vimos no Capítulo 1, então toda a história da humanidade está aí para nos mostrar que a fé, além de mover montanhas, também é bem capaz de fazer jorrar rios de sangue.

Depois da tragédia, nem Breivik nem o marxismo cultural deixaram de frequentar as manchetes. O primeiro, condenado e cumprindo sentença, voltou a ser notícia quando exigiu que o PlayStation 2 de sua cela fosse trocado pela versão mais recente do console. O segundo aparece com cada vez mais frequência em discursos políticos e até em obras de ficção. Invariavelmente, a imaginação de um marxismo cultural vem acompanhada de uma pulsão de violência.

Em 2014, enquanto Breivik tentava convencer seus carcereiros de que sua demanda imediata por um videogame de última geração constituía uma reivindicação válida e enquadrável no conceito de direitos humanos, um autor chamado William S. Lind publicava *Victoria*, uma história de ficção feita sob medida para gente como Breivik. *Victoria* conta a saga de personagens valentões que, unidos sob a bandeira do cristianismo, resolvem combater o crime em sua vizinhança. No decorrer das páginas, os justiceiros veem sua iniciativa crescer a ponto de resultar na criação de um exército cristão encarregado de defender os Estados Unidos de um governo corroído pela praga do marxismo cultural. *Victoria*, assim, se torna a visão de Lind para uma restauração dos Estados Unidos a suas origens culturais e raciais. É uma visão bem violenta: em determinado ponto da narrativa, os heróis de Lind chegam a esquartejar um professor. Lind encerra a cena assim: "Em menos de cinco minutos de berros, gritos e uivos, tudo acabou. O chão estava tomado pelas vísceras do marxismo cultural".

Identificado com o paleoconservadorismo, uma vertente conservadora radical concentrada no tradicionalismo e no anticomunismo, Lind é uma figura-chave na conspiração do marxismo cultural. O atentado de 2011, cometido em nome da conspiração, não foi suficiente para fazê-lo desistir da ideia, como bem sugere a publicação do sangrento *Victoria* apenas três anos depois.

Aqueles que, como Lind e Breivik, acreditam na conspiração do marxismo cultural, vivem convencidos de que a mídia e a cultura são controladas por agentes marxistas infiltrados. O cinema, a música, a televisão e a literatura estariam, graças à dedicação de tais agentes, separando o Ocidente de suas raízes culturais e religiosas. Como vimos anteriormente, tem sido comum, principalmente no Brasil, que marxismo cultural, Religião Biônica Mundial e outras ficções se combinem em uma superteoria conspiratória, conforme definida por Michael Barkun.

Como as ações de Breivik e as palavras de Lind indicam, o marxismo cultural é um componente especialmente tóxico dentro dessa superteoria conspiratória: muita violência já havia sido praticada em seu nome, antes mesmo do termo ser usado por alguns dos principais agentes políticos do governo brasileiro. Poderemos compreender a violência – o que não significa aceitá-la – se soubermos o que o tal marxismo cultural significa quando sai da boca de quem acredita nele. Para Breivik, por exemplo, o marxismo cultural é uma tentativa organizada e secreta de impor um conjunto de valores e crenças que ele julga completamente incompatível com suas convicções. Ele acredita que há uma conspiração global usando a mídia para normalizar o aborto e a pedofilia (frequentemente descrita como um ato praticado por homossexuais). Também acredita que o marxismo cultural coloca seu precioso cristianismo em risco; assim como todos os valores que fazem uma civilização ser digna do nome. É partindo dessa compreensão que Breivik olha ao seu redor e atribui ao marxismo cultural todos os costumes que, por conservadorismo, ele rejeita. Vendo seu mundo ameaçado, Breivik mata dezenas de pessoas. Ao ser condenado, ele sorri para o juiz e faz a saudação nazista.

O gesto de Breivik é revelador e nos ajuda a perceber a origem da teoria conspiratória do marxismo cultural. Na Alemanha dos anos 1930, falava-se em "bolchevismo cultural". Segundo o partido nazista, o bolchevismo cultural constituía em uma tentativa de desgastar os valores tradicionais e, junto com eles, um regime que (supostamente) estava lá para defendê-los. Usando o bolchevismo cultural como desculpa, os nazistas perseguiram intelectuais e artistas – os movimentos modernistas, por exemplo, eram vistos como uma espécie de propaganda bolchevique infiltrada nas artes. Muitos dos filmes e obras de artes plásticas que conhecemos como representantes das vanguardas históricas e do Modernismo sobreviveram por um triz, sob a acusação de subversão.

É dessa fonte que beberam ideólogos que, como William S. Lind, propagaram o medo do marxismo cultural. As semelhanças com o bolchevismo cultural e com todo o repertório de justificativas que viabilizaram o caráter persecutório e assassino do nazismo dificilmente seriam aceitas pelos que creem no marxismo cultural, mas a conspiração deixa rastros.

Com frequência, os ideólogos apontam a Escola de Frankfurt como a fundadora da conspiração. A Escola de Frankfurt é um termo informal usado para designar pensadores afiliados ao Instituto para Pesquisa Social da Universidade de Frankfurt. O Instituto, vítima da perseguição nazista, precisou abandonar a Alemanha em 1933, estabelecendo-se primeiro em Genebra e depois em Nova York. O reestabelecimento formal da sede em Frankfurt veio apenas em 1953. Esse histórico é o suficiente para alertar: o marxismo cultural contemporâneo quer a mesma coisa que o bolchevismo cultural dos nazistas queria. Suas vítimas, inclusive, são as mesmas.

Quando a teoria da conspiração do marxismo cultural nos alerta que décadas de esforço da Escola de Frankfurt foram dedicadas explicitamente à destruição da cultura judaico-cristã, a única coisa que a difere de um nazista em sua luta contra o bolchevismo cultural é a identificação pontual da "cultura judaico-cristã". Aqui, o termo é cuidadosamente utilizado para que não lhe dediquem a pecha de antissemita. Uma artimanha esperta, mas um tanto manjada: como vimos no Capítulo 3, a unidade cultural entre judeus e cristãos pode ser vista como absoluta, relativa ou até inexistente, conforme as conveniências políticas de cada época.

Compreendendo as associações perigosas do marxismo cultural, o que nos resta saber é o que fazia então a Escola de Frankfurt, já que não tramava a dominação mundial via mídia e academia. Mais uma vez, a resposta está no contexto histórico: os intelectuais nela reunidos tinham diante de si a missão de compreender acontecimentos dramáticos e inéditos. O contexto social se transformava rapidamente pelo mundo. A Revolução Russa tinha acabado de estourar, em 1917. Os regimes fascistas estavam em ascensão, e paralelamente surgiam tecnologias de comunicação cada vez mais eficientes. Tudo isso tinha efeitos tremendos para a sociedade e para a cultura. Que efeitos seriam esses? Como a combinação desses eventos afetaria o mundo em longo prazo? Como pesquisadores, Theodor Adorno, Max Horkheimer, Walter Benjamin, Herbert Marcuse, Leo Löwenthal, Erich Fromm e Jürgen Habermas sentiam-se desafiados a elucidar essas e outras questões. No campo da comunicação, o trabalho dos pensadores é essencial: se há jornalista, publicitário ou relações públicas que não conheça *A indústria cultural: o esclarecimento como mistificação das massas*, de Adorno e Horkheimer, é porque algo não saiu direito em sua formação. Nessa obra, por exemplo, nos é apresentado o conceito de "cultura de massa", indispensável para compreender os efeitos das tecnologias comunicacionais que passamos a dominar naquela primeira metade do século XX.

É verdade que o marxismo está na base dos textos mais famosos associados à Escola de Frankfurt – e não há nada de errado nisso. O que uniu os pensadores de Frankfurt, em primeiro lugar, foi a rejeição ao marxismo panfletário dos partidos comunistas ortodoxos. Para eles, contudo, o marxismo era a caixa de ferramentas que continha os instrumentos metodológicos e analíticos adequados para as tarefas em questão. A força que aglutinou esses intelectuais, hoje acusados de tramar a dominação do mundo, foi justamente a percepção de que o marxismo é, antes de tudo, um método de análise da sociedade e da economia.

E fazia todo o sentido usar o marxismo como ponto de partida para compreender a mercantilização da cultura e da arte, que era um fenômeno novo e um objeto de estudo fascinante para eles. O leitor não deve se escandalizar ao descobrir que hoje continuamos nos apoiando no grande legado da Escola de Frankfurt para compreender os efeitos sociais e culturais da internet. O que pode ser surpreendente é que, com frequência, seus textos sejam lidos com certa desconfiança pelo jovem estudante universitário. No contexto das novas tecnologias, parece estranho que se fale, por exemplo, da *Obra de arte na era de sua reprodutibilidade técnica*, produção fundamental de Walter Benjamin. Esse texto fala sobre como nossa relação com a arte mudou a partir do momento em que pinturas, antes restritas a museus e galerias, passaram a ser reproduzidas em gravuras e fotografias. Mas, para quem chegou no mundo quando toda essa tecnologia já existia, a discussão pode parecer ultrapassada. Hoje é preciso fazer certo esforço para superar a sensação (também equivocada, diga-se de passagem) de que os textos da Escola de Frankfurt é que estão querendo recuperar um passado perdido. Isso é uma grande ironia, pois a conspiração do marxismo cultural ainda acredita que os frankfurtianos estivessem tentando corromper um mundo clássico e puro em nome de um futuro degenerado.

Junto com muitas outras teorias da comunicação, anteriores e posteriores a ela, a Escola de Frankfurt continua sendo um dos temas de estudo de universidades mundo afora, e isso não tem nada a ver com marxismo cultural, nem mesmo com uma suposta defesa do marxismo. Nada disso significa que professores universitários estejam tramando a dominação do mundo. O professor universitário, coitado, mal controla a própria carga horária de aulas e ainda luta para conseguir que a turma toda apenas leia o texto para a próxima semana.

PARA LER

Teoria crítica – ontem e hoje (Barbara Freitag, 1986)

Para conceber a Escola de Frankfurt como idealizadora de um plano de dominação global, basta uma frase. Para compreender integralmente do que ela trata, teríamos muito mais trabalho. Teríamos de passar pelas obras de Herbert Marcuse, Jürgen Habermas, Max Horkheimer, Theodor Adorno e Walter Benjamin. Um ponto de partida adequado pode ser o livro de Barbara Freitag. A socióloga iniciou seus estudos em 1962, com Adorno e Horkheimer. Nessa obra, ela nos mostra as bases das teorias críticas da ciência, da indústria cultural e do Estado, formuladas pelos teóricos de Frankfurt. Você pode discordar das teorias, pode até acusá-la de doutrinação, mas seria prudente conhecê-las.

CAPÍTULO 5

GRAMSCI NUNCA FOI MAQUIAVÉLICO

FICÇÃO

Antonio Gramsci é um vigarista maquiavélico.

REALIDADE

Antonio Gramsci cita Maquiavel em sua obra, mas seria difícil dizer que ele é maquiavélico, ou mesmo gramscista.

Foi o historiador Lincoln Secco, da USP, quem escreveu que "não há gramscismo em Gramsci". Secco é o autor de *Gramsci e o Brasil*, que desvenda a trajetória histórica e interpretativa da obra do filósofo italiano no nosso país. Secco sabe que o gramscismo, incapaz de resumir tanto a obra quanto seu autor, é apenas uma caricatura. Da mesma forma, poderíamos afirmar que Maquiavel não é maquiavélico.

Quem diz que Gramsci "transformou o maquiavelismo numa ciência da patifaria" está fazendo a venda casada de duas caricaturas. Venda casada é a prática comercial contestável de empurrar um segundo produto ou serviço a um consumidor inicialmente disposto a ficar apenas com o primeiro. A prática é vedada pelo Código de Defesa do Consumidor, art. 39, inciso I, que proíbe o estabelecimento comercial de "condicionar o fornecimento de produto ou de serviço ao fornecimento de outro produto ou serviço, bem como, sem justa causa, a limites quantitativos". Mais interessante do que saber o artigo da lei, no entanto, é entender por que ela existe: é porque quando você atrai o sujeito para tomar uma decisão de compra e então a condiciona à outra coisa, você está manipulando o desejo legítimo do cidadão em função de algo que vai contra seus interesses.

No caso da citação casada entre Gramsci e Maquiavel, temos um vendedor de significados que conhece bem a clientela. Ele sabe que todos entendem "maquiavélico" como aquilo em que predomina a astúcia, a má-fé e o oportunismo. Muito mais difundido que a obra completa de Nicolau Maquiavel é o sentido figurado que costumamos dar ao termo derivado de sua obra. Essa redução de Maquiavel ao adjetivo maquiavélico é algo que estamos dispostos a comprar. Eis o primeiro desejo de compra.

Ora, mas se aceitamos a redução de Maquiavel a maquiavélico, por que não a de Gramsci ao gramscismo? Não é apenas simbólico que ambas as reduções nos sejam apresentadas em sequência. Há, nesse caso, uma delicada operação semântica cuidadosamente elaborada para pegar os incautos. O autor age como o comerciante que nos vende um aparelho de ar condicionado e mete no preço total uma garantia estendida que jamais foi mencionada durante a transação. De novo: venda casada é errado, mas os distraídos caem nessa desde sempre.

Aos estudiosos das obras envolvidas nesse estelionato semântico talvez falte a percepção de como o leigo compreende a junção das duas frases aqui analisadas. Se Antonio Gramsci foi o maior professor de vigarice que o mundo já conheceu, e se ele transformou o maquiavelismo numa ciência da patifaria em massa, então Gramsci é mais maquiavélico que Maquiavel. O autor sabe que, para o leitor médio, o sentido figurado de maquiavélico é o único sentido. Assim, que o leitor fique também com o sentido figurado de gramscismo, que o autor nos venderá posteriormente: gramscismo é a ciência maquiavélica da patifaria e da vigarice, sempre praticadas em larga escala, como o termo "massa" sugere.

Sentido figurado é também chamado de sentido conotativo, em oposição ao sentido literal ou denotativo. A diferença entre denotar e conotar é abismal: com denotações apontamos a realidade, referindo-se a seus elementos de maneira literal. Já com conotação, sugerimos impressões sobre a realidade. A distância entre uma coisa e outra é o que separa os textos jurídicos dos poemas de amor. Operando dentro desse amplo espaço, o autor usa um termo em sentido figurado (maquiavélico) para retirar a literalidade de outro (gramscismo).

É maquiavélico, no sentido figurado.

Compreendemos assim como nasce aquele conceito de gramscismo que nada tem a ver com Gramsci. Conhecemos também as associações sutis que fornecem ao termo todo seu peso e toda sua conotação negativa — conotação é palavra importante aqui, como já vimos. O que resta saber agora é quem foi Antonio Gramsci, o que ele tem a ver com Nicolau Maquiavel e como um recorre ao outro — se é que recorre — para inventar a tão temida "ciência da patifaria em massa".

Antonio Gramsci nasceu em 1891. Na juventude, foi estudar literatura na Universidade de Turim. Chegou lá bem a tempo de testemunhar o rápido e nem sempre harmônico processo de industrialização pelo qual a cidade passava: Turim recebia gente de toda Itália, atraída pelos empregos. Como as condições nas fábricas não eram exatamente as melhores, os trabalhadores começavam a se articular em torno das suas insatisfações. Embora não fosse operário, é certo que Gramsci se identificava com a causa: ele também vivia com dinheiro contado e só pôde frequentar a universidade por ter ganhado uma bolsa.

Filiado ao Partido Socialista Italiano, Gramsci passa a atuar como articulista político. Seus textos repercutiam bastante entre a esquerda italiana, e, em 1919, ele funda sua própria publicação semanal, *L'Ordine Nuovo*. Em 1920, o periódico já tinha 6 mil cópias em circulação todas as semanas. Rapidamente, o *L'Ordine Nuovo* se tornava uma força a ser reconhecida dentro da esquerda italiana, capaz de defender suas próprias teses, ainda que dissonantes do restante da esquerda. O periódico o provaria em abril de 1920, dando respaldo a uma greve geral que não tinha o apoio nem do partido socialista italiano nem da organização que congregava os sindicatos. No ano seguinte, o *L'Ordine Nuovo* passou a ser publicado diariamente.

Atualmente, o Centro Gramsci de Educação, na Itália, disponibiliza a versão digital das edições do *L'Ordine Nuovo* publicadas naquelas primeiras décadas do século XX — período em que a Revolução Bolchevique, de 1917, ainda parecia promissora e inspirava trabalhadores de toda a Europa. Tratava-se de um jornal que falava abertamente em revolução, orientando seus leitores sobre as formas mais eficazes de organização e militância. Não por acaso, serviu de base estruturante para o Partido Comunista Italiano, criado em 1921. Três anos depois, em 1924, Gramsci foi eleito deputado.

Com um histórico desses, era apenas previsível o que aconteceria com Gramsci assim que Mussolini chegasse ao poder, disposto a interditar partidos políticos e sindicatos. Preso em 1926 pela polícia fascista, Gramsci só recebeu liberdade condicional em 1934: foi da cadeia para o hospital. Com a saúde debilitada, principalmente pelas condições a que era submetido na prisão, morreu pouco depois, em 1937.

A propaganda de Mussolini apresentava o bolchevismo como uma forma de delinquência capaz de fazer adoecer a sociedade. Aqui, percebemos que quem quer que veja em Gramsci um "professor de vigarice" e um mestre da "ciência da patifaria em massa" precisará se acostumar com a ideia de que está resgatando o maniqueísmo do discurso do *Duce*. Mais razoável, talvez, fosse descrevê-lo como um preso político que dedicou seus anos de reclusão à continuidade da sua produção intelectual, que é vasta e abrange campos distintos: da teoria política à sociologia, passando pela antropologia e tocando na linguística em diversos momentos. É apenas justo que essa produção se associe a um espectro ideológico diametralmente oposto ao dos responsáveis pelo encarceramento de seu autor.

Quem, depois disso tudo, ainda quiser definir Gramsci como um "professor de vigarice" precisará lacear bastante a sua compreensão do significado de vigarice. Afinal, qual é a desonestidade de Gramsci? É sua oposição ao fascismo? Ou seria seu ímpeto revolucionário? Se ainda não criminalizamos todos aqueles campos do conhecimento aos quais a obra de Gramsci se dedica, restam essas duas possibilidades. E ambas denotam (denotam!) a continuidade da perseguição ideológica que o autor sofreu em vida. E se o leitor ainda acha que aquele vínculo mal-explicado com Maquiavel justifica a perseguição, é bom pensar de novo.

Há uma lista considerável e diversa de autores a quem Gramsci recorre em suas obras: Dante Alighieri está lá, e Hegel também. Os propagadores da conspiração gramscista concentram-se em apenas dois: Karl Marx, talvez porque sintam algum prazer secreto com os arrepios que o nome lhes provoca, e Nicolau Maquiavel, porque, como vimos no início, o autor proporciona um adjetivo. Redução semelhante ocorre no léxico de Gramsci. Sua obra não pode ser compreendida sem que o leitor se aproprie de uma série de conceitos formulados pelo autor. Esses conceitos justificam a existência do *Dicionário gramsciano*, organizado por Guido Liguori e Pasquale Voza, que destrincha mais de 600 verbetes.

Em Gramsci, nasce um universo de conceitos que seriam assimilados pelos mais diversos campos do saber nas décadas seguintes do século XX, mas a conspiração do gramscismo, como caricatura, não consegue esquecer um deles: hegemonia cultural. Em linhas gerais, trata-se da dominação ideológica que ocorre quando uma determinada elite faz parecer que seus interesses são os de toda a sociedade. Dessa forma, ficção, jornalismo e historiografia se unem na tarefa de reproduzir a ideologia hegemônica e seus valores. Seria mais ou menos como se, de todas as emissoras de TV de um país, nenhuma falasse abertamente sobre um movimento que pede por eleições diretas.

A partir da hegemonia cultural, um consenso passivo se estabelece em torno da legitimidade de um vasto aparato chamado por Gramsci de "Estado ampliado". Esta visão se contrapõe à noção marxista inicial de um Estado que, cooptado pela classe dominante, se impõe como mero instrumento de força.

É num desses esforços para revelar as sutilezas das relações de poder que Gramsci recorre a Maquiavel, autor que, entre outras coisas, nos apresenta seus conceitos de "principado" e "república". No principado, como descrito por Maquiavel, o poder é exercido de maneira coercitiva por um estadista. O principado é o que tende a ocorrer em nações deterioradas ou corruptas. A república, em contrapartida, é encontrada em sociedades organizadas e de poder político já regenerado; ela permite algum nível de participação cidadã ativa nas decisões por meio de consenso.

O que Gramsci faz é nos alertar para a hipótese de que a coerção do principado e o consenso da república possam coexistir como mecanismos complementares, uma ideia que contempla seu conceito de hegemonia cultural. No terceiro volume dos seus *Cadernos do cárcere*, ele escreve: "Não há oposição de princípio entre principado e república, mas se trata, sobretudo, da hipótese dos dois momentos de autoridade e universalidade".

Em *O príncipe*, Maquiavel evoca a metáfora do centauro, a criatura mítica que, apesar de ter a cabeça, os braços e o dorso de um ser humano, tem também o corpo e as patas de um cavalo. A imagem do centauro, para Maquiavel, sintetiza o modo de agir do príncipe, que apela ora à humanidade, ora a um princípio animalesco de violência em suas decisões. A inspiração mitológica em *O príncipe* fica clara quando Maquiavel nos diz que "Aquiles e muitos outros príncipes antigos haviam sido criados por Quíron, o centauro, que os guardara sob sua disciplina. Ter um preceptor meio animal, meio homem, não quer dizer outra coisa senão que um príncipe deve saber usar ambas as naturezas e que uma sem a outra não é duradoura".

A dualidade entre homem e fera exposta por Maquiavel existe dentro de um mesmo ser, mas, ainda assim, se apresenta como dualidade: há momentos em que o centauro age como bicho e há momentos em que o centauro age como homem. Já Gramsci parece ver mais complementariedade que dualidade na relação entre coerção e consenso: ambos podem acontecer ao mesmo tempo, o tempo todo. Assim opera o Estado ampliado descrito por Gramsci. Observemos que se trata menos de uma prescrição de comportamento do que uma constatação sobre o objeto estudado: primeiro em Maquiavel, depois mais evidentemente em Gramsci, não há necessariamente uma defesa moral da coerção ou do consenso, nem mesmo da mistura dos dois.

Enquanto Gramsci revisitava Maquiavel, o centauro do fascismo corria solto pela Itália. Suas práticas coercitivas e violentas foram sempre respaldadas por aquele consenso buscado por uma máquina de propaganda que apelava aos ódios e medos coletivos para viabilizar o regime de Mussolini. Não havia oposição entre coerção e consenso. Pelo contrário, um viabilizava o outro. Quando Gramsci atualiza a metáfora de Maquiavel, ele desnuda dois níveis distintos de atuação do gigantesco aparato político, militar e comunicacional colocado nas mãos de Mussolini. Talvez esteja aqui (finalmente) o que nos foi apresentado no início como "ciência da patifaria em massa": trata-se de uma tentativa de compreender as violências mais explícitas e mais sutis do fascismo.

Antonio Gramsci viveu certo de que filosofia, arte, política e todas as atividades ditas intelectuais podem e devem ser desenvolvidas por todos os humanos. Sua trajetória, iniciada em publicações destinadas a operários, é coerente com essa convicção educadora. Em sua concepção sobre educação, ele parece menos maquiavélico ainda, tanto no sentido literal quanto no figurativo: "Maquiavel propôs-se educar o povo, mas não no sentido que habitualmente se dá a esta expressão ou, pelo menos, lhe deram certas correntes democráticas. Para Maquiavel, 'educar o povo' pode ter significado apenas torná-lo convencido e consciente de que pode existir uma única política, a realista, para alcançar o fim desejado e que, portanto, é preciso cerrar fileiras e obedecer exatamente àquele Príncipe que emprega tais métodos para alcançar o fim".

Aqui, está claro: Gramsci não veio para defender o centauro. Talvez seu maior pecado tenha sido justamente a tentativa de nos ensinar a domá-lo.

PARA LER

Dicionário gramsciano (Guido Liguori e Pasquale Voza, 2009)

> Se, depois de tudo isso, o leitor continua convicto daquela redução caricata de Antonio Gramsci a um gramscismo que significa pouco mais que patifaria em massa, só resta fazer um último alerta: é possível que esteja terceirizando sua visão de mundo. Sem disposição para ler Gramsci, fica com a visão de quem leu (ou diz que leu). Essa terceirização do pensamento constitui a essência da doutrinação. Convém tentar escapar dela, ainda que demande esforço. No caso de Gramsci, a missão é difícil: sua obra é vasta, está dividida em fases distintas e, como já dissemos, depende da compreensão de uma série de conceitos. Gramsci tem seu próprio léxico, e é justo que tenha seu próprio dicionário. O *Dicionário gramsciano*, organizado por Guido Liguori e Pasquale Voza, será uma boa companhia para quem quer que queira desbravá-lo.

CAPÍTULO 6

DIREITOS HUMANOS NÃO SÃO UMA FERRAMENTA DE DOMINAÇÃO GLOBAL

FICÇÃO

O conceito de direitos humanos tem sido um pretexto para "dar vantagens a minorias selecionadas que servem aos interesses globalistas".

REALIDADE

O conceito de direitos humanos protege a humanidade da autoaniquilação. Globalismo nem existe.

Em 2018, numa tentativa de melhorar a compreensão do Brasil a respeito de direitos humanos, a Anistia Internacional foi atrás do superpoder de síntese do cartunista André Dahmer. É nesse contexto que nasce aquela que poderia ser considerada a charge definitiva sobre direitos humanos. Nela, aparece um cachorro que diz: "Sou contra os direitos dos animais!". Outro cão está diante dele, com traços (principalmente as orelhas esticadas para o alto) que parecem sugerir uma indignação resignada.

O ridículo da cena é o que basta para lidar com a noção tão errônea quanto difundida de que os direitos humanos só interessam àqueles entre nós que estão dispostos a cometer crimes. Muito mais complicado é esclarecer que os direitos humanos não "servem aos interesses globalistas"; aqui a noção equivocada a respeito dos direitos humanos aparece somada àquela teoria conspiratória (esmiuçada no Capítulo 2) segundo a qual um governo comunista global está vindo aí.

O fato da Declaração Universal dos Direitos Humanos ter sido concebida no âmbito da Organização das Nações Unidas certamente não ajuda a aliviar a paranoia, mas existem precedentes muito antigos para o documento de 1948. O mais remoto talvez seja o Cilindro de Ciro, assim chamado em referência ao primeiro rei da antiga Pérsia. Depois da conquista de Babilônia em 539 a.C., Ciro libertou os escravos e afirmou que cada um tinha o direito de escolher sua própria religião. Seus decretos foram grafados num cilindro de argila, que contém textos análogos aos 4 primeiros artigos do documento criado na Organização das Nações Unidas.

A Declaração Universal dos Direitos Humanos dedica seu primeiro artigo à confirmação do seu caráter universal, o que significa dizer que todos nós dispomos dos direitos que serão listados posteriormente, "sem distinção de qualquer espécie". E para garantir que não sobre margem para interpretar o que é e o que não é distinção, o texto acrescenta: "seja de raça, cor, sexo, idioma, religião, opinião política ou de outra natureza, origem nacional ou social, riqueza, nascimento, ou qualquer outra condição".

No segundo artigo, lemos: "Todo ser humano tem direito à vida, à liberdade e à segurança pessoal", o que deveria ter sido o suficiente para que ninguém jamais ousasse dizer que o documento foi redigido para proteger bandidos. O texto segue nos garantindo o direito de nunca sofrermos tortura, de nunca sermos escravizados, de casarmos com quem quisermos, de rezarmos como quisermos e assim por diante. São 30 artigos cautelosamente redigidos para definir e garantir o básico do básico em termos de dignidade e civilidade a todos os humanos.

Quem desavisadamente cai na conversa de que a Declaração Universal dos Direitos Humanos é um texto "de esquerda", talvez se surpreendesse com o artigo 14, aquele que nos diz que "a família é o núcleo natural e fundamental da sociedade e tem direito à proteção da sociedade e do Estado". Se omitíssemos a fonte da frase e a lêssemos em alguns círculos progressistas, talvez alguém a tomasse como parte de algum texto conservador.

Da mesma forma, um conservador hipotético poderia encontrar um viés diferente do seu no quinto artigo: "Ninguém será submetido à tortura nem a tratamento ou castigo cruel, desumano ou degradante". Nosso conservador-modelo talvez acredite que jamais será preso, nunca, nem injustamente e que essa parte do texto lhe é dispensável. No fim, para além de qualquer viés, a Declaração Universal dos Direitos Humanos é um texto que se esforça para ser aquilo que anuncia ser: universal.

Está no preâmbulo do documento a melhor justificativa possível para sua existência. Constituído por 7 considerações, o preâmbulo nos lembra que "o desprezo e o desrespeito pelos direitos humanos resultaram em atos bárbaros que ultrajaram a consciência da Humanidade" e segue dizendo que, sem observarmos os 30 artigos que virão a seguir, jamais poderemos atingir "a mais alta aspiração do ser humano comum", que é "um mundo em que os homens gozem de liberdade de palavra, de crença e da liberdade de viverem a salvo do temor e da necessidade". Esse trecho do preâmbulo faz referência direta ao contexto em que o documento surgiu. Quando consideramos o estado no qual o mundo se encontrava em 1948, a Declaração Universal dos Direitos Humanos se revela como um código de conduta que deve ser estritamente seguido por nossa espécie se ela quiser evitar a tentação da autoaniquilação.

Quando um texto concebido imediatamente após a Segunda Guerra Mundial menciona atos bárbaros e ultrajantes, só nos resta imaginar que estão resumidas aqui todas aquelas coisas que mataram quase 50 milhões de pessoas entre 1939 e 1945: trabalhos forçados, torturas, genocídio. Foi desse imenso trauma coletivo que nasceu não apenas a declaração, mas, antes dela, a própria ONU.

Apenas três anos separam a Carta das Nações Unidas, documento que anuncia a chegada da ONU em 1945, e a Declaração Universal dos Direitos Humanos, de 1948. Em ambas, há vestígios dos horrores da guerra. O preâmbulo da Carta das Nações Unidas avisa que a ONU existe para "preservar as gerações vindouras do flagelo da guerra, que por duas vezes, no espaço da nossa vida, trouxe sofrimentos indizíveis à humanidade" e que a organização se compromete "a reafirmar a fé nos direitos fundamentais do homem, na dignidade e no valor do ser humano, na igualdade de direito dos homens e das mulheres, assim como das nações grandes e pequenas". Pode-se discutir a eficiência com que a ONU tem ou não cumprido tais propósitos, mas é necessário reconhecer que, ao submeter seus países-membros ao que estabelece a Declaração Universal dos Direitos Humanos, a organização foi fiel àquele compromisso inicial afirmado já em seu primeiro documento. E as circunstâncias políticas em que a ONU aparece no mundo sugerem que não foi tarefa fácil.

Duas guerras mundiais tinham sido o suficiente para sinalizar a necessidade de algum mecanismo (consensualmente aceito) de mediação entre os interesses nacionais. A lição, aliás, foi aprendida depois da Primeira Guerra Mundial, quando as potências vencedoras estabeleceram a Liga das Nações, criada em 1919 com o propósito declarado de evitar outro conflito generalizado. Como a Liga já nasceu desfalcada (os Estados Unidos, por exemplo, não se tornaram membros, embora tenham participado de sua organização), abrangendo apenas 5 membros permanentes, a iniciativa fracassou.

Na prática, a Liga das Nações foi esvaziada em 1939, quando, não por acaso, estourou a Segunda Guerra. Depois dela, em 1945, as chances de fazer a ONU vingar não pareciam muito melhores. Cada país insistia em fazer seus interesses sobreviverem em detrimento do bem comum. Não é de se espantar – todos acabavam de sair de um conflito e ninguém estava disposto a confiar em ninguém, apenas a sobreviver. A Inglaterra estava preocupada com a manutenção das suas colônias e queria a ONU bem longe delas. Já a União Soviética tentava uma manobra malandra para ampliar seu poder decisório dentro da nova organização. A proposta soviética era a de que cada uma das suas repúblicas fosse considerada um membro individual, com direito a voto.

Apesar das dificuldades, a ONU iniciou suas atividades com 50 países-membros. A Declaração Universal dos Direitos Humanos é parte dessa história: seu texto é resultado de um amplo consenso que compreendeu nacionalidades, etnias e culturas distintas para encontrar a essência da dignidade com a qual cada um de nós deve ser tratado. Se hoje esse consenso parece ameaçado, talvez seja em função da distância histórica que nos separa de todos aqueles horrores ocorridos entre 1939 e 1945 – quando a falta de um consenso sobre os direitos humanos ajudou a gerar escassez de caixões em toda a Europa. Hoje, já longe dos horrores de uma guerra mundial, talvez tenha começado a ficar mais fácil acreditar que não precisamos de uma organização que nos impeça de matar uns aos outros em escala global.

Mas a Declaração Universal dos Direitos Humanos não existe à toa. Ela é parte do esforço preventivo que veio a partir do exato momento em que descobrimos que somos capazes de nos destruir por completo. Nesse sentido, o documento pode ser uma das coisas mais inteligentes que nós, como espécie, fizemos por nós mesmos. Tudo o que nos separa da autodestruição é o frágil consenso de que gente merece ser tratada como gente. É assim que a rejeição aos direitos humanos se confunde com a rejeição à própria espécie, como Dahmer muito bem sintetizou em sua charge.

Nada disso, no entanto, contraria a tese de que os direitos humanos sejam um pretexto para "dar vantagens a minorias selecionadas que servem aos interesses globalistas". Para lidar com isso, precisaremos observar os argumentos dessa conspiração. Quem acredita em globalismo também acredita que as guerras no Oriente Médio são cuidadosa e secretamente tramadas pelos comunistas com o objetivo de encher a Europa de refugiados muçulmanos, enfraquecendo a religião cristã e abrindo caminho para a dominação comunista. A viagem é longa: segundo o globalismo, conforme vimos no Capítulo 2, o mundo está dividido em 3 blocos: o ocidente cristão, o bloco islâmico e os comunistas eurasianos. Os comunistas querem ver os 2 outros blocos guerrearem até o fim para dominar o que restar. Ardilosos, eles obrigam o mundo a fazer tudo que eles querem por meio de dinheiro e mecanismos sutis de manipulação cultural, e é aí que os direitos humanos entram na história: entre as minorias selecionadas pelo globalismo para serem beneficiadas pelos direitos humanos, estariam os muçulmanos que, forçados a deixarem seus lares para trás, agora são considerados uma ameaça ao cristianismo.

Ainda que os comunistas eurasianos tenham planejado tão bem o conflito controlado entre os blocos ocidental e islâmico, a hipótese de uma terceira guerra mundial não é descartada. O mesmo autor que nos avisa sobre o uso do conceito de direitos humanos como pretexto para um plano de dominação global é quem nos alerta que, diante dessa possibilidade mais dramática, só os comunistas eurasianos estariam militarmente equipados para vencer.

Ninguém pode com os comunistas. Ao que tudo indica, eles também manipularam a redação da Declaração Universal dos Direitos Humanos para que tudo saísse do jeitinho deles – só esqueceram de retirar do documento o artigo 17, aquele que diz que "todo ser humano tem direito à propriedade".

PARA LER

A invenção dos direitos humanos (Lynn Hunt, 2007)

Há a história dos documentos que conferem direitos aos seres humanos de maneira universal. Há a história das políticas públicas que escolhem reconhecer ou ignorar esses direitos. E há ainda a história de como esses direitos se manifestam em nossas vidas cotidianas. Com muita frequência haverá algum descompasso entre as três coisas – é o que se percebe na leitura de *A invenção dos direitos humanos*, da historiadora norte-americana Lynn Hunt. A autora contempla as contradições da longa história dos direitos humanos. Por exemplo: na Declaração de Independência dos Estados Unidos, de 1776, lemos que "todos os homens são criados iguais", palavras que não impediram o país de se aproveitar do trabalho escravo até 1863.

CAPÍTULO 7

POLITICAMENTE CORRETO É COISA DA DIREITA

FICÇÃO

O politicamente correto é um instrumento criado para realizar a dominação através da cultura.

REALIDADE

O primeiro registro do termo politicamente correto surge na Suprema Corte dos Estados Unidos e não tem nada a ver com qualquer plano de dominação cultural.

Quem acredita que o politicamente correto opera como "arma de dominação cultural" também acredita em marxismo cultural, a teoria conspiratória que, como vimos no Capítulo 4, é herdeira direta do combate a um suposto bolchevismo cultural que permitiu à Alemanha nazista a perseguição a toda e qualquer dissidência intelectual. Para sustentar a tese de que o politicamente correto seria um instrumento criado e operado de maneira organizada no âmbito do marxismo cultural, a etimologia e a história política são frequentemente corrompidas. É comum que tentem nos convencer de que foi o próprio Josef Stalin quem inventou o termo, embora no idioma russo nem exista algo que corresponda exatamente ao politicamente correto. O termo mais próximo que a língua poderia nos oferecer é *"ideinost"*, que poderia ser traduzido como "correção ideológica".

De qualquer forma, tendo nascido em 1878, Stalin não poderia ter sido a primeira pessoa ao grafar "politicamente correto" nem que tivesse saído do útero sabendo escrever. Isso porque o primeiro registro conhecido do termo aparece quase cem anos antes, em 1793, numa decisão da Suprema Corte dos Estados Unidos – embora, naquela ocasião, "politicamente correto" tivesse um significado diferente, como veremos logo mais.

Alexander Chisholm era o executor do testamento de Robert Farquhar, um comerciante que havia fornecido diferentes mercadorias ao estado da Geórgia durante a Guerra de Independência dos Estados Unidos. Como Farquhar morreu sem receber o pagamento, coube a seu executor testamentário cobrar o governo estadual. Chisholm então processou o estado na Suprema Corte, mas a Geórgia recusava-se a aceitar a autoridade do tribunal, argumentando não estar sob sua jurisdição. É assim que surge a questão: podem cidadãos processar seus estados na corte federal?

Agora, mais do que o dinheiro do falecido Farquhar, o que estava em jogo era o entendimento político e jurídico de federação, e isso justamente no país que deu ao mundo o conceito moderno de federalismo – um Estado dividido em entidades territoriais autônomas, com seus próprios governos locais. Ao levantar uma dúvida sobre a possibilidade de que cidadãos processassem estados na corte federal, o caso mexia diretamente nesse conceito. Não surpreende que tenha sido um marco na história do direito norte-americano, nem que, em consequência da decisão, a 11ª emenda à Constituição dos Estados Unidos tenha sido ratificada dois anos depois, em 1795.

Sem que nenhum representante do estado da Geórgia aparecesse para apresentar uma defesa, os juízes decidiram, por 4 votos a 1, a favor de Chisholm. Um dos magistrados presentes era James Wilson, jurista que tinha sido nomeado para a Suprema Corte por ninguém menos que George Washington, que tinha tido um papel fundamental na elaboração da Constituição que agora usava para julgar o caso. Wilson sustenta, nessa ocasião, que as pessoas são mais importantes que os estados nos quais elas residem e tenta demonstrar que a ordem de prioridades se encontrava invertida: "Os estados, mais do que as pessoas, para as quais os estados existem, são frequentemente os objetos que atraem e prendem nossa atenção [...] Sentimentos e expressões imprecisos prevalecem em nossa linguagem e até mesmo em nossa convivência. Um brinde é necessário? 'Aos Estados Unidos' e não 'Ao povo dos Estados Unidos' é o que dizemos quando brindamos. Isso não é politicamente correto".

Até onde se sabe, essa foi a estreia do termo "politicamente correto", em 19 de fevereiro de 1793. Lá se vão mais de duzentos anos e seguimos debatendo o texto de James Wilson. Por um lado, o magistrado evoca a correção política num contexto em que ela é necessária de maneira muito literal: tratava-se de uma discussão sobre a maneira correta com que deveriam se relacionar duas entidades políticas – o estado da Geórgia e a União. Por outro, Wilson faz questão de apontar as imprecisões da linguagem usada no momento de brindar um povo e seu país antes de lacrar com seu "isso não é politicamente correto". Wilson não apenas corrige a fala de seus compatriotas, como a repreende por ser politicamente incorreta. Talvez Wilson não soubesse, mas adiantava uma questão fundamental nas relações entre linguagem e política.

Quando consideramos o que estava em jogo na corte, o politicamente correto de Wilson aponta para um ordenamento técnico das instituições e se distancia do uso contemporâneo, mas, quando nos concentramos naquela reprimenda sobre como os Estados Unidos deveriam brindar ao seu povo em vez de brindar ao seu Estado, tudo muda. Não há conclusão fácil a respeito da fala de James Wilson. Porém, podemos perceber na quase casual estreia do termo – assim, como quem não quer nada – a confluência daquilo que tem um aspecto político no seu sentido mais prático com a política no seu sentido mais amplo; um reflexo inegável da cultura como a negociação simbólica entre comunidades. Mais tarde, essa disjunção pode se tornar a base das confusões sobre o uso político do politicamente correto.

Felizmente, todos os registros oficiais do caso – que entrou para a história do direito como Chisholm *vs.* Georgia – estão disponíveis on-line por cortesia do Legal Information Institute da Universidade Cornell. Basta um rápido acesso e alguma capacidade de compreender o inglês do século XVIII para perceber que o termo politicamente correto não pode ter se originado na União Soviética stalinista. Infelizmente, quem acredita nele como ferramenta do marxismo cultural também acredita na corrupção do *establishment* acadêmico e tem certa tendência a botar em xeque qualquer informação que ameace as certezas que a conspiração confere em oposição às incertezas da vida, como vimos no Capítulo 1. É assim que as teorias conspiratórias tendem a construir suas blindagens contra qualquer contestação, e fica fácil olhar para as complexidades da história enxergando exatamente o que queremos ver.

Séculos separam seja lá o que James Wilson quisesse dizer com "politicamente correto" do uso do termo pela esquerda. E mais: quando os comunistas finalmente entram na história do politicamente correto, eles o fazem na base da mais pura zoeira. É o que sugere L.D. Burnett, historiadora da universidade do Texas, em seu artigo *Politically Correct: A History* [Politicamente correto: uma história]. Burnett, fuçando os registros das publicações da esquerda norte-americana, encontra um artigo de 1932 no qual o termo aparece. Assinado por Harrison George, o texto publicado no jornal do partido comunista é uma reclamação contra a necessidade, estabelecida pelo partido, de que as demandas dos pequenos agricultores dos Estados Unidos fossem apresentadas seguindo as diretrizes de um comitê de agricultores europeus. Harrison, tentando deixar clara sua rejeição à linguagem burocrática com que as diretrizes são apresentadas, escreve: "Os agricultores empobrecidos vão lutar. Mas com que demandas e norteados por quais slogans? Nessas questões têm havido uma discussão que tem sido um obstáculo e não um auxílio ao partido [...] Insistem que tudo seja revisto para que se enquadre no programa adotado pelo comitê dos camponeses europeus. Nós olhamos o programa e temos certeza de que poucos agricultores o entenderiam. Claro, o programa é politicamente 'correto' até a última letra".

Burnett não deixa escapar os detalhes do texto de Harrison George: "As aspas assustadas em torno de 'correto' denotam dúvida sobre o valor de afirmações políticas que seguem 'até a última letra' as posições do partido sem dar valor às necessidades práticas e táticas". Ou seja: comunistas também reclamam do politicamente correto, embora a carga semântica dada ao termo nesse caso se afaste tanto do uso feito por James Wilson quanto do contemporâneo. Para o comunista da década de 1930, ser politicamente correto era ser tolo o bastante para adotar por completo a linguagem do partido, mesmo quando ela não comunicasse nada ao povo que o partido tinha a pretensão de representar.

Os registros do termo seguem esparsos nas décadas seguintes. Em 1964, é o então presidente dos Estados Unidos, Lyndon Johnson, quem trata de ampliar a carga semântica da correção política. Diante de trabalhadores da indústria automotiva, ele diz: "Estou aqui para dizer a vocês que farei as coisas que precisam ser feitas, não porque são politicamente corretas, mas porque é o certo". Johnson estabelece uma oposição entre o que lhe é politicamente recomendável, como presidente, e o que é moral. Naquela ocasião, ele falava de um plano de assistência médica para idosos, iniciativa que, embora ele considerasse contemplar tanto o que é "politicamente correto" quanto o que é "o certo", seria feita em nome do segundo.

Até aqui, nenhuma das menções ao politicamente correto se adequa perfeitamente nem à maneira como o termo é utilizado em nossos tempos, nem à visão conspiratória de que haveria por trás dele "uma arma de dominação cultural concebida com requintes de maquiavelismo". É possível que o sentido que conhecemos só tenha tomado forma em algum momento a partir da década de 1970 – pelo menos, é a aposta do etimólogo William Safire. Trata-se de uma aposta insuspeita, já que Safire sempre teve vínculos muito estreitos com o conservadorismo norte-americano (entre outras coisas, ele escreveu discursos de Richard Nixon). Seu *Safire's Political Dictionary* [Dicionário político de Safire] contém um verbete para dar conta do politicamente correto. Nele, Safire defende que o primeiro uso do termo em seu sentido atual aparece em *The Black Woman* [A mulher negra], uma antologia organizada pela ativista Toni Cade Bambara e publicada originalmente em 1970. Embora a obra reúna diversas autoras, é a própria Toni Cade quem escreve, na página 107: "Racismo e chauvinismo são antipovo. Um homem não pode ser politicamente correto e um chauvinista também".

Toni Cade é outra que não nos permitirá pegar atalhos para encurtar a história do termo. Se o politicamente correto de James Wilson nos obrigou a olhar para os arquivos da Suprema Corte dos Estados Unidos, e se Harrison George nos fez observar as demandas de agricultores da década de 1930, Toni Cade será ainda mais exigente: ao contrapor seu politicamente correto ao chauvinismo, ela demanda que voltemos ao século XIX para compreender a origem do que, para ela, é o contrário de politicamente correto. Se soubermos o que Toni Cade entende por chauvinismo, provavelmente saberemos o que ela quer dizer com politicamente correto.

Nicolas Chauvin teria sido um dos mais leais soldados de Napoleão – teria sido, porque não se sabe nem ao menos se ele existiu. As histórias sobre ele falam de um nacionalista que defendia de maneira intransigente o expansionismo napoleônico. A devoção de Chauvin ao estadista o fizera acumular ao menos 17 cicatrizes espalhadas pelo corpo. Quando Napoleão caiu, junto com as pretensões expansionistas da França, aquela devoção de Chauvin à sua causa começou a parecer ingênua e *démodé*, digna de ser ridicularizada. Chauvinismo, nesse momento e lugar da história, passa a significar um apego tão radical pelo nacional que permite o desprezo e a destruição do que é estrangeiro. Dilatado pelo tempo, o chauvinismo passa a ir além do nacionalismo intransigente de Nicolas Chauvin para designar qualquer opinião suficientemente agressiva a ponto de desprezar o seu contrário.

Na primeira metade do século XX, a esquerda norte-americana passa a usar o chauvinismo para identificar o racismo e todas as posições intolerantes contra minorias. Já para os movimentos feministas dos anos 1960, "*male chauvinist pig*" [porco macho chauvinista] designava homens em posição de poder (professores, empregadores, gerentes, etc.) que não hesitavam em expressar sua autoproclamada superioridade em relação a mulheres. Publicada na década seguinte, *The Black Woman* é uma antologia reunindo os textos produzidos por mulheres que estavam inseridas nesse contexto histórico. É a esse chauvinismo que Toni Cade se refere quando diz que "um homem não pode ser politicamente correto e um chauvinista também". Aqui, portanto, ser politicamente correto significa não expressar desprezo por minorias, não ser racista ou não abusar relações de poder. Demorou um bocado, mas agora o sentido do termo finalmente começa a parecer familiar: a oposição ao politicamente correto, como a testemunhamos no início do século XXI, é ao sentido que Toni Cade lhe confere. E, tudo considerado, ela também se confunde de maneira constrangedora com a defesa do chauvinismo.

Seja como for, o termo jamais foi usado em larga escala com a conotação positiva que Toni Cade lhe confere. Se é verdade que academia e mídia estão unidas na execução dos planos do marxismo cultural, usando o politicamente correto como arma, então a mídia falhou miseravelmente. É Moira Weigel, uma pesquisadora de literatura em Harvard, quem nos alerta para o fato de que o termo só começa a aparecer com frequência na imprensa norte-americana a partir da década de 1990. Nessas menções, o politicamente correto é invariavelmente descrito como uma imposição chata e indesejável. Em 2016, Weigel, percebendo o uso eleitoral que Donald Trump fazia da rejeição ao politicamente correto, escreveu um artigo chamado "Political Correctness: How The Right Invented a Phantom Enemy" [Politicamente correto: como a direita inventou um inimigo fantasma], publicado no *The Guardian*. Ao artigo, se seguiram entrevistas para uma série de publicações em todo o mundo, incluindo algumas brasileiras. Em todas as oportunidades, a pesquisadora demonstrava que, ao menos na imprensa norte-americana, as citações do termo foram escassas até 1990. Naquele ano, o politicamente correto apareceu em 700 publicações. Uma dessas citações teria sido especialmente influente: em outubro de 1990, Richard Bernstein, escreveu para o *New York Times* um artigo intitulado "The Rising Hegemony of the Politically Correct" [A crescente hegemonia do politicamente correto]. No texto, ele alerta para a "ascensão da intolerância" que impossibilitava o debate e ameaçava as universidades. O artigo também considera que o politicamente correto tem "cheiro de stalinismo ortodoxo", o que pode ser útil a quem estiver disposto a identificar a origem do mito segundo o qual o próprio Stalin seria o criador do termo.

No ano seguinte, o presidente George Bush faz um alerta sobre o politicamente correto quando se vê diante de um estádio lotado de estudantes da Universidade de Michigan. As 700 menções ao termo no ano anterior, e talvez até mesmo o tão repercutido artigo de Bernstein, podem ter sido decisivos para que ele se pronunciasse assim: "A noção de politicamente correto tem criado controvérsia por todo o país. Embora o movimento surja do digno desejo de varrer para longe os resquícios do racismo, do sexismo e do ódio, ele acaba substituindo velhos preconceitos por novos". As notícias sobre o pronunciamento do presidente certamente ajudaram a aumentar o número de menções ao termo. Em 1991, a imprensa dos Estados Unidos o utilizou 2.500 vezes. Em 1992, seriam 2.800 citações. Invariavelmente, o politicamente correto aparecia como uma indesejável limitação ou como uma imposição cultural a ser combatida, nunca como um ideal a ser glorificado. É nessa constatação puramente estatística que Moira encontra embasamento para dizer que o politicamente correto é um "inimigo fantasma".

O combate travado desde os anos 1990 contra a ameaça inexistente tem seus efeitos colaterais no século XXI. Basta comparar a maneira como o politicamente correto aparece naquele discurso de George Bush, em 1991, às aparições mais recentes do termo, na campanha que elegeu Donald Trump em 2016: "Penso que o problema desse país é ser politicamente correto. Já fui questionado por muita gente e, francamente, não tenho tempo para ser politicamente correto. Para ser sincero, acho que esse país também não tem tempo para isso", disse Trump já no seu primeiro debate, quando o Partido Republicano ainda definia seu candidato. Mais adiante na campanha, o mundo ainda o ouviria dizer: "Quando o México envia sua gente para cá, eles não mandam seus melhores [...] Mandam gente cheia de problemas e esses problemas vêm parar aqui. Eles trazem drogas e crimes. São estupradores. Mas, alguns, eu admito, podem ser boa gente".

Duas décadas antes, as ressalvas de um presidente republicano ao politicamente correto ainda vinham acompanhadas do reconhecimento de que é legítimo querer "varrer para longe os resquícios do racismo". Agora, não mais. É como se, na ânsia de rejeitar o politicamente correto, tivéssemos assumido como legítimas todas aquelas coisas que ele supostamente tinha refreado. Bush alertava que, sendo politicamente corretos, substituiríamos "velhos preconceitos por novos". A julgar pela maneira explícita com que Trump chama mexicanos de estupradores, os velhos preconceitos resistiram muito bem. Das duas, uma: ou esses velhos preconceitos eram mais resilientes do que Bush imaginava, ou o politicamente correto jamais chegou a ser uma ameaça capaz de testar tal resiliência.

No Brasil, o governo eleito encontra sua fundamentação ideológica num autor que não hesita em nos dizer que o politicamente correto é "uma arma de dominação cultural concebida com requintes de maquiavelismo", nem em denunciar o vínculo entre essa arma e o tal marxismo cultural que a opera. Era previsível que houvesse menção ao politicamente correto no discurso de posse de Jair Bolsonaro: "Me coloco diante de toda a nação, neste dia, como o dia em que o povo começou a se libertar do socialismo, se libertar da inversão de valores, do gigantismo estatal e do politicamente correto". A frase entrega os elementos conspiratórios que passariam a definir políticas públicas no país a partir de 2019: o socialismo é o objeto maior da conspiração, a inversão de valores é a ameaça que o marxismo cultural impõe à cultura judaico-cristã, o gigantismo estatal é a garantia de hegemonia dessa nova ordem a ser estabelecida pela conspiração. É só depois de tudo isso que vem o politicamente correto, aquela terrível arma de dominação. Nos meses seguintes, os ministros do governo seriam menos discretos, fazendo menções diretas ao globalismo e ao marxismo cultural.

É verdade que o politicamente correto, desde 1793, significou muita coisa diferente, mas não resta dúvida do que o presidente do Brasil quis dizer quando cedeu espaço a ele em seu discurso de posse. No primeiro dia do primeiro mês de 2019, o Brasil adotava seu sentido oficial para politicamente correto. Havia várias opções disponíveis: poderíamos ter ficado com a dubiedade de James Wilson, com a ironia de Harrison George, com a literalidade estrita de Lyndon Johnson ou com o ativismo de Toni Cade. Poderíamos, inclusive, ter ficado com a desconfiança cautelosa que George Bush tinha de tal ativismo. Escolhemos a teoria conspiratória.

PARA LER

They Live [Eles vivem] (John Carpenter, 1988)

Um insuspeito cidadão trabalhando na construção civil descobre por acaso uma grande conspiração que esconde a verdadeira identidade alienígena da classe dominante do país. Ao usar um par de óculos muito especial, Nada, interpretado por Roddy Piper, passa a ser capaz de enxergar as mensagens subliminares escondidas por trás de propagandas e outras formas de comunicação – todas com o nefasto intuito de manipular a população a consumir mais e mais. Embora Carpenter tenha dado declarações sobre o desejo de representar os yuppies e o capitalismo desenfreado, grupos de extrema direita estadunidense andaram tentando usar o filme como uma representação do poder dos judeus sobre a economia. Já Slavoj Žižek considera que os óculos representam um aviso a respeito das ideologias e como elas distorcem sua visão de mundo. A mensagem é a mesma, mas cada um vê aquilo que seus olhos permitem ver.

CAPÍTULO 8

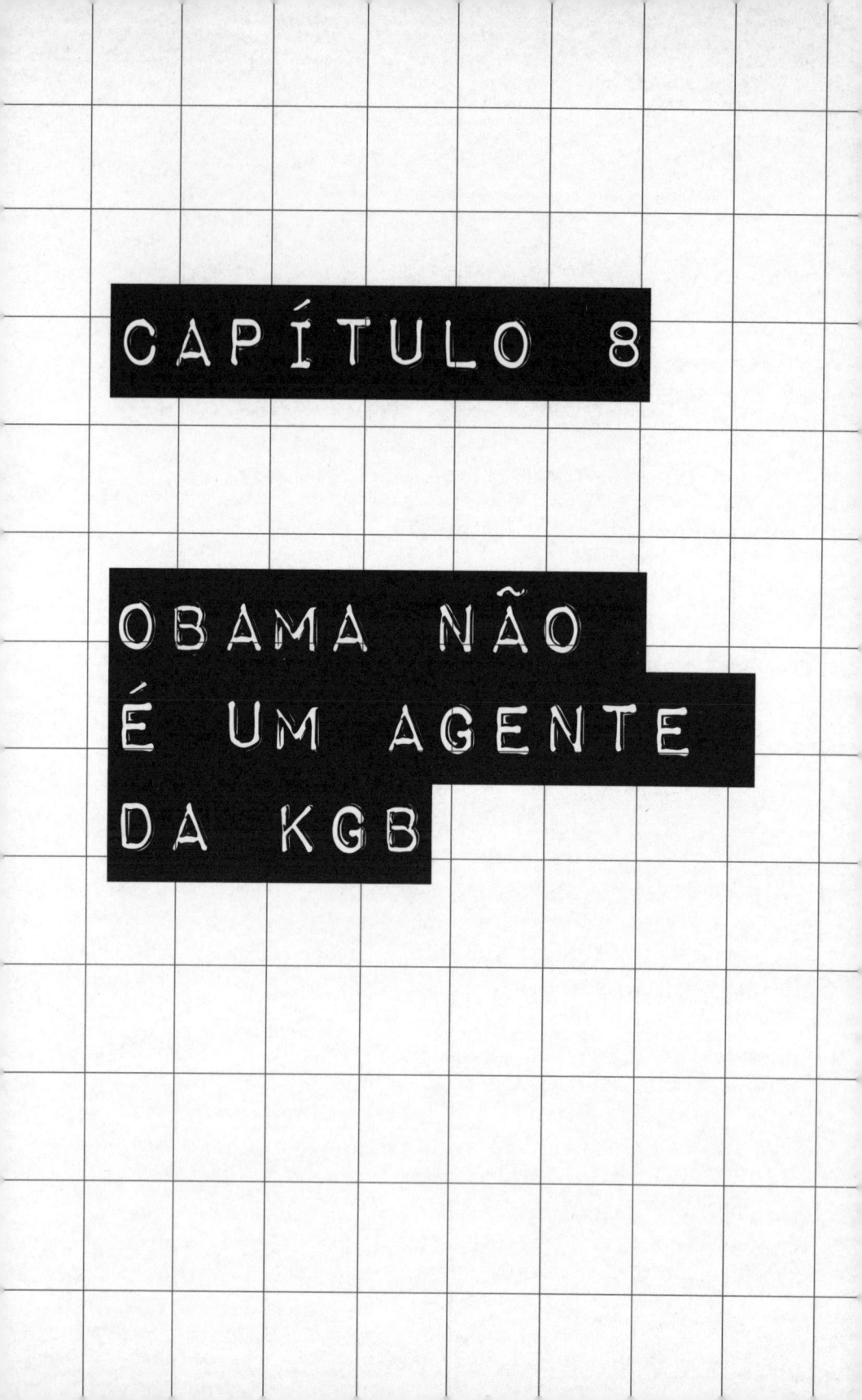

OBAMA NÃO É UM AGENTE DA KGB

FICÇÃO

Obama é um agente russo infiltrado nos
Estados Unidos.

REALIDADE

Obama foi o 44º presidente dos Estados Unidos
e não há documento ou conduta que permitam
concluir sua subserviência aos russos.

E ssa é uma teoria da conspiração bastante específica, mas que serve como coadjuvante para as superteorias conspiratórias das quais falamos até agora. Em 2008, Barack Obama disputava a presidência da república dos Estados Unidos. As primeiras teorias conspiratórias a respeito de suas origens surgiram naquela ocasião, por uma razão muito prática: questionando a nacionalidade do candidato, seus opositores também questionavam a candidatura, já que a constituição dos Estados Unidos estabelece que apenas cidadãos nascidos dentro dos territórios dos EUA podem concorrer.

As versões conspiratórias sobre as origens de Barack Obama são tão diversas quanto conflitantes: há conspiracionistas convictos de que ele nasceu no Quênia e forjou uma certidão de nascimento havaiana. Outros preferiram sustentar que, embora tenha nascido no Havaí, Obama não seria um cidadão americano por ter passado alguns anos de sua infância na Indonésia. Eventualmente, diferentes variações da conspiração foram adaptadas e fundidas para acomodar outras ficções já conhecidas, como a tese globalista de que o mundo está prestes a ser dominado por um governo comunista global. Aqui, Obama vai de estrangeiro a conspirador envolvido com um plano de dominação mundial que envolveria a destruição dos Estados Unidos e de tudo aquilo que o país representa.

A frase "Obama é um agente russo plantado na política americana", escrita em 2016, pode até ser criação brasileira, mas – como acontece com frequência – ela trata de importar tardiamente conspirações estrangeiras. Há oito anos entre o surgimento dessa ideia nos Estados Unidos e a redação em português dessa mesma teoria conspiratória. A essa altura, nos Estados Unidos, as conspirações envolvendo o nascimento do 44º presidente do país já eram tão ridicularizadas que seus propagadores tinham sido apelidados pejorativamente de *"birthers"*.

O *birther* tropical, embora mantenha aqui sua tendência ao atraso, tem seus méritos: sua versão da conspiração vai muito mais longe que as inventadas durante a corrida presidencial americana de 2008. A versão brasileira sugere que, apesar de ser um agente russo infiltrado, Obama teria acumulado divergências com seus mentores. O autor da versão nacional dessa conspiração acrescenta: "Os russos já não sabem o que fazer com ele. O Obama é a maior batata quente que já passou pelas mãos da KGB". Eis aí um primoroso exemplo da blindagem da teoria conspiratória contra qualquer fato que possa refutá-la: Obama se torna ao mesmo tempo um enviado da Rússia para sabotar os Estados Unidos e um traidor dos russos. Assim, caso o Obama da vida real tome qualquer atitude que pareça contradizer sua suposta lealdade aos comunistas, certamente é porque está exibindo sinais de sua imprevisibilidade problemática. Esses russos, nem para escolher um espião menos instável!

É indispensável notar que as conspirações sobre a origem de Obama são, antes de mera paranoia, manifestações veladas de racismo. Mais de um analista político apontou essa relação. Impedidos ou envergonhados de assumir que negavam a americanidade de Obama por causa da cor de sua pele, os conspiracionistas se concentraram em questionar seu local de nascimento. É como se partissem da presunção de que negros não poderiam, jamais, ser considerados cidadãos dos Estados Unidos.

Sobre isso, Michael Tomasky, analista político do jornal *The Guardian*, escreveu: "Uma conspiração de proporções imensas, inventando fatos do presente ao ano de 1961, tinha que ser a única explicação sobre como esse homem negro chegou à Casa Branca. E se você acha que não há uma questão racial no núcleo disso, comece a se perguntar se a conspiração dos *birthers* se voltaria contra Barack Obama se ele fosse branco e se chamasse Bart Oberstar". O texto de Tomasky é de 2011, o que mostra que mesmo ridicularizadas na grande mídia, as conspirações continuavam circulando.

Àquela altura, as conspirações já tinham sido desmentidas por uma série de documentos. A certidão de nascimento de Obama tinha sido mostrada ao público ainda em 2008, nos primeiros estágios da longa corrida presidencial. Meses depois, o Departamento de Saúde do Havaí emitiu comunicado confirmando a autenticidade da certidão. Em abril de 2011, os jornais publicaram o Certificate of Live Birth de Barack Obama – uma espécie de certidão de nascimento ampliada, com dados mais completos. Já não deveria restar nenhuma dúvida de que o presidente dos Estados Unidos era um legítimo cidadão dos Estados Unidos. Ainda assim, em maio, uma pesquisa do instituto Gallup concluiu que 13% dos eleitores ainda tinham dúvidas sobre a nacionalidade de Barack Obama.

O que a pesquisa sugere é que não se deve subestimar as teorias conspiratórias: é preciso compreender como se espalham e, claro, seus efeitos sobre a sociedade. Esforços pioneiros nesse sentido têm sido desenvolvidos pelo cientista político Michael Barkun e também pelo jornalista Jesse Walker, cujos trabalhos embasam o Capítulo 1 do livro que você tem em mãos.

A conspiração dos *birthers* parece ser um riquíssimo objeto de estudo para quem quer que se veja desafiado na missão de compreender o funcionamento e as engrenagens de uma conspiração. Aqui, vemos como as invenções de círculos conspiratórios subterrâneos são capazes de ascender ao palco da política, definindo destinos de maneira abrangente e coletiva. Em março de 2011, ao ser entrevistado no programa *Good Morning America*, Donald Trump, que já se apresentava como pré-candidato à presidência, se dizia cético em relação à certidão de nascimento de Obama. Na mesma entrevista, ele pedia que quem quer que tivesse as mesmas dúvidas dele não fosse chamado de idiota.

Mas é quando Trump diz que o termo *birther* é depreciativo demais para ser utilizado que ele se apresenta como um defensor daqueles 13% do país ainda duvidosos da nacionalidade de Obama. As mesmas pessoas que viram sua fé (porque, como vimos no Capítulo 1, toda conspiração é, sobretudo, uma questão de crença) ser ridicularizada na grande mídia, agora podiam se sentir acolhidas por um rico empresário prestes a se lançar na alta política.

É nesse ponto que a conspiração *birther* nos apresenta um dilema com o qual ainda somos incapazes de lidar: se ridicularizamos a conspiração e evitamos dialogar com aqueles que nela creem, eles logo serão arrebanhados por qualquer um que diga, ainda que cinicamente, apoiar suas ficções. Já se tratarmos a conspiração com seriedade e a desmontarmos com fatos, esbarramos naquela fé impenetrável da qual já falamos algumas vezes. Talvez – e só talvez – o melhor seja entender o papel crescente das conspirações na política mundial como um efeito colateral dos novos aparatos comunicacionais que passamos a utilizar desde os anos 1990. Computadores e celulares deram a todos nós o mesmo potencial de difundir informação que antes era exclusividade das grandes corporações de mídia. Acostumamo-nos a cobrar responsabilidade de tais corporações, mas ainda estamos distantes de aplicar esse mesmo padrão de exigência a nós mesmos.

É natural que a evolução técnica que nos trouxe a internet tenha suas implicações culturais: essa (ainda) nova tecnologia cria possibilidades inéditas de comunicação, mas também estabelece novas demandas para nossos hábitos de consumo e produção de informação. Talvez a emergência das teorias conspiratórias seja apenas um sintoma dessa fase de transição. Obviamente, essa é a hipótese otimista. É igualmente válido especular sobre um mundo em que a realidade ficará presa para sempre numa teia conspiratória formada por notícias falsas que interagem umas com as outras, se complementam e materializam todo tipo de preconceito e paranoia. Esta é a hipótese pessimista: a realidade acabou.

A conspiração *birther* nos coloca em algum ponto entre os extremos das hipóteses formuladas aqui: ainda há nos Estados Unidos quem creia em alguma das versões falsas sobre a nacionalidade de Obama. No Brasil, a conspiração foi alargada para que coubesse dentro dela aquele medo sempre presente do tal governo comunista global, que especula sobre espiões russos e chineses em cada pequeno e grande acontecimento mundo afora. A conspiração segue existindo, ainda que depoimentos de amigos de infância de Obama, fartos documentos e densas investigações somem-se na missão de contrariá-la.

Nada disso impediu que a conspiração tivesse implicações no mundo real. A eleição de Donald Trump, que fez uma proveitosa instrumentalização dos boatos em sua campanha, está aí para confirmar. Ainda assim, ela foi incapaz de nortear o comportamento das instituições norte-americanas que jamais impediram a posse de Obama ou interromperam seu mandato em função das dúvidas a respeito da sua nacionalidade. Se não podemos blindar a sociedade contra as teorias conspiratórias, talvez ainda exista margem para manter nossas instituições a salvo delas. No Brasil, tal margem se perdeu: nesse texto, nossa prioridade é identificar e lidar com as conspirações que estão definindo nossas políticas públicas justamente porque nossas instituições já mostram sinais de que se comportam, na figura de seus dirigentes, de acordo com teorias conspiratórias.

A presidência dos Estados Unidos, sob Barack Obama, tentou diferentes estratégias diante da conspiração que tentava ameaçá-la. Num primeiro momento, o caminho escolhido foi o da divulgação de documentos desmontando os boatos. Quando percebeu que a realidade factual bate na fé cega do conspiracionista e ricocheteia, a presidência se uniu àquela parcela da grande imprensa que já debochava dos *birthers*. Essa virada foi demonstrada no tradicional jantar que a Casa Branca oferece aos jornalistas responsáveis pela cobertura política em Washington.

Barack Obama sobe ao palco e anuncia: "Nesta noite, pela primeira vez, mostrarei o vídeo oficial do momento de meu nascimento. Gostaria de avisá-los que as imagens que vocês verão ficaram inéditas por cinquenta anos". Em poucos segundos, surgia na tela a icônica cena de *O rei leão* que mostra a celebração do nascimento de Simba. Enquanto

Rafiki erguia o filhote para que todos os animais do reino o contemplassem, o som épico de *O ciclo sem fim* misturou-se às risadas dos jornalistas presentes. Uma mensagem na tela atribuía a cena do filme ao dia 4 de agosto de 1961, data do nascimento de Obama. Estranhamente, ninguém passou a acreditar que *O rei leão* seja um documentário.

PARA LER

Yes We Still Can [Sim, ainda podemos] (Dan Pfeiffer, 2018)

O autor de *Yes We Still Can*, Dan Pfeiffer, coordenou a comunicação do governo dos Estados Unidos durante a administração de Obama. Cabia a Pfeiffer, portanto, lidar com os questionamentos a respeito da nacionalidade do presidente. O autor sustenta a tese de que foi a conspiração *birther* que colocou o termo *fake news* dentro do léxico político. O livro de Pfeiffer contém informações inéditas sobre como o núcleo político do governo Obama agiu diante da teoria conspiratória. Há momentos engraçados, como aquele em que Obama mostra a seus assessores o que acredita ser uma certidão de nascimento. Na verdade, o que Obama tinha em mãos era "um documento cerimonial, desses que são vendidos nas lojas de presentes dos hospitais"; uma coisa inútil tanto para a obtenção de um passaporte quanto para o desmantelamento de teorias conspiratórias. Diante dessa descoberta, coube aos assessores a missão de obter o documento oficial das autoridades havaianas. Pfeiffer também nos conta que a decisão de liberar a certidão de nascimento para publicação nos jornais, juntamente com um pronunciamento presidencial sobre o assunto, foi mais delicada do que parece: a alta cúpula do governo americano entendia que responder à contestação da legitimidade de Obama para governar rebaixava tanto a figura do presidente quanto o papel institucional da presidência. No fim, um consenso foi obtido e Obama usou a oportunidade para fazer um discurso sobre o perigo das distrações que se infiltram no debate político.

> **PARA LER**
>
> *Minha história* (Michelle Obama, 2018)
>
> Obviamente que ao escrever um livro chamado *Minha história*, Michelle Obama jamais o dedicaria integralmente a uma teoria conspiratória envolvendo seu marido. Ainda assim, há aqui uma visão interna e pessoal sobre a conspiração *birther*. Para a maioria de nós, trata-se de uma realidade distante, mas para Michelle, na posição de primeira-dama, a mentira era uma ameaça imediata contra sua família. Em determinada passagem, ela pondera que, ao fomentar o boato, a campanha de Donald Trump colocou toda a família em risco: Trump, na visão de Michelle, fornecia a motivação para que alguém mentalmente instável carregasse uma arma e fosse até Washington, impulsionado pela certeza de que estaria fazendo um favor à pátria de acordo com a teoria conspiratória. É ao contemplar essa possibilidade que Michelle se declara incapaz de perdoar Donald Trump por sua adesão à conspiração.

CAPÍTULO 9

MARTIN LUTHER KING JR. NÃO ERA ANTICOMUNISTA

FICÇÃO

Martin Luther King Jr. passou a vida sendo perseguido pelos comunistas.

REALIDADE

Martin Luther King Jr. foi perseguido por quem perseguia comunistas.

Em 1963, os Estados Unidos celebrariam um século da abolição da escravatura. Foi durante a celebração que o reverendo Martin Luther King Jr. proferiu seu discurso mais famoso. Em Washington, 250 mil pessoas o ouviram dizer: "Tenho um sonho de que algum dia esta nação se levantará e viverá o verdadeiro significado da sua crença. 'Afirmamos que estas verdades são evidentes; que todos os homens foram criados iguais'".

Um mês depois do famoso discurso, o FBI conseguia seus primeiros resultados na investigação das relações entre King e um ex-membro do Partido Comunista chamado Stanley Levison. Os resultados, no entanto, eram muito diferentes dos esperados: as apurações, motivadas pela percepção de que o reverendo era uma ameaça contra a segurança nacional, foram muito mais bem-sucedidas nas descobertas feitas sobre os casos extraconjugais do reverendo do que na tentativa de comprovar seus laços com o comunismo.

Sem poder fazer muita coisa do ponto de vista legal com as informações descobertas, agentes do FBI instruídos por J. Edgar Hoover, famoso diretor da instituição, optaram por jogar as informações sobre os casos extraconjugais de King nas mãos de jornalistas nos quais confiavam. Para a surpresa deles, a história não decolou. A iniciativa mais dramática – e questionável, do ponto de vista das práticas institucionais do *Bureau* Federal de Investigação – veio na sequência: King passou a receber cartas anônimas e ameaçadoras, nomeando amantes, identificando os locais dos encontros e, ocasionalmente, sugerindo que ele cometesse suicídio.

Os documentos referentes a essa história para lá de cabeluda se tornaram públicos em 2004, graças ao trabalho dos jornalistas do *New York Times*. O que termina com o FBI agindo à margem da lei para destruir a reputação do reverendo começou com a presunção de que ele seria comunista.

O tempo passou, a reputação de King permaneceu tão sólida quanto sempre foi, e diante da incapacidade de destruí-la, sobrou a opção de adulterá-la para que se encaixasse dentro daquele universo ficcional em que os comunistas são a maior e mais resiliente ameaça jamais enfrentada pela humanidade.

O grande ideólogo do Brasil do século XXI, bem se sabe, é um dos propagadores dessa ficção. Como muitos outros, ele propaga a imagem de um King republicano e anticomunista importando para o Brasil – com algumas alterações locais –, conspirações concebidas originalmente nos Estados Unidos. As mentiras sobre a biografia de Martin Luther King Jr. são antigas e suas origens exatas são desconhecidas. No Brasil, o boato ganhou força depois de ser sustentado em uma de suas aulas. Depois disso, durante a campanha presidencial de 2018, até mesmo celebridades ligadas ao bolsonarismo trataram de reproduzir a versão republicana de King em suas redes sociais. "Sabia que o Martin Luther King era pastor cristão e republicano, né?", chegou a perguntar Danilo Gentili.

Como se percebe, é perigoso acreditar naquilo que outras pessoas, distanciadas de King pelo tempo, pelo espaço e, principalmente, pelos objetivos políticos, escrevem sobre ele. Muito mais seguro pode ser a leitura dos textos do próprio King, e um bom ponto de partida pode ser *A autobiografia de Martin Luther King*, compilado dos textos do reverendo organizado por Clayborne Carson. Lá, King faz algumas considerações sobre Marx: "Marx tinha revelado o perigo do motivo lucro como base única de um sistema econômico: o capitalismo corre sempre o perigo de inspirar os homens a se preocuparem mais em ganhar a vida do que em construir uma vida. Tendemos a avaliar o sucesso de acordo com nossos salários ou com o tamanho de nossos carros, e não pela qualidade de nosso serviço à humanidade e de nossa relação com ela". Essa breve reflexão sugere que não havia em King aquele ímpeto anticomunista e persecutório hoje atribuído a ele; o que havia era uma curiosidade saudável a respeito daquilo que o marxismo é em seu sumo: uma tentativa estruturada de compreender o capitalismo e seus efeitos.

Não há intersecção possível entre as causas e os métodos de Martin Luther King Jr. e as causas e os métodos dos que hoje deturpam sua trajetória na tentativa de trazer para suas fileiras a reputação do reverendo — a mesma reputação que, no passado, foram incapazes de destruir. O único ponto de encontro viável entre o King real e aqueles que o querem republicano e anticomunista seria o cristianismo, mas até aqui existem incompatibilidades gritantes.

Nos Estados Unidos dos anos 1960, a luta pelos direitos civis também representou um embate entre dois cristianismos distintos. De um lado havia os segregacionistas e seu conceito de "identidade cristã", muito popular entre os membros da Ku Klux Klan. Por identidade cristã, os adeptos do termo queriam dizer "identidade branca". É o que revelam, em primeiro lugar, suas demandas: a turma encapuzada da identidade cristã queria a manutenção de espaços distintos para brancos e negros, com óbvia vantagem para os brancos, que poderiam viajar sentados no transporte público e frequentar praias e piscinas públicas, ao contrário dos negros.

A segunda evidência de que identidade cristã era um eufemismo para identidade branca é a lista de pessoas agredidas ou assassinadas em nome da causa segregacionista. James Chaney era negro. Foi morto pela KKK em 1964, e as notícias sobre o assassinato intensificaram a luta pelos direitos civis. Também em 1964, a identidade cristã tentou linchar banhistas negros na praia de Saint Augustine, na Flórida. Esses são apenas dois dos graves incidentes ocorridos naquele turbulento ano de 1964. Diante das agressões, King liderou marchas e recorreu a protestos pacíficos que se adequavam a seus discursos de convivência mútua. Esse era o cristianismo de Martin Luther King Jr.: perdoava, oferecia a outra face e, ao mesmo tempo, exercia justiça com a mesma intransigência reservada aos vendilhões do templo.

No cinema, a melhor representação desse cristianismo que se opõe a tal identidade cristã está em *Uma voz nas sombras*, de 1963. Nesse filme, o ator Sidney Poitier é Homer Smith, um simples pedreiro a procura de trabalho. No Meio-Oeste americano, Smith é convidado por um grupo de freiras alemãs a construir uma capela. A proposta é quase indecente: Smith deve trabalhar de graça e confiar sua provisão a Deus, mais ou menos como recomendou Cristo em seu famoso sermão da montanha: "Considerai como crescem os lírios do campo: eles não trabalham nem fiam, contudo vos digo que nem Salomão em toda a sua glória se vestiu como um deles. Se Deus, pois, assim veste a erva do campo, que hoje existe, e amanhã é lançada no forno, quanto mais a vós, homens de pouca fé? Assim não andeis ansiosos, dizendo: Que havemos de comer? ou: Que havemos de beber?".

Ainda que com relutância, Homer Smith aceita a missão. Começa a construir a capela sozinho. A comunidade ao redor, inspirada pelo esforço e exemplo, resolve ajudar. Gente de muitos credos e etnias trabalha sob a liderança de Homer Smith: há mexicanos, freiras alemãs; há muitos sotaques e, unindo todos eles, há um objetivo em comum. É como se o filme buscasse inspiração não apenas no sermão da montanha, como entrega o título original – *Lilies Of The Field*, ou *Lírios do campo*, em tradução literal –, mas também no discurso de King em Washington.

Por sua atuação no filme, Sidney Poitier ganhou o Oscar de melhor ator. Foi o primeiro ator negro a chegar lá. Poitier recebeu a estatueta das mãos de Anne Bancroft, que lhe deu um beijo no rosto e parecia genuinamente feliz com a premiação do colega. Os segregacionistas piraram: era um acinte o contato físico do homem negro e da mulher branca que eles desejavam e objetificavam.

A identidade cristã ainda acumularia outras derrotas em 1964: naquele mesmo ano, o presidente Lyndon Johnson assinou a Lei dos

Direitos Civis, atendendo a reivindicação máxima do ativismo cristão de King. Também em 1964, Martin Luther King Jr. se tornaria o homem mais jovem a ter recebido o Nobel da Paz. A identidade cristã acumulava uma derrota atrás da outra, mas jamais seria inteiramente superada. No século XXI, ela levanta-se novamente, elegendo novos inimigos conforme o contexto muda.

PARA LER

A autobiografia de Martin Luther King (Clayborne Carson, 2014)

A já citada obra de Clayborne Carson vai muito além da tarefa de desmentir a existência de um Martin Luther King republicano e anticomunista. Baseado em arquivos inéditos e uma longa lista de registros autobiográficos do próprio Martin Luther King, que inclui cartas, diários, filmes e gravações em áudio, o livro serve inclusive para nos explicar como Martin Luther King Jr. se tornou Martin Luther King Jr. E o Jr. parece contar muito: consta que o pai do reverendo já era um contestador da segregação racial. Em uma determinada passagem, vemos o que acontece quando um policial branco se refere a ele como *boy*, termo que era termo usado pelos brancos no Sul para fazer referência aos homens negros, desconsiderando a idade. Na tradução brasileira, *boy* vira moleque: "Que fique bem claro que você não está falando com um moleque. Se continuar me tratando por moleque, serei forçado a agir como se não escutasse uma só palavra do que está dizendo". No texto, o próprio Martin Luther King Jr. considera como essa e outras experiências ajudaram a moldá-lo: "Meu pai não se ajustava ao sistema, e teve um grande papel na formação da minha consciência".

PARA VER

Uma voz nas sombras (Ralph Nelson, 1963)

No Brasil, o título do filme que tem Sidney Poitier no papel principal foi traduzido como *Uma voz nas sombras*, o que o afasta de sua referência bíblica original. Para além de sua importância histórica, *Lilies of the Field* é uma narrativa sobre ética de trabalho, motivação e senso de dever: Homer Smith, o protagonista vivido por Poitier, começa o filme preocupado apenas com a sua sobrevivência. Para realizar aquilo que lhe é apresentado por um grupo de freiras como uma missão divina (a construção da igreja), ele precisa se entregar ao mundo e confiar em sua capacidade de provisão, mais ou menos como fazem os lírios do campo na passagem bíblica. Embora o argumento possa soar excessivamente religioso para alguns, há neste filme reflexões muito válidas (e bem terrenas até) sobre o trabalho.

PARA JOGAR

Detroit: Become Human (Quantic Dream, 2018)

Detroit: Become Human nos mostra uma sociedade em que androides dotados de inteligência artificial são construídos para fazer todo o trabalho árduo do qual a humanidade sempre desejou se livrar. Parece não ter absolutamente nada a ver com as questões das quais tratamos neste capítulo, mas não se engane: as primeiras cenas do jogo já mostram que a separação entre androides e humanos reproduz as mesmas situações de uma política racial que aprendemos a chamar de apartheid. Aqui, vemos que os robôs são separados dos humanos até mesmo na hora de embarcar no transporte público. Contra eles, também há manifestações nas ruas: os humanos reclamam que os robôs estão roubando seus trabalhos. Se soar familiar é porque foi feito para ser assim. Encarar as escolhas que *Detroit: Become Human* impõe ao jogador com o histórico da luta por direitos civis dos anos 1960 em mente pode tornar o jogo ainda mais significativo.

CAPÍTULO 10

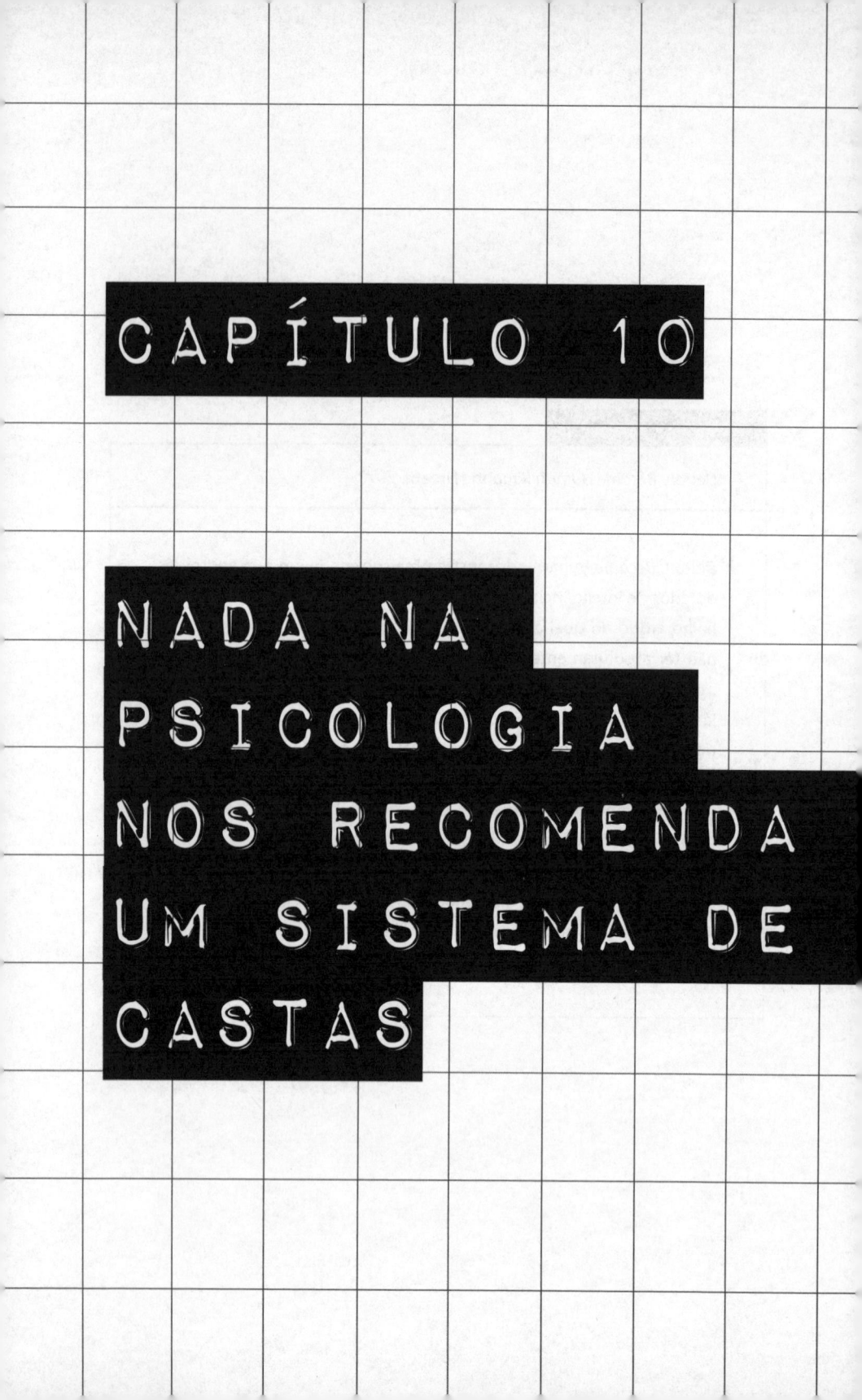

NADA NA PSICOLOGIA NOS RECOMENDA UM SISTEMA DE CASTAS

FICÇÃO

É inevitável que uma sociedade se divida em castas porque castas são tipos psicológicos.

REALIDADE

A divisão da sociedade em castas é um anseio da filosofia perenialista e não tem nada a ver com psicologia.

Foi José Ortega y Gasset quem disse que o homem é o homem e a sua circunstância. Tivesse nascido numa sociedade estratificada em castas, talvez ele dissesse que "a circunstância é o homem", restando-lhe pouca ou nenhuma chance de definir-se em seus próprios termos. O ofício, o casamento, as posses, os direitos e as obrigações; tudo estaria definido no momento do seu nascimento. Os dados foram lançados, sua sorte e seu destino já decididos de acordo com uma tabela meticulosamente hierarquizada. Não há – e mais importante, sequer pode haver – por onde escapar.

Aqui e agora não é bem assim: nossas circunstâncias nos limitam muito e impõem obstáculos que os mais privilegiados entre nós se negam a reconhecer. A crença em um sistema de castas legitima esses privilégios e presume que os obstáculos não sejam nada mais do que obrigações programadas por um grande plano superior.

Quem nos diz que "as castas são tipos psicológicos e não classes sociais" o faz décadas depois de ter iniciado seu flerte com uma filosofia chamada perenialismo. Pode não parecer, mas a frase que estabelece um vínculo entre psicologia e sistema de castas foi dita em 2017. A essas alturas, o flerte tinha resultado em um romance sério, desses que marcam a gente para toda a vida. Se, por um lado, o defensor da divisão da sociedade em castas não é psicólogo, por outro, revela admiração pelo perenialismo, a filosofia que nos diz que toda sociedade se divide natural e espiritualmente em castas, independentemente de qualquer organização política.

Do globalismo à Religião Biônica Mundial, passando pelo horror ao tal marxismo cultural e desaguando na sua rejeição sumária do método científico: o conjunto da obra desse que agora quer que nos organizemos em castas é uma superteoria conspiratória de essência perenialista – e, por superteoria conspiratória, não se pretende aqui nenhuma ofensa; trata-se da classificação metodológica adequada, como vista no Capítulo 1. Ofensa mesmo seria dizer que o perenialismo é meio destrambelhado e que quase qualquer coisa baseada nele também é.

No perenialismo, a divisão em castas é vista como inevitável, mas os mecanismos que regem essa divisão são frequentemente colocados no reino do misticismo e da magia. O que o perenialista brasileiro do século XXI faz é trocar misticismo por psicologia, talvez em busca de alguma credibilidade. Ainda assim, a essência é mantida e, de alguma forma, até modernizada, para o horror do próprio perenialismo, que demoniza a modernidade.

No Capítulo 2, abordamos a fantasia do globalismo e aprendemos que, nessa teoria conspiratória, 3 blocos distintos disputam o controle do mundo: o bloco ocidental corresponde ao poder econômico; o bloco eurasiano, o poder militar; o bloco islâmico, o poder religioso. Note que a conspiração do globalismo entende a geopolítica como uma disputa entre castas distintas: mercadores, guerreiros e sacerdotes. Dessa forma, ela vai de encontro ao jeito perenialista de ver as coisas, evocando seus já mencionados temores a respeito da modernidade: todos os problemas são causados por gente de castas inferiores ocupando posições que não lhe pertencem.

É no perenialismo que o conspirador busca suas justificativas espirituais (ou psicológicas) para combater obcecadamente a esquerda no Brasil contemporâneo: quando um partido chamado "dos trabalhadores" chega ao poder, o perenialista fica magoado e contrariado. Ele vê aí a prova definitiva de que uma casta inferior, formada por trabalhadores braçais, se apossou do poder decisório das castas superiores. É a manifestação máxima daquela modernidade terrível que vira o mundo de cabeça para baixo. Isso o perenialista não pode aceitar: além da mágoa e da contrariedade, ele deve se sentir usurpado. Afinal, é natural que ele, em sua perpétua tentativa de legitimar um sistema de castas, se julgue pertencente aos círculos superiores.

Descartada a pretensa base psicológica por trás da inevitabilidade da divisão em castas, o que nos resta é compreender melhor a viagem do perenialismo, muitas vezes chamado de "Escola Tradicionalista". Apesar do nome, trata-se de coisa relativamente recente: as bases do perenialismo foram dadas por René Guénon na primeira metade do século XX. Postulando a existência de uma "sabedoria perene" nas tradições esotéricas das principais religiões, o duro trabalho da vida de Guenón foi tentar unificar quase todas as formas de busca espiritual em uma única coisa, a "filosofia perene", que é misteriosa e convenientemente revelada apenas por meio de seus textos ou então de uma intuição metafísica que transcende a razão. E quem decide se tal intuição foi atingida? Eles mesmos, os perenialistas, os iniciados, os mestres do oculto.

Dessa forma, a "verdade perene" prometida pelo perenialismo se converte em instrumento de poder. A tal verdade perene tem valor; afinal, ela se confunde facilmente com a palavra de Deus. A relação da palavra divina com a aleatoriedade do nascimento em castas também pode ser entendida a partir da teoria do lúdico: a *alea* é, de acordo com Roger Caillois, o elemento que simultaneamente retira o poder do humano e o confere a uma instância superior. Quem é essa instância? A sorte, o universo? Deus? Quando somos escolhidos aleatoriamente, somos escolhidos por algo que nos escapa – e se ganhamos ou perdemos, é porque algo muito maior assim o quis. É por isso que os jogos de azar são tão fascinantes e os instrumentos divinatórios costumam ter como base algum sistema de sorteio (cartas, dados, palitos, etc.). Quando a sorte escolhe se nascemos em castas superiores ou inferiores, certamente é porque – olha aí um termo perigoso – *merecemos*.

A relação das castas com a escolha divina explica por que os maiores defensores dos sistemas de castas se situam convenientemente nas castas superiores. Ajuda também a explicar por que os segredos e as informações mais fundamentais sobre o mundo estariam de forma muito oportuna nas mãos apenas das castas mais elevadas. Uma enorme coincidência. Aqueles que são escolhidos pelos deuses para ocupar as posições mais altas são também os detentores do segredo por trás das cortinas que dão acesso aos deuses. A verdade, de origem metafísica, é conhecida apenas pelos iniciados em seus mistérios. Ao homem comum resta apenas recorrer a eles. Também é muito conveniente a união de tradições diversas que permite ao perenialismo a busca de públicos variados: cristãos, hindus e muçulmanos podem se sentir igualmente contemplados pela obra de Guénon e sempre podem compreender o suficiente para se sentirem por dentro, mas nunca de forma a alcançar a verdadeira compreensão do todo que só os iniciados detêm.

Embora estivesse interessado em unificar religiões e tradições místicas distantes e divergentes, Guénon não fazia segredo de suas restrições: odiava kardecistas e maçons porque, aparentemente, essas tradições não continham aquela misteriosa "sabedoria perene". Ele também rejeitava Darwin e, claro, os comunistas, porque sentia neles o materialismo degradante da modernidade que dedicaria a vida a combater. E esse combate era, para ele, uma missão de vida recebida, literalmente, do além.

Ao ser iniciado nos mistérios do oculto, Guénon teria evocado o espírito do último grão-mestre dos templários, Jacques de Molay. Que Molay tivesse assuntos pendentes nesse mundo não era surpresa: a ordem que ele comandava foi extinta e ele, queimado numa fogueira, amaldiçoando seus algozes e seus futuros descendentes. Surpreendente mesmo é que seu espírito tenha esperado tanto tempo para se manifestar diante de Guénon, um jovem em seus 20 e poucos anos, dando-lhe a tarefa de fundar uma Ordre Rénové du Temple e, através dela, formar uma nova geração de cavaleiros templários. Deve ter sido tirado no dado.

Para anunciar a renovada Ordem dos Templários, Guénon usou sem permissão a lista de endereços de seu antigo mestre Gérard Anaclet Vincent Encausse, mais conhecido como Papus. Era de se esperar que Papus, como o líder de uma sociedade esotérica, tivesse os contatos de gente propensa a acreditar na história de Guénon. Guénon arrumou uma inimizade com o mestre, mas fundou sua sociedade. Ela teve vida curta: foi dissolvida em 1911, apenas três anos depois do suposto encontro entre Guénon e o espírito de Molay, mas deu popularidade aos textos de Guénon nos círculos ocultistas.

Hoje, existem muitas novas ordens dos Templários – certamente mais do que conseguiríamos listar. Não é raro que elas disputem o lugar de herdeira legítima dos templários originais. Também não é raro que as pessoas associadas a tais organizações apareçam no noticiário policial: o norueguês Andres Breivik, responsável pelos trágicos ataques terroristas de 2011, em Oslo, chegou a dizer em juízo que era um cavaleiro templário. O templário contemporâneo combate o marxismo cultural, um inimigo tão real quanto suas fantasias medievais, como vimos no Capítulo 4.

Assim como as novas ordens templárias, o perenialismo de Guénon continua por aí, apontando pontos de convergência entre tradições tão distintas quanto a cristã e a hindu. Frithjof Schuon é outro filósofo perenialista frequentemente citado. Em *O sentido das raças*, Schuon recorre aos primórdios da Índia para nos explicar que existem humanos fundamentais, determinados espiritualmente: brâmanes são do tipo contemplativo e trabalham com a mente, ocupando posições sacerdotais. Xátrias são articuladores e trabalham com as palavras, ocupando posições no Estado. Vaixás são hábeis e trabalham com as mãos; costumam ser artesãos e agricultores. Já os sudras, destituídos de qualquer virtude das castas anteriores, são animalizados. Se o Ocidente não compreende a validade dessa divisão, é porque ele se distanciou de suas tradições. Pela lógica do perenialismo, as tradições (ou ao menos as tradições selecionadas pelos seus pensadores) são todas idênticas naquela "verdade perene" que expressa um desejo divino. E, aparentemente, Deus quer castas. Schuon acredita que todos nós deveríamos entender a que casta pertencemos e viver nossas vidas de acordo com o que já foi determinado espiritualmente. Schuon, naturalmente, seria beneficiado com isso: ele seria um brâmane e até mesmo os governantes lhe prestariam reverências.

A defesa simultânea de uma divisão da sociedade em castas e de uma doutrina que nasceu para negar essa divisão é apenas uma das contradições que o perenialismo tenta administrar. O mesmo Schuon que tenta nos convencer da beleza intrínseca de uma sociedade na qual ninguém pode desejar ser mais e melhor do que já é também escreve um livro inteiro para mostrar que a "verdade perene" também está no budismo. E pouco importa que o budismo tenha sido, antes de tudo, uma reação e uma negação do sistema de castas que vigorava na Índia. Buda andava entre os sudras (também chamados de intocáveis) com a mesma desenvoltura com que Cristo circulava entre os leprosos. E é nesse ponto que aquela consideração feita anteriormente, sobre o perenialismo ser meio destrambelhado, começa a parecer apenas branda: mais do que tradição, ele quer um mundo com hierarquia rígida e mobilidade social inexistente. Indo por esse caminho, é compreensível que alguns de seus principais autores tenham aderido ao fascismo nos anos 1930.

Para unir coisas tão diversas quanto um sistema de castas e uma doutrina que nasceu para contestá-lo, os autores perenialistas extrapolam todos os limites da interpretação de texto e buscam conexões improváveis, embora muito literais: existe, segundo Guénon, um mundo subterrâneo, ramificado em túneis que atravessam continentes e oceanos. Essa ligação física, por si só, já seria o suficiente para explicar como povos distintos e religiões diversas estariam ligados em suas tradições místicas, todas idênticas, na visão perenialista. Nossos ancestrais teriam se servido dessa estrutura subterrânea para estabelecer suas tradições e acumular conhecimento espiritual. Parece doideira? Fica melhor: todos os túneis levam a um mesmo lugar: Agarttha, onde está o rei do mundo. Isso é o básico do básico sobre *Le Roi Du Monde* [O rei do mundo], publicado por Guénon em 1958.

Um leitor bondoso poderia olhar para essa história e imaginá-la como válida ao menos no pantanoso terreno das metáforas: os túneis assim se transformariam naquela indescritível interconexão espiritual que faz com que nós sejamos parte de uma mesma unidade; uma unidade descrita aqui como rei do mundo. Infelizmente, não é o caso. Guénon apoia sua narrativa em relatos de viajantes e chega a mencionar que poderíamos encontrar uma entrada para esse mundo subterrâneo na Ásia.

Tão grandiloquente quanto afirmação da existência de um rei do mundo escondido numa caverna, é a certeza que Guénon tem de que todos os textos sagrados já escritos nos contam a história desse mundo subterrâneo. E para instalar a mesma convicção no leitor, Guénon se serve da etimologia: se um antigo texto grego usa o termo *"koilos"*, que significa oco, e outro escrito sânscrito fala em *"varuna"*, cobrir, então Guénon se dá ao direito de juntar as duas coisas para concluir que aquilo que é o oco e está coberto é uma caverna – a sua caverna, a morada do rei do mundo. Associações etimológicas desse tipo estão na gênese do perenialismo. É natural que, com o decorrer das décadas, esse uso temerário da etimologia e dos exercícios de interpretação tenham evoluído para estabelecer relações igualmente inexistentes entre pequenos e grandes fatos, gerando as mais malucas teorias da conspiração.

Nos primórdios do perenialismo, a única relação entre *koilos* e *varuna* era o livre desejo interpretativo de Guénon. No presente delirante, a mesma liberdade interpretativa permite que seu herdeiro veja o Foro de São Paulo como prova cabal de que um governo comunista global está a caminho, conforme aprenderemos no Capítulo 21. De Guénon, ele não herda apenas o apreço a tradições e o gosto pela mistureba mística. Ele herda um *modus operandi* que combina liberdade de interpretação com a subversão etimológica. Ao menos com Guénon, o herdeiro é respeitoso. Ele, que já dedicou xingamentos a Einstein e Newton, reclamou publicamente quando René Guénon ficou de fora da coleção *Os Pensadores*, publicada originalmente pela editora Abril Cultural em 1973. Em 2004, a coleção chegou à sua oitava edição, sem Guénon. Se houver nova edição incluindo Guénon, será um sinal de que os conspiradores de inspiração perenialista se apossaram do tal *establishment* acadêmico que tanto criticam. Quando isso acontecer, decidiremos se vamos correr para as colinas ou se vamos nos esconder naquela misteriosa caverna onde vive o rei do mundo.

PARA VER

O ano passado em Marienbad (Alain Resnais, 1961)

Um homem, que pode ou não ser o amante de uma mulher, que pode ou não ser esposa de um homem, que ela pode ou não ter prometido deixar um ano depois em um resort luxuoso, que pode ou não ser em Marienbad. Essa é (quase) a história do filme de Alain Resnais, feito em parceria com o autor do *nouveau roman* Alain Robbe-Grillet. Amado por uns e odiado outros, o filme se constrói como uma série de cenas que podem ser realidade, sonho, memória ou fantasia. Não se sabe se uma promessa de divórcio foi feita, nem mesmo se há um romance entre o suposto amante e a mulher. Tudo o que se sabe é discurso, e com discurso a gente pode fazer qualquer coisa ser verdade, não é mesmo? O filme é de fato bastante complexo, mas vale prestar atenção no jogo que o personagem M, interpretado por Sacha Pitoëff, parece nunca perder. O jogo é conhecido como Nim, e consiste em retirar objetos de um conjunto separado em fileiras. O último jogador a retirar um objeto, nessa variação do jogo, perde. Quando os companheiros de M não conseguem compreender os motivos que fazem com que ele sempre ganhe (na verdade, uma série de operações matemáticas), sua reputação como algum tipo de superioridade poderosa se consolida no contexto do filme. Aliás, ninguém falou que ele era o marido da mulher, ou que exerce algum tipo de posição de autoridade sobre ela; talvez tenham sido os deuses que o escolheram para tal papel.

PARA LER

We Are Legion (We Are Bob) [Somos legião (Somos Bob)]
(Dennis E. Taylor, 2016)

Na série de livros, Taylor conta a história de uma consciência humana (Bob) transplantada para uma máquina, cuja missão após a morte de seu corpo biológico passa a ser a de conquistar o espaço e assegurar o futuro da humanidade. Ou pelo menos, é o que parece, porque a humanidade na verdade se dividiu em grupos políticos em uma guerra que acabou com o planeta, o que motiva a missão espacial da consciência de Bob em primeiro lugar. Assim como na fantasia globalista, o mundo está dividido em grupos ideologicamente homogêneos: ambientalistas, gente rica e fanáticos, além de alguns perdidos aqui e ali. Nesse contexto, o destaque vai para o Império do Brasil, facção radicada em Florianópolis composta de militares muito religiosos. O Império do Brasil manda para o espaço o replicante Major Medeiros, que vai tentar atrapalhar Bob e seus clones enquanto cumpre cegamente as ordens originais de seu governo, mesmo sem saber se a Terra ainda existe. A combinação de fanatismo religioso e militarismo cego fazem do Major Medeiros um personagem secundário deveras peculiar, beirando o teimoso e irracional a ponto de falhar conceitualmente como replicante porque não é capaz, a partir de seus dogmas ideológicos, de se adaptar aos desafios da vida no espaço – e faz com que nos perguntemos o que Taylor sabia em 2016 sobre o Brasil que nós ainda não sabíamos.

PARA JOGAR

Fluxx (Looney Labs, 1997)

O jogo de cartas baseado em sistemas de regras mutantes faz com que cada jogador, na sua vez, mude os objetivos e condições para vitória através da jogada de cartas. O sistema básico do jogo consiste em objetos, ações, objetivos e regras. Cada jogador pode tentar usar o que tem em mãos para desviar a condição de vitória para o seu próprio lado. *Fluxx* é parente de jogos como *Mao* (conhecido no Brasil pela variante *Mau Mau*), em que as regras nunca são explicadas para novos jogadores e cada rodada pode incluir novas regras inventadas pelo ganhador anterior, mas nunca divulgadas publicamente, e *Nomic*, jogo criado em 1982 por Peter Suber que consiste em um experimento em que o jogo em si é mudar as regras do jogo, envolvendo sistemas democráticos ou variações políticas de acordo com os jogadores. Todos esses jogos são boas demonstrações práticas da expressão "quem corta o queijo fica com a maior fatia", e talvez ajudem a explicar por que um sistema de castas proposto pelas castas mais altas nunca parece um bom negócio.

CAPÍTULO 11

FREUD NÃO DEFENDE O INCESTO

FICÇÃO

Freud é responsável por iniciar uma onda de indução à pedofilia.

REALIDADE

Ao comparar diferentes culturas, Freud percebeu que o incesto era tabu em todas elas. Partindo de tal percepção, apontou a existência de um potencial desejo da criança pela mãe, formulando a famosa hipótese do complexo de Édipo.

Na segunda semana de outubro de 2018, o autor de grande parte das ficções com as quais aqui somos confrontados interferiu diretamente na corrida eleitoral brasileira. Ele acusou um dos candidatos de ter escrito um livro defendendo que era preciso derrubar o "tabu do incesto", usando a exata expressão de Sigmund Freud. O ideólogo por trás da acusação, bem se sabe, nunca teve um bom conceito de Freud. Muito antes de ser capaz de influenciar nossos processos eleitorais, ele já informava que o austríaco era responsável por uma muitíssimo suposta "indução à pedofilia". Esse processo teria começado quando Freud supostamente distorcera a representação da infância para uma versão exageradamente erotizada.

Amplamente difundida nas redes sociais, a acusação de que havia um defensor da pedofilia concorrendo à presidência da república foi desmentida nos meios jornalísticos. Contatou-se que só o que havia no tal livro escrito pelo candidato era uma menção a Freud. Foi unindo essa menção e a uma liberdade interpretativa radical (para dizer o mínimo) que o boato tomou forma. O candidato sobre quem caía a falsa acusação era Fernando Haddad, o adversário de Jair Bolsonaro no segundo turno de 2018.

É certo que a acusação, somada a tantas outras de teor semelhante, criaram um clima de tensão sexual que interferiu na campanha: o partido de Haddad precisou inclusive divulgar uma nota desmentindo o boato. Mas não é Haddad que nos interessa aqui, é Freud. E é justo que seja assim. Bem ou malsucedido, todo esforço jornalístico e político feito para restabelecer a verdade naquela ocasião foi concentrado no mais urgente: evitar a contaminação da eleição que ocorreria em pouco tempo. Bastava esclarecer que Haddad jamais tinha defendido a derrubada do tabu do incesto. Não havia tempo para explicar a origem do termo e, muito menos, para restituir a reputação de seu criador. E é porque a obra de Freud foi tragada de maneira mesquinha para dentro de uma disputa política que ainda deve haver por aí muitos brasileiros com uma visão equivocada a seu respeito.

É da intersecção entre diferentes áreas do conhecimento que moram as maiores e melhores oportunidades de avanço. Sigmund Freud parecia saber disso. Sua psicanálise jamais poderia existir sem a diversa junção de neurologia, hipnose e antropologia. Utilizando as ferramentas dessa última, Freud se propôs a comparar culturas humanas separadas pelo tempo e pelo espaço. Dessa comparação, Freud retirou a constatação de que sempre há restrições para o casamento dentro de uma mesma família. Diferentes culturas geram diferentes códigos morais, que geram diferentes proibições. Se o incesto é um tabu universal, então seria razoável pensar que isso se dá por causa de algo que permeia todas as culturas.

E razoável foi a conclusão de Freud: o tabu se estabelece a partir de um potencial desejo da criança pela mãe, que é rejeitado sumariamente pelas culturas humanas. Veja bem: não há defesa do incesto como natural em parte alguma desse argumento. O tabu do incesto, como Freud o descreveu, aparece pela primeira vez no texto *Totem e tabu*, de 1913, e se refere à universalidade cultural da proibição do incesto. Mas é provavelmente de *Três ensaios sobre uma teoria da sexualidade* de onde viria a teoria conspiratória de que Freud faria algum tipo de apologia à pedofilia. Talvez tenham pulado a parte em que ele diz que crianças só são objeto sexual de indivíduos covardes e impotentes.

Igualmente importante nessa história é o complexo de Édipo, expressão que resume os desejos amorosos e hostis que o menino direciona à figura materna. O mesmo fenômeno também afeta as meninas, chamado nesse caso de complexo de Electra. Édipo e Electra são nomes da mitologia grega, em especial, de peças do tragediógrafo Sófocles. Inclusive, muitos críticos de Freud deixaram passar batido um equívoco de Freud passível de ser apurado na peça "Édipo rei": o Édipo, de Sófocles, deseja a mulher Jocasta, que não sabe ser sua mãe. Ou seja, Édipo não tinha complexo de Édipo, pois, quando sofremos dele, temos plena noção tanto do parentesco quanto da proibição do desejo.

O complexo de Édipo nos leva inevitavelmente a outro conceito freudiano: o recalque, um eficiente mecanismo mental que nos defende de todas as ideias que sejam incompatíveis com o Ego, termo que, juntamente com o Superego e o Id, formam uma espécie de santíssima trindade da teoria psicanalítica.

Ego, Superego e Id são as três estruturas básicas de nosso aparelho psíquico. Cada uma dessas partes tem um papel bem definido. O Id é o espaço dominado por nossas pulsões e instintos. Ele busca o prazer, foge da dor e faz tudo de maneira mais ou menos automática, sem planejamento ou avaliação das circunstâncias externas. O Superego, ao contrário, é de onde surgem nossas inibições. Cabe a ele impedir que todas as pulsões do Id se realizem. Para frear o Id, o Superego recorre à punição e ao sentimento de culpa.

Para mediar os conflitos entre o Id que deseja e o Superego que inibe, existe o Ego, responsável por posicionar de maneira racional nossos comportamentos em algum lugar entre os extremos do Id e do Superego. Idealmente, o Ego buscaria a satisfazer as pulsões do Id apenas nos momentos adequados, evitando as consequências negativas de nossas pulsões, ouvindo, sempre que necessário o prudente Superego.

As relações entre Ego, Superego e Id, quando projetadas na cultura, passaram a reger bem mais que o funcionamento da mente humana, mas também as maiores aventuras vividas em Hogwarts e também a ponte de comando da Enterprise. Tanto na série *Harry Potter* quando em *Star Trek*, nota-se a presença de um recurso ficcional chamado de trio freudiano. Isso é o que se chama na narratologia de "tropo": uma recorrência narrativa usada em histórias diferentes com formas semelhantes. Como o nome sugere, o trio freudiano enquanto tropo é composto por personagens encarregados de representar Ego, Superego e Id.

Por exemplo: em *Harry Potter*, Hermione é o Superego protegendo o restante do grupo e calculando os riscos; Ronny Wesley, exercendo suas pulsões de maneira frequentemente desajeitada, é o Id; Harry, sempre mediando os dois extremos, é o Ego. No trio freudiano, o Ego geralmente é o líder. Coisa parecida acontece na ponte de comando da Enterprise na série original: Spock, sempre cauteloso e racional, é o Superego; McCoy, o Id; e Kirk, o Ego. No primeiro exemplo, o Ego é o personagem título, no segundo, domina a hierarquia como capitão. Não é por acaso.

Ego, Superego e Id podem se relacionar de muitas formas, como sugere a ampla variedade de aventuras vividas por Harry, Hermione e Ronny e por Kirk, Spock e McCoy. O já mencionado recalque é um dos fenômenos possíveis na relação entre Ego, Superego e Id. Em *Die Verdrängung*, texto de 1915, Freud descreve extensivamente como o recalque opera, inclusive dividindo o fenômeno entre recalque originário e secundário. Certamente são conhecimentos úteis, mas não é necessário recorrer a eles para derrubar a ideia absurda de que Freud era um apologista do incesto e de que suas teorias, aliadas aos planos de dominação global da Escola de Frankfurt, levaram os petistas brasileiros a distribuírem mamadeiras eróticas nas escolas.

Atualmente, no Brasil, vandaliza-se a obra de Freud. O pai da psicanálise virou tarado, incestuoso, talvez até pedófilo. Tudo isso porque ousou especular sobre infância e sexualidade e alertou para os efeitos do recalque, capaz de expulsar da superfície da consciência todos aqueles desejos proibidos – mas nunca os fazer sumir por completo. Freud compreendeu as consequências que o *Verdrängung*, presente no seu título de seu texto e entendido como o recalque originário, poderia ter no restante da vida. Cem anos depois, Freud foi tomado como um propagandista do sexo entre pais e filhos. Como se vê, a distorção de sua obra é um exercício proposital de má-fé, não um mero equívoco interpretativo — coisa que também acontece. Havemos de nos perguntar que tipo de tensão mal resolvida faz com que a obra do psicanalista seja tão grotescamente distorcida a fim de gerar uma realidade paralela em que um grande e respeitado teórico advoga pelas relações sexuais entre pais e filhos.

A compreensão da obra de Freud nunca foi muito fácil no Brasil. A distorção com motivações políticas que ocorre no presente se soma a equívocos de tradução do passado. É a doutora em Psicologia Clínica pelo Instituto de Psicologia da Universidade de São Paulo, Maria Lucia de Souza Campos Paiva, quem explica que "as primeiras traduções da obra freudiana foram feitas do inglês para o português" e que isso resultou num "uso indiscriminado das palavras repressão e recalcamento para traduzir *Verdrängung*".

Apesar de tudo, ao contrário do que sugere o tratamento que o Brasil lhe dá, a obra de Freud começa a ser redescoberta. Depois de ter passado as últimas décadas meio esquecida, a psicanálise está voltando com tudo. O campo da neuropsicanálise, usando recursos tecnológicos com os quais Freud jamais poderia ter sonhado, tem encontrado forte correspondência entre as estruturas teóricas descritas pela psicanálise e as interações entre diferentes áreas do cérebro observadas pela neurociência.

A neuropsicanálise, assim, retoma aquela virtude freudiana original de buscar intersecções entre diferentes campos do conhecimento: ela nasce das mãos de psicólogos e especialistas em ciências humanas interessados nos processos neurológicos e das mãos de neurocientistas que também se dedicam à psicanálise. "Freud está de volta, e não apenas na teoria. Grupos interdisciplinares reunindo os campos antes distantes e muitas vezes contrários da neurociência e da psicanálise se formaram em praticamente todas as grandes cidades do mundo", celebrou o psicanalista sul-africano Mark Solms, em um artigo publicado em 2004 na *Scientific American*. Àquela altura, o neurocientista Eric Kandel, cujas descobertas envolvendo a transmissão de sinais entre células nervosas no cérebro tinham lhe rendido o prêmio Nobel de Medicina no ano 2000, já tinha declarado que a psicanálise "ainda é a visão da mente mais intelectualmente satisfatória e coerente".

No começo do século XX, a psicanálise jamais poderia sonhar com o respaldo técnico que recebe em tempos atuais. Também não deve ter ocorrido ao seu grande pioneiro o pesadelo que parte do Brasil impõe a tudo que ele realizou. Como uma das mais notórias tentativas de desbravar a mente humana pode ser falsificada a ponto de ser vista como mero instrumento de uma causa política e ideológica?

A resposta pode estar na ciência política: como vimos, Jason Stanley, em *Como funciona o fascismo*, identifica e lista 10 pilares sobre os quais o fascismo se apoia. Um desses pilares é o da tensão sexual. Trata-se de um recurso retórico típico dos autoritarismos: os opositores do fascista emergente são taxados de tarados, promíscuos e, invariavelmente, de estupradores. Apelando para acusações tão graves, legitima-se a violência contra a oposição. Freud não tinha absolutamente nada a ver com isso, mas, como infância e sexualidade são temas próprios da psicanálise, algumas pessoas encontraram na obra de Freud um atalho curto e fácil para acertar os órgãos vitais de seus opositores. Há, claro, um dano colateral que não pode ser ignorado: enquanto a neuropsicanálise avança, corremos o risco de retroceder ao termos nosso destino conduzido por recalques.

Curiosamente, a mesma mistura entre sexualidade e infância que tornou Freud um alvo do vandalismo conspiracionista é presença frequente, quase obsessiva, nos discursos da "nova" política brasileira. Faz sentido que seja assim, principalmente quando lembramos que a tensão sexual descrita por Stanley é um dos pilares da técnica política executada aqui. Talvez a técnica tenha motivações psicológicas subjacentes, das quais nem mesmo seus executores estariam conscientes. Como encarar o fato de que a mesma obra que nos avisa que "o movimento de indução à pedofilia começa com Sigmund Freud" tenha todo seu conjunto marcado por menções tão frequentes a ânus, falo e vagina? É o próprio Freud que explica? Vem daí a necessidade de colocá-lo em descrédito?

Invalidar a obra de Freud, ao que tudo indica, acaba se tornando o ato preventivo de um movimento ideológico que tem a homofobia como uma de suas principais características. A psicanálise oferece o arcabouço teórico para atestar quão hedionda e tosca é a associação forçada entre gays e pedófilos. É necessário destruí-la para normalizar o discurso homofóbico e alçá-lo ao poder. Não por acaso, o mesmo autor que nos pede cautela diante da tal pedofilia freudiana também escreve que "não se encontrará nas fileiras gays um único santo, místico ou homem espiritual de elevada estatura" e completa, despudoradamente: "gays têm escassa folha de serviços na prática do bem". Trataremos dessas declarações em um capítulo apropriado, já que não seria prudente mencioná-las sem se contrapor a elas.

Não se trata de defender a infância e as crianças. Nunca foi. Pelo contrário: muitos identificam na fragilidade da infância – e no medo que essa fragilidade evoca nos pais – um campo fértil para semear todos aqueles preconceitos que os empoderam. Para salvar as criancinhas, marginaliza-se a psicanálise, mas essa área do conhecimento está longe de ser a única vítima do obscurantismo – a pedagogia que o diga: Paulo Freire é tão demonizado quanto Freud, como veremos no Capítulo 24.

PARA LER

Introdução às obras de Freud, Ferenczi, Groddeck, Klein, Winnicott, Dolto, Lacan (J. D. Nasio, 1995)

J. D. Nasio é um psiquiatra argentino radicado na França desde 1969. *Introdução às obras de Freud, Ferenczi, Groddeck, Klein, Winnicott, Dolto, Lacan* é uma obra organizada por ele a partir de um lema que parece ter algo a ver com a maledicência que tentamos corrigir aqui: "Busquemos bem dizer o que já foi dito, e teremos a chance, talvez, de dizer algo novo". Por "bem dizer", Nasio se refere à qualidade de uma linguagem que, embora se pretenda suficientemente acessível, não se permite a utilização de reduções caricatas. Entendemos que é nesse bem-dizer que está o antídoto para aquela mal dita frase segundo a qual "a indução da pedofilia começou com Freud".

PARA JOGAR

Silent Hill: Shattered Memories (Konami, 2009)

Os jogos da série *Silent Hill* se concentram de maneira muito aberta em temas como o trauma e as disfuncionalidades das famílias, mas é em *Shattered Memories* que vemos a psicanálise aparecer de maneira muito explícita – o jogo começa com o preenchimento de um formulário de avaliação psicológica. A relação entre o jogo da Konami e a obra de Freud é explorada em *Restless Dreams and Shattered Memories: Psychoanalysis and Silent Hill* [Restless Dreams e Shattered Memories: psicanálise e Silent Hill], do pesquisador Ewan Kirkland. No trabalho, o autor aponta que a distinção entre os segmentos jogáveis e os segmentos cinemáticos equivalem à distinção entre os aspectos conscientes e subconscientes da mente. Segundo Ewan, as *cutscenes* de *Shattered Memories* reproduzem as fantasias primais do protagonista do jogo. Essas fantasias, por sua vez, justificam muito do que acontece naqueles segmentos jogáveis que correspondem aos aspectos da superfície da consciência.

CAPÍTULO 12

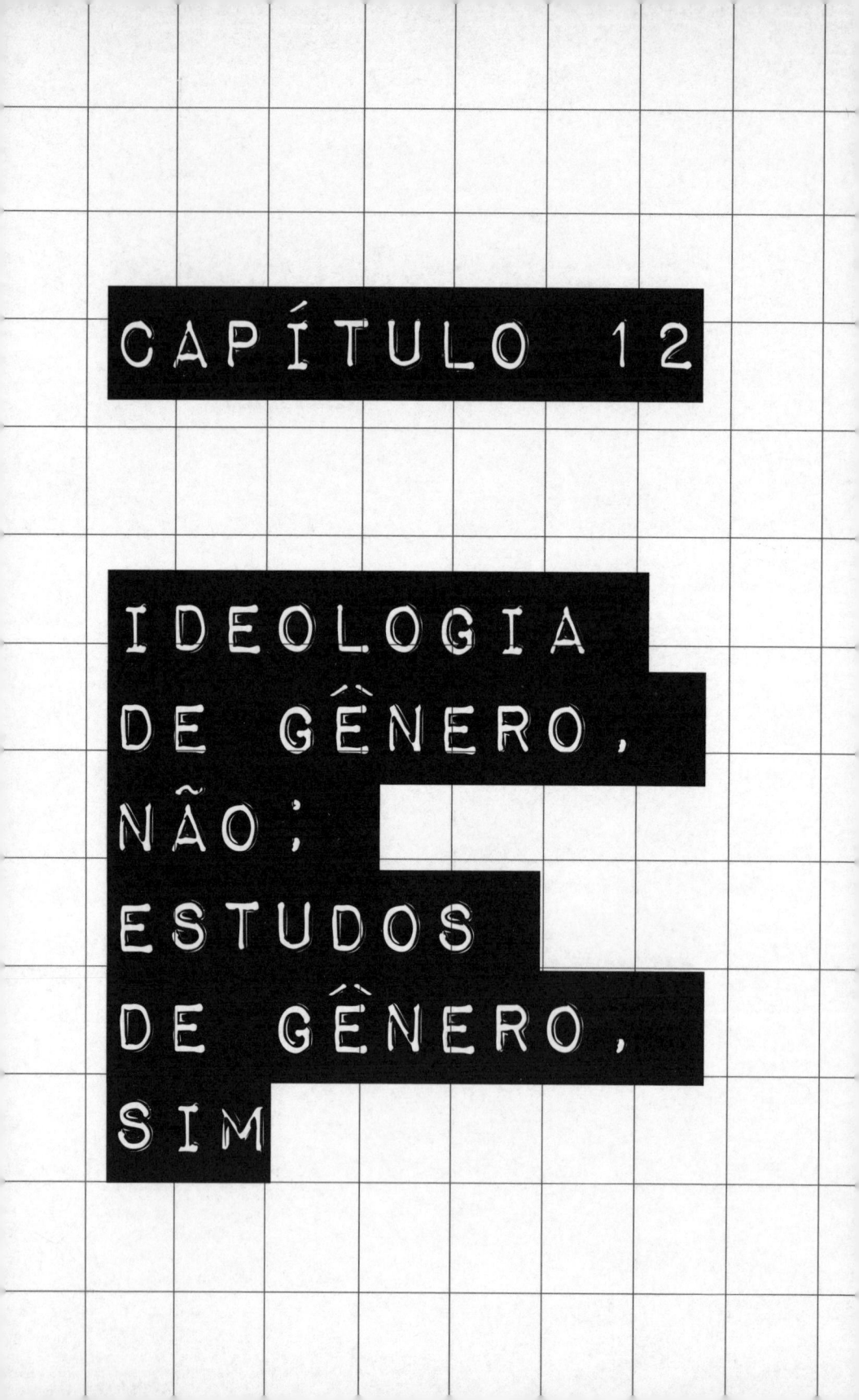

IDEOLOGIA DE GÊNERO, NÃO; ESTUDOS DE GÊNERO, SIM

FICÇÃO

A ideologia de gênero quer impor o aborto a mulheres e transformar meninos em meninas.

REALIDADE

Ideologia de gênero não existe. Estudos de gênero, ao contrário, constituem um campo real do conhecimento que nunca se propôs a mudar a sexualidade de ninguém.

O termo "ideologia de gênero" não possui nenhuma base acadêmica ou teórica e também carece de uma definição coerente e bem estabelecida. Mesmo os que propagam o medo de que a ideologia de gênero possa transformar meninos em meninas ainda nos primeiros anos de suas vidas falham na tarefa de apresentar uma definição clara e objetiva.

De maneira abrangente, a teoria da conspiração de que existe uma ideologia de gênero disposta a agir sobre a sexualidade (em especial, de crianças) parece apontar de maneira vaga, desregrada e até contraditória para um conjunto de políticas educacionais, ações de saúde pública ou ativismos destinados a promover a igualdade entre homens e mulheres ou a resguardar os direitos da comunidade LGBTQI+. Há fortes indícios que essa seja mais uma ideia conspiratória importada tardiamente pelo Brasil e adaptada aos medos e gostos locais.

A ideia de que uma conspiração baseada na "ideologia de gênero" estaria trabalhando sorrateiramente para minar os valores da família tradicional e impor uma agenda LGBTQI+ ao mundo pode ter suas origens em 1994. Naquele ano, a ONU promoveu, no Egito, a Conferência Internacional sobre População e Desenvolvimento, mais conhecida como Conferência do Cairo. Essa não foi a primeira vez em que a organização se propôs a defender os direitos das mulheres; décadas antes, nos anos 1970, já se debatia sobre o assunto. E também não foi a última. No ano seguinte, em Pequim, a ONU continuou a discutir sobre os direitos das mulheres e a pensar sobre como os governos podem adotar medidas para combater a violência e a desigualdade de gênero. A paridade entre homens e mulheres continua sendo pauta e está aliada aos objetivos de desenvolvimento sustentável pensados pela organização.

Mas da Conferência do Cairo surgiu um avanço e um consenso notáveis que talvez sejam a base para a conspiração da ideologia de gênero reputar como crucial aquele momento: representantes de diferentes regiões, religiões e culturas reconheceram a saúde reprodutiva como um direito humano. É exatamente isso: foi em um mundo com 5,6 bilhões de habitantes (hoje já são mais de 7 bilhões) que finalmente reconhecemos a importância de falar abertamente sobre sexo e reprodução — atividades que, supomos, estejamos fazendo com alguma frequência.

Na mesma oportunidade, os países-membros estabeleceram 3 metas a serem alcançadas no prazo de uma década: redução da mortalidade infantil e materna; acesso à educação relacionada ao tema, principalmente para as meninas; e acesso universal a serviços de saúde reprodutiva, o que incluía uma gama de contraceptivos úteis ao planejamento familiar.

Mas quando conservadores, críticos da agenda tratada na conferência, se viram diante da promessa de "acesso universal a serviços de saúde reprodutiva", eles rapidamente inferiram que a ONU estaria criando condições para a legalização do aborto em seus países-membros. No Brasil, dois deputados da Frente Parlamentar Evangélica do Congresso Nacional e da Frente Parlamentar Mista em Defesa da Vida chegaram a propor, em 2013, a instauração de uma Comissão

Parlamentar de Inquérito com o propósito de investigar uma suposta participação de entidades internacionais no financiamento de pressões para a legalização do aborto no país. Como evidência, o texto da proposta menciona as conferências de Cairo e Pequim e, mais relevante ainda, demarca como eixo central da conspiração financeira internacional pró-aborto uma conferência realizada em Glen Cove (Estados Unidos), em que teriam se definido as bases para a imposição do aborto como tema central dos direitos reprodutivos das mulheres. No entanto, apesar do pedido de abertura de CPI afirmar a existência de vasta bibliografia sobre o que teria acontecido na tal conferência, tudo indica que foi uma reunião sobre como os países poderiam adotar as medidas para assegurar direitos reprodutivos definidos pelas outras conferências. A conferência é citada, mas não produziu materiais públicos duradouros. Por outro lado, bibliografia sobre os efeitos nefastos do encontro é encontrada em abundância e é citada com frequência para referenciar as intenções das reuniões.

Obviamente, as interpretações em geral não refletem nem de longe o consenso atingido em nenhuma dessas conferências. Ainda assim, círculos conservadores, horrorizados pela sua interpretação particular dos fatos, passaram num salto semântico a instrumentalizar o termo "gênero" para justificar suas ações e seus discursos persecutórios contra alguns grupos bem definidos: gays, feministas e todo mundo que pareça estar num espectro de desvio da "sexualidade padrão". Isso porque, quando não falamos o suficiente sobre sexo, é bastante fácil confundir iniciativas de prevenção a doenças sexualmente transmissíveis com depravação e medidas para conter a gravidez na adolescência como uma defesa irrestrita do aborto.

O termo "ideologia de gênero", que ouvimos em discursos de autoridades públicas brasileiras, é herdeiro dessa tradição histérica e persecutória. Não há registro nas atas das conferências do Cairo e de Pequim, ou mesmo na reunião de Glen Cove, de que o termo tenha sido pronunciado por algum dos participantes, mas, ao que parece, os eventos podem ser considerados uma espécie de marco zero para a teoria da conspiração da ideologia de gênero. De fato, um artigo publicado na revista científica *Sociedade e Estado*, da Universidade de Brasília, escrito por Richard Miskolci e Maximiliano Campana, traça as origens do temor da ideologia de gênero. Os pesquisadores identificaram também na Conferência de Pequim um ponto fundamental, não na afirmação da tal ideologia, mas como origem da reação conservadora à ideia de que houvesse um movimento relativo ao gênero em ampla disseminação no mundo. Em contraponto à conferência de 1996, o Papa Bento XVI teria alertado no ano seguinte para os problemas da "perspectiva de gênero". Por sua vez, em 2007, no Brasil, o Documento de Aparecida, escrito na V Conferência Geral do Episcopado Latino-Americano e do Caribe, já menciona o termo "ideologia de gênero". Em 2010, o termo chega de vez na América Latina pelos livros do advogado Jorge Scala. Acompanhando a evolução do uso do termo, Miskolci e Campana também ponderam sobre a influência de outros fatores na ascensão dos temores sobre a ideologia de gênero – entre eles, obviamente, a chegada de mulheres ao poder, como foi o caso do Brasil com a eleição de Dilma Rouseff.

Mais de quinze anos depois da Conferência do Cairo, o termo e todo o medo que ele inspira nos conservadores encontraram alguma sobrevida no Brasil. Foi o que ocorreu em 2011, ano em que o Supremo Tribunal Federal reconheceu, por unanimidade, a união estável entre casais do mesmo sexo como as entidades familiares que de fato são.

A decisão do STF estendia a casais homoafetivos as mesmas regras válidas para uniões estáveis entre homens e mulheres cisgênero e heterossexuais, que independem de qualquer rito religioso, uma vez que a união estável é um dispositivo do estado laico brasileiro. A Constituição Federal, no seu artigo 226, diz: "Para efeito da proteção do Estado, é reconhecida a união estável entre o homem e a mulher como entidade familiar, devendo a lei facilitar sua conversão em casamento". No texto da decisão relatada pelo ministro Ayres Britto, explica-se que, embora o texto que define a união estável dê destaque para a união entre homens e mulheres, negá-la a casais homoafetivos iria ferir os princípios também garantidos pela Constituição de que os indivíduos não sejam discriminados por sexo e tenham direito à intimidade familiar. Para finalizar, o ministro conclui que a especificação da união estável entre homem e mulher contida no artigo 226 serve muito mais para proteger a igualdade entre gêneros do que a estabelecer um mecanismo que proíba casais do mesmo gênero de receber os mesmos direitos legais de casais heterossexuais. O texto diz: "Não há como fazer rolar a cabeça do art. 226 no patíbulo do seu parágrafo terceiro. Dispositivo que, ao utilizar da terminologia 'entidade familiar', não pretendeu diferenciá-la da 'família'". E termina: "A Constituição não interdita a formação de família por pessoas do mesmo sexo". Estava criado, a partir daquele momento, um precedente que poderia ser seguido por outras instâncias da Justiça e também da administração pública.

A reação à decisão da Suprema Corte veio do Parlamento, já devidamente tomado pela chamada bancada evangélica. Sistematicamente, os membros da bancada passaram a apresentar projetos restringindo direitos reprodutivos, reconhecendo os direitos dos fetos ou até criminalizando o aborto mesmo em casos de estupro. Embora tais propostas tenham sido colocadas em escanteio na Câmara, elas geraram um fenômeno muito mais comunicacional que político: na medida em que tais propostas ganhavam espaço no noticiário e seus autores eram agraciados com a chance de expor suas teses, o Brasil foi assumindo como verdadeiro o temor de que os valores familiares estivessem sob o ataque de ideias imorais, subversivas e depravadas. Confluem novamente as questões sobre orientações sexuais, identidades de gênero e questões reprodutivas, tudo num grande balaio de medo e preconceito. O conjunto dessas ideias assustadoras passou a ser chamado de ideologia de gênero.

Há outro fato que estabelece o ano de 2011 como o início do combate político brasileiro à inexistente ideologia de gênero. Também foi naquele ano que o Ministério da Educação propôs a distribuição de cartilhas nas escolas combatendo todo tipo de discriminação e, em especial, a homofobia. O material foi analisado pela UNESCO em um parecer assinado por Vincent Defourny: "Os materiais do Projeto Escola Sem Homofobia estão adequados às faixas etárias e de desenvolvimento afetivo-cognitivo a que se destinam, de acordo com a Orientação Técnica Internacional sobre Educação em Sexualidade, publicada pela UNESCO em 2010". Tratava-se, até onde foi divulgado, de um material voltado a combater o preconceito e auxiliar educadores a lidar com as questões sexuais e de gênero com seus alunos, de acordo com as faixas etárias adequadas a cada assunto.

No entanto, uma campanha tentou convencer a opinião pública de que o material tentava induzir crianças precocemente a atividades sexuais. Uma simples menção à LGBTQI+fobia foi o suficiente para que o material fosse batizado por seus opositores como "kit gay". Um deputado federal mandou imprimir 50 mil cópias de um panfleto em que propagava os objetivos nefastos do tal "kit gay". Segundo o Correio do Estado, o texto dizia: "Querem, na escola, transformar seu filho de 6 a 8 anos em homossexual. Com o falso discurso de combater a homofobia, o MEC na verdade incentiva a homossexualidade nas escolas públicas do 1º grau e torna nossos filhos presas fáceis para pedófilos". No fim, diante do estardalhaço, o governo federal optou por voltar atrás e não distribuir a cartilha.

Não fez diferença alguma. Nos anos que se seguiram, os boatos sobre o kit gay se multiplicaram. O que inicialmente era apenas uma cartilha passou a incluir livros que nunca estiveram nas escolas públicas brasileiras. Um livro francês foi apontado como uma das armas do kit: *Aparelho sexual e cia. – um guia inusitado para crianças descoladas*, escrito por Zep e ilustrado por Hélène Bruller. Na verdade, apenas 28 cópias do livro teriam sido compradas pelo Ministério da Cultura (não pelo Ministério da Educação), disponibilizados em bibliotecas públicas (não em bibliotecas escolares) e nunca foram parte de um kit educativo distribuído em escolas. Isso não impediu que o livro figurasse em vídeos compartilhados fartamente nas redes sociais como parte de um complô comunista para sexualizar o seu filho em sala de aula.

Depois disso, não é de se espantar (muito) o surgimento da famosa mamadeira erótica, símbolo máximo da histeria conservadora brasileira. Já escutávamos mentiras sobre um kit educativo sobre discriminação, depois sobre um livro que não era didático; por que não subir as apostas e inventar uma mamadeira criada para sexualizar bebês em escolas? Incidentalmente, o mesmo deputado federal que fez os panfletos – e que continuou dizendo que o livro sobre sexo era didático muito depois de desmentida a afirmação – se elegeu presidente ainda combatendo o mesmo "kit gay" que jamais foi distribuído.

Nesse ponto, devemos ao menos tentar conceituar a tal ideologia de gênero para que possamos continuar essa discussão com um pouco mais de sanidade. Quando muito, o termo se refere apenas aos medos infundados daqueles que o utilizam sem nunca o definir. Trata-se de uma invenção poderosa na medida em que se desdobra em várias outras fabulações. Inventa-se não apenas a ideologia, mas também, para materializá-la, seus infames produtos. Aqui, é necessário ressaltar a contradição: para justificar uma perseguição a tudo quanto possa ser considerado homoerótico, a vertente conspiratória do conservadorismo enche o mundo de criações homoeróticas; invariavelmente assentadas numa mistura para lá de suspeita entre sexualidade e infância. É como se, na tentativa de combater a depravação alheia, o inventor do boato da mamadeira erótica revelasse suas próprias depravações. Freud explica – ou explicaria, se não fosse convenientemente rejeitado por essa vertente ideológica e conspiratória, como vimos no Capítulo 11.

De 2007 até o fim da década, o termo ideologia de gênero foi sendo gradualmente promovido. Primeiro, era usado dentro dos círculos conspiratórios conservadores, depois chegou ao Parlamento e, mais tarde, à presidência da república. É natural que, ao longo desse percurso, que é tão cultural quanto político, o termo tenha acumulado novos significados, talvez a ponto de atingir a inevitável saturação semântica. Aqui, a ideologia de gênero é usada como caricatura grotesca e generalizadora dos estudos de gênero.

Presentes em qualquer universidade digna do nome ao menos desde a década de 1980, os estudos de gênero não têm como proposta modificar a sexualidade de quem se dedica a eles. Essa, aliás, configura uma ofensa tão difamatória quanto sem sentido contra esse campo de estudos. Basta notar a completa ausência de pesquisas nesta área afirmando que identidade de gênero ou orientação sexual sejam modificáveis por políticas públicas específicas. Isso não existe.

Interdisciplinares por excelência, os estudos de gênero buscam suas bases não apenas dentro do conjunto das Ciências Humanas, mas também das Ciências Sociais Aplicadas, das Ciências da Saúde e até das Ciências Exatas. Os conhecimentos contidos em cada uma dessas áreas são necessários devido à diversidade das contribuições que os estudos de gênero podem oferecer ao mundo. Ao tentar compreender as relações de gênero – feminino, transgeneridade e masculino – nas culturas e sociedades humanas, os estudos de gênero podem auxiliar no desenvolvimento de políticas públicas para combater a violência doméstica, a violência sexual, o feminicídio, os crimes de ódio e a desigualdade nos salários pagos a homens e mulheres.

Os estudos de gênero possuem uma história respeitável dentro do conhecimento humano. Infelizmente, essa história é pouco conhecida. Talvez, o desconhecimento a respeito da evolução desses estudos seja parte do que viabiliza o preconceito contra ele. Não há como traçar com justiça, neste breve capítulo, todo o percurso e a história dos estudos de gênero. O que podemos, mais humildemente, é desenhar um panorama que retrate a seriedade do assunto e das pessoas que se dedicam a ele para longe da imaginação fértil das teorias conspiratórias que imaginam corporações malvadas querendo trocar o gênero das crianças e obrigar mulheres a abortar.

Seria difícil apontar com precisão o marco zero dessa trajetória, mas é comum que a referência a *Uma reivindicação pelos direitos da mulher*, escrito por Mary Wollstonecraft em 1792, como um ponto de virada na história sobre como se pensa o gênero em sociedade. Dois anos antes, Wollstonecraft fazia parte de uma discussão pública que tem como contexto a Revolução Francesa, vista sob o ponto de vista da Inglaterra. Curiosamente, ela entra no embate com *Uma reivindicação dos direitos dos homens*, em que rebate a visão de Edmund Burke em defesa da monarquia e dos costumes. Mas Wollstonecraft percebe que na Revolução Francesa os lemas de liberdade, igualdade e fraternidade se estendiam aos homens – mas não a todos e certamente não às mulheres, a quem se recomendava uma educação caseira e nenhum acesso aos direitos cívicos requisitados pela revolução. Ao mesmo tempo, na França, Olympe de Gouges escrevia *A declaração dos direitos da mulher e da cidadã*, também percebendo que a *Declaração dos direitos do homem e do cidadão* convenientemente deixava de fora as mulheres.

É, portanto, no âmbito jurídico e no contexto de uma revolução que deixava de fora as mulheres que primeiro se começa a pensar os papéis reservados aos gêneros na sociedade. "Quem fez do homem o juiz exclusivo, se a mulher compartilha com ele o dom da razão?", questiona Wollstonecraft, clamando por acesso à educação e liberdade que permita à mulher ocupar o lugar de companheira racional e capaz do homem – o que pode nos parecer um tanto antiquado agora, mas lembremos que ainda se trata do século XVIII.

Em Wollstonecraft, trata-se de uma desconfiança de que o papel social reservado às mulheres retirava delas a potencialidade enquanto parceiras na revolução. Mais tarde, isso se configurou como a percepção de que a ideia da mulher como um "outro", e não como uma protagonista, criada ao longo de sucessivas gerações de costumes e formas de pensamento e organização social. "Não se nasce mulher, torna-se mulher", disse Simone de Beauvoir pouco mais de cento e cinquenta anos depois de Wollstonecraft. Pouco tempo antes o direito a voto era conquistado, mas as mulheres estavam muito longe da igualdade que a Revolução Francesa prometeu – aos homens.

Marilyn Strathern é, talvez, o próximo nome que julgamos necessário pontuar na história dos estudos de gênero. Strathern dedicou-se à antropologia: gastou um bom tempo observando as mulheres da Melanésia e saiu de lá convicta de que gênero, mais do que identidade pré-concebida, é uma relação. O gênero, assim, é definido não de maneira puramente interna, determinista ou biológica, mas sim por interações com o outro.

Na década de 1970, os estudos de gênero ganham complexidade com as contribuições de Angela Davis e Bell Hooks. Foram elas que revelaram ao mundo que mulheres diferentes vivem experiências diferentes, sempre obedecendo múltiplas variáveis como cor, escolaridade e condição de classe. Todas essas coisas seriam determinantes para os conceitos centrais de sexo e gênero.

Décadas de contribuições culminam na obra de Judith Butler: *Problemas de gênero: feminismo e subversão da identidade*, publicado originalmente em 1989. Até aqui, gerações de pesquisadoras tinham se alternado em considerações sobre o tema, chegando ao quase consenso de que o sexo seria determinado pela biologia enquanto o gênero seria construído por meio da cultura. Butler apresenta o conceito de "performatividade de gênero" e defende que tanto sexo quanto gênero são criações discursivas. Tais criações, argumenta

Butler, guardam em si armadilhas, na medida em que promovem a exclusão de todos os corpos não enquadrados num modelo binário. O não enquadramento tornaria corpos, gêneros, sexualidades e desejos sujeitos a violência, exclusão e opressão. Butler teoriza sobre como nascem e operam violência, exclusão e opressão direcionada aos "corpos desviantes" da lógica binária.

Quando o livro apareceu pela primeira vez nas livrarias, os estudos de gênero já fincavam suas raízes em algumas das principais universidades do mundo. No Brasil, uma das contribuições metodológicas centrais nasceu no "Grupo de Estudos de Gênero Pagu", criado em 1990, na Unicamp. O periódico *Cadernos Pagu* segue como uma das principais referências nacionais da área, consolidando os estudos que o precedem e estimulando a criação de outros grupos similares em outras universidades ao longo das décadas seguintes.

Mais do que fazer uma abordagem histórica dos estudos de gênero (tem gente muito mais capacitada por aí para isso, e a gente incentiva que você vá conhecê-los), o que nos interessa aqui é perceber algo muito, muito mais singelo: trata-se, por incrível que pareça, de *estudos*. Do campo do direito à antropologia, da biologia à psicologia, os estudos de gênero buscam elucidar como nos compreendemos e nos relacionamos; por que fazemos o que fazemos e significamos o que significamos. Caminham do direito ao voto e à educação à interseccionalidade entre questões de gênero e de raça, cor, classe e corpos. Nenhum desses estudos envolve kits de conversão de gênero distribuídos em escolas, mas envolve a educação para a formação humana, a educação reprodutiva para a saúde, e a conscientização para as diferenças e semelhanças entre nós. Nenhum desses estudos ensina como devemos ser: pelo contrário, questionam as formas como aprendemos a nos identificar de acordo com normas que nos escapam.

Em 2017, todos os grupos dedicados aos estudos de gêneros instalados nas universidades brasileiras viram-se constrangidos e envergonhados com a recepção histérica e hostil que grupos conservadores, embalados pela versão conspiratória da ideologia de gênero, destinaram a Judith Butler, durante a segunda visita dela ao Brasil. "Parece que as pessoas que se opõem à minha presença não estão realmente abrindo livros e aprendendo sobre os estudos de gênero", declarou a pesquisadora na ocasião. Disso, nem os opositores mais violentos da pesquisadora ousaram discordar.

> **PARA LER**
>
> *Manifesto ciborgue* (Donna Haraway, 1985)
>
> As relações difusas entre humano e máquina – biologia e tecnologia – são o ponto de partida para Donna Haraway pensar a respeito das transformações nos conceitos de gênero, raça, cor, classe e sexualidade. As dominações simbólicas se confrontam com a tecnologia, e o que resulta é a possibilidade de reordenação e reconceitualização das formas tradicionais de se compreender os indivíduos em sociedade. Correndo o risco de dar a ideia de que os chips de computador estão transformando as novas gerações em depravados sexuais (se é que isso já não está em algum panfleto por aí), recomendamos a leitura da obra de Haraway no sentido de refletir a respeito das intersecções entre o corpo biológico e a cultura na forma da tecnologia, assim como a possibilidade de superação de amarras simbólicas por meio do estudo das ciências biológicas e tecnológicas em conjunto com o estudo das sociedades humanas.

PARA LER

Angela Davis - uma autobiografia (Angela Davis e Heci Regina Candiani, 2019)

Contar a própria história não foi uma decisão fácil para Angela Davis. Ela mesma admite que o que importa não são os eventos de sua vida particular, mas como eles expressam e se relacionam com a sociedade que a cerca. Mulher, negra, feminista e ativista, Angela foi alvo de acusações e julgamento injustos nos anos 1970 por conta de sua atuação política, tendo recebido apoio massivo da comunidade internacional. O que a história de Angela nos conta é que lutar pela igualdade de gênero é difícil, mas é infinitamente mais complexo considerar as intersecções entre gênero, classe e cor. No cruzamento das muitas questões que compõem identidades e condições sociais, Angela é um ícone de luta e resistência, e sua história nos mostra uma das formas como a busca por direitos iguais pode ser criminalizada por pessoas e sistemas que não aceitam a diferença como constituinte da sociedade.

PARA LER

Olympe de Gouges (José-Louis Bocquet e Catel Muller, 2014)

A HQ de José-Louis Bocquet e Catel Muller representa a vida de Marie Gouze, como jovem mulher na França revolucionária, autora da *Declaração dos direitos da mulher e da cidadã*. Gouze ficaria conhecida pelo pseudônimo Olympe de Gouges, com o qual provocou os limites das convenções sociais da França do fim do século XVIII. De encher os olhos, mas, fundamentalmente, para alimentar a cabeça.

CAPÍTULO 13

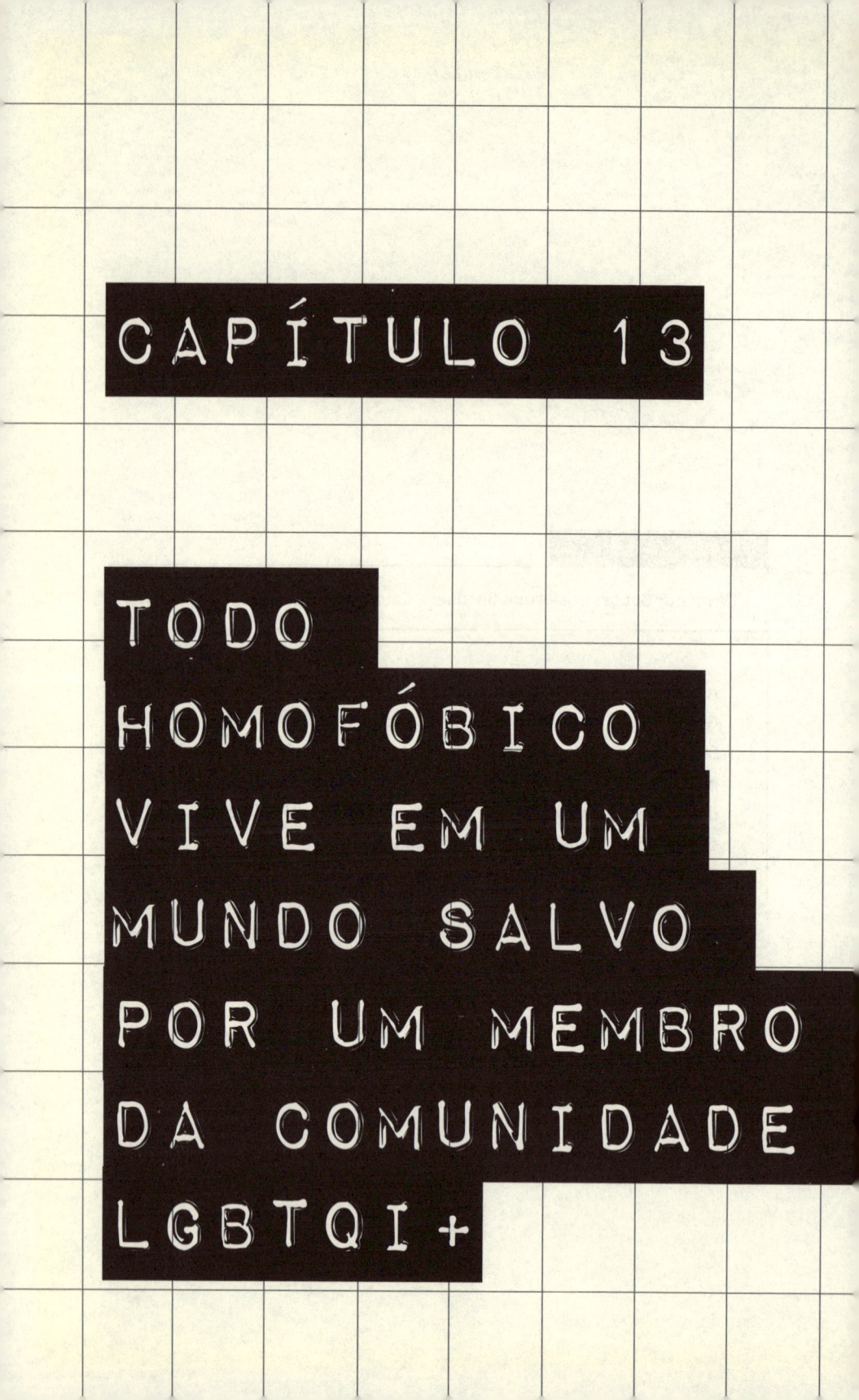

TODO HOMOFÓBICO VIVE EM UM MUNDO SALVO POR UM MEMBRO DA COMUNIDADE LGBTQI+

FICÇÃO

Os membros da comunidade LGBTQI+ têm pouca contribuição para a história da humanidade.

REALIDADE

Quem escreveu uma barbaridade dessas nunca ouviu falar em Alan Turing.

A ficção abertamente preconceituosa com a qual este capítulo lida certamente concorre entre as frases mais hediondas de toda esta obra (por sua vez, já dedicado a desmentir muita coisa hedionda). Acredite se quiser – pesquise para saber mais – e constate: o que apresentamos aqui como ficção é a paráfrase do que está em livro de pretensa filosofia, livro que hoje fornece sustentação intelectual para muitas políticas públicas brasileiras.

É abjeta a maneira como o autor dessa frase se protege preventivamente. Diz ele que o abuso do rótulo "preconceito" é uma desonestidade intelectual e, portanto, não se aplica diante da barbaridade escrita. Talvez um tanto mais honesto, presume-se, seja sustentar que "se o homossexualismo é um direito, o preconceito contra gays também é". Sim, isso também está escrito e também faz parte do que o Brasil foi ensinado a chamar de filosofia. Note a contradição: primeiro, vem uma frase abertamente preconceituosa; depois, uma acusação prévia de "desonestidade intelectual" destinada aos que apontarem o preconceito explícito. Por fim, admite-se que se trata, sim, de um preconceito, mas acrescenta-se que ele é exercido por direito. Dessa forma, cercada de defesas tão amplas quanto contraditórias, a frase a que este capítulo se dedica torna-se blindada a tudo aquilo que um diálogo pode ter de melhor: não é possível estabelecer a partir dela uma discussão galgada em empatia, bom senso ou respeito. A busca de um saudável consenso é impossível quando estamos diante daqueles que nos hostilizam gratuitamente.

Se o potencial diálogo está esvaziado dessas qualidades logo de início, é sinal que não vale a pena investir nele. Resta lamentar e, nesse espírito, poderíamos dedicar os próximos parágrafos a um esforço para evidenciar a tristeza do preconceito e do preconceituoso, mas nem isso parece produtivo. Lamentação combina com silêncio – e a ignorância aqui é definitivamente digna de luto.

Substituiremos então toda e qualquer lamúria pela celebração de uma biografia que desmente integral e enfaticamente a tosca afirmação de que "gays têm escassa folha de serviços na prática do bem": Alan Mathison Turing, herói de guerra, matemático, pioneiro da computação e visionário da inteligência artificial. Turing acumula uma "folha de serviços na prática do bem" que é tudo menos escassa.

Nascido em 1912, consta que Turing teve uma infância rígida. Aluno da tradicional Escola Sherbourne, tinha um interesse precoce pelas ciências e pela lógica. A biografia de Turing estabelece que ele retirava com frequência da biblioteca da escola livros sobre Matemática e Física que outras crianças teriam dificuldade para compreender. Eis o primeiro de muitos indícios de que era um gênio.

Talvez por seus estudos avançados e precoces, ele tenha chegado à adolescência impressionando os professores pela capacidade de resolver problemas matemáticos complexos, ainda que não tivesse nenhum tipo de educação formal em cálculo. Em 1931, Turing concluiu com honras sua formação em Matemática pela Universidade de Cambridge.

Tendo finalizado sua educação formal, Turing começou a presentear o mundo com conceitos absolutamente novos. Aos 24 anos, somando seus conhecimentos matemáticos a uma imaginação poderosa, ele concebeu uma máquina computacional virtual que entrou para a história como a "máquina de Turing". Em linhas gerais, Turing deu ao mundo a primeira descrição conceitual dos computadores digitais como os conhecemos hoje e, de quebra, também introduziu o conceito de algoritmo. O ano era 1936.

Mais tarde, Turing se apresentou como voluntário durante a Segunda Guerra Mundial. Suas especialidades seriam úteis nos esforços britânicos para decodificar as mensagens que o exército nazista trocava por rádio. Todas as comunicações militares podiam ser facilmente interceptadas e, justamente por isso, eram codificadas. Os alemães contavam com uma máquina chamada Enigma, capaz de gerar mais de 100 mil padrões de criptografia. Turing e sua equipe não partiram do zero em seus esforços para quebrar os códigos das comunicações alemãs – antes dos britânicos, os poloneses já tinham dado uma significativa contribuição nesse sentido. Ainda assim, a missão de Turing e de sua equipe era desafiadora: dependia deles a criação de um dispositivo eletromecânico capaz de fazer as centenas de cálculos por minuto necessárias para tornar legíveis as mensagens alemãs. Em 1940, quando um submarino alemão foi atacado ao lado da costa oeste da Escócia, os aliados conseguiram resgatar partes importantes de uma Enigma. Depois disso, Turing precisou de apenas cinco semanas para dar à Inglaterra o poder de decifrar as comunicações do exército alemão. Há um consenso razoável entre historiadores de que essa vitória no campo da inteligência encurtou a guerra em alguns bons anos.

Nos tempos de paz que se seguiram, Turing trabalhou para estabelecer o campo da computação, concebido apenas conceitualmente por ele nos anos 1930. Em maio de 1950, Turing colocava o ACE (*Automatic Computing Engine*) para rodar seu primeiro programa. Tratava-se do computador mais rápido do mundo, rodando a um único e estonteante megahertz, o que equivale grosseiramente a um milésimo dos computadores atuais.

Também em 1950, Turing publica "Computing Machinery and Intelligence" [Maquinário e inteligência computacional], artigo visionário que continha elucubrações sobre a capacidade de as máquinas virem um dia a pensar. É neste artigo que surge o famoso teste de Turing, experimento capaz de verificar a capacidade de uma máquina de exibir comportamento inteligente equivalente a um ser humano ou, no mínimo, indistinguível de sua contraparte humana. Aqui, mais uma vez os conhecimentos técnicos e a imaginação de Turing se somam em mais uma contribuição decisiva para o futuro. O artigo que propõe o teste de Turing é frequentemente interpretado como o marco zero da filosofia da inteligência artificial.

Mas por trás da extensa folha de serviços de Turing na prática do bem, há uma trajetória pessoal atropelada pela LGBTQI+fobia da Inglaterra da primeira metade do século XX. Turing, que vivia um romance com um jovem chamado Arnold Murray, teve a casa arrombada por um conhecido de seu amante. Ele então resolveu chamar a polícia – certamente não foi a decisão mais inteligente na vida desse gênio. De maneira inocente, Turing declarou às autoridades sua orientação sexual. Ser LGBTQI+ na Inglaterra daqueles tempos era um crime. Turing pagou o preço: foi obrigado a se submeter a uma castração química, que o tornou impotente.

À crueldade praticada contra ele pelo Estado, se somou o tratamento idêntico da sociedade. Turing perdeu o emprego, os amigos, a razão de viver. As circunstâncias de sua morte ainda são nebulosas: ele pode ter se suicidado ingerindo cianeto ou pode ter sido envenenado por acidente, enquanto realizava experimentos químicos em casa. Ele morreu em 7 de junho de 1954.

Muitos detalhes sobre a incrível biografia de Turing só se tornaram públicos em anos recentes e quase a conta-gotas. As técnicas utilizadas por ele para decifrar as comunicações nazistas só saíram da confidencialidade em 2013. Quatro anos antes, em 2009, o governo britânico teve a iniciativa tardia de pedir desculpas a Turing: "Em nome do governo britânico e de todos aqueles que vivem em liberdade graças ao trabalho de Alan, eu estou muito orgulhoso de dizer: me desculpe, você merecia coisas muito melhores", disse o primeiro-ministro Gordon Brown. Entre o pedido de desculpas e o perdão real, quando de fato o governo britânico reconheceu que Turing fora condenado injustamente, foram mais cinco anos. Milhares de outros cidadãos britânicos seguiram condenados por serem homossexuais. Seus "crimes" não foram perdoados porque não tiveram a visibilidade da campanha para reparar a injustiça feita com Alan Turing. Suas histórias seguiram secretas, não representadas, não admitidas. É assim que se cria a ilusão de que nunca teriam contribuído para a sociedade.

É muito fácil também imaginar que membros da comunidade LGBTQI+ não contribuíram para a história quando, ao longo de todo esse tempo, foram obrigados a esconder sua sexualidade para proteger a própria vida e seus empregos. Entre eles, também está Sally Ride, a primeira mulher americana a viajar para o espaço. Astronauta, engenheira e física respeitada por todos os seus méritos, só após sua morte, em 2012, teve revelado seu relacionamento de vinte e sete anos com uma mulher. Quantos outros, ao longo da história, foram impedidos de viver em público seus afetos, engrossando assim as estatísticas de uma história contada pela ótica normativa branca, heterossexual, cisgênero e masculina? De Karl Heinrich Ulrichs, advogado e um dos primeiros ativistas LGBTQI+, ao físico Frank Kameny, demitido e impedido de trabalhar para o governo americano no fim dos anos 1950 por se negar a prestar esclarecimentos sobre sua sexualidade – a quantos mais foi negado o direito de existir e trabalhar por conta do preconceito? E quantos pequenos e grandes personagens perdemos quando outras vozes se calaram para se proteger?

De todas as circularidades que a lógica conspiratória opera, esta é talvez a mais perversa: a mesma opressão que obriga a comunidade LGBTQI+ a se esconder é usada para justificar a inexistência de seus membros na história. É uma técnica de apagamento cruel, mas de infeliz eficiência, que nos obriga ao recorrente exercício de lembrança e recontação daquilo que é omitido tanto da história oficial como das histórias pessoais e familiares.

E quando não há apagamento, há aniquilação. No Brasil, a expectativa de vida de transexuais é de apenas 35 anos – metade da média nacional. A violência física e psicológica, a falta de acesso a direitos e a exclusão social fazem vítimas a cada dia. Além disso, a falta de ferramentas para lidar com a masculinidade tóxica faz com que o suicídio masculino seja outro dado alarmante. Por fim, apagam-se pessoas e dados; sobra uma narrativa conveniente de que elas nunca existiram.

Em 2017, o governo britânico finalmente adotou o que seria informalmente conhecido como a Lei de Turing, estendendo o perdão a todos os outros condenados em condições semelhantes que não tiveram a sorte de serem também personagens famosos da história. Já no Brasil, é apenas em 2019 que o Supremo Tribunal Federal aprova a criminalização da homofobia. A toda comunidade LGBTQI+, a quem sentimos informar que o Brasil publica livros legitimando preconceitos e perseguições, afirmando de forma ignorante e injusta que "os gays têm escassa folha de serviços na prática do bem", fazemos nossas as palavras de Brown: vocês mereciam coisas muito melhores.

PARA VER

Breaking the Code [Decifrando o código] (BBC, 1996)

> O filme conta a história de Alan Turing fazendo uma relação entre os códigos quebrados pelo gênio da matemática: o primeiro, socialmente celebrado, é o código que permite a criptografia das mensagens alemãs durante a Segunda Guerra Mundial; o segundo é o código social britânico que condenava a homossexualidade como crime passível de punição cruel. Ao contrário da história oficial de Turing, que durante décadas obscureceu os reais motivos para sua trágica morte, a adaptação da BBC centraliza o homem antes de seus feitos, entendendo que o direito à vida e à intimidade de Turing são tão importantes quanto sua contribuição militar.

PARA VER

Estrelas além do tempo (Theodore Melfi, 2016)

Quando contamos a história, fazemos operações de seleção e ordenação. Mas quais são os pontos de vista com que contamos a nossa história? Que personagens e acontecimentos deixamos convenientemente para trás, criando uma percepção distorcida das contribuições de grupos sociais inteiros à ciência e à cultura? O filme é uma adaptação da obra de Margot Lee Shetterly e retrata o trabalho de três cientistas negras trabalhando para a NASA nos anos 1960. Olhando para as formas como representamos cientistas, é fácil acreditar que negros e mulheres não tiveram qualquer contribuição para descobertas marcantes da humanidade; difícil é aceitar a triste constatação de que essa impressão se cria justamente porque suas histórias não foram contadas.

CAPÍTULO 14

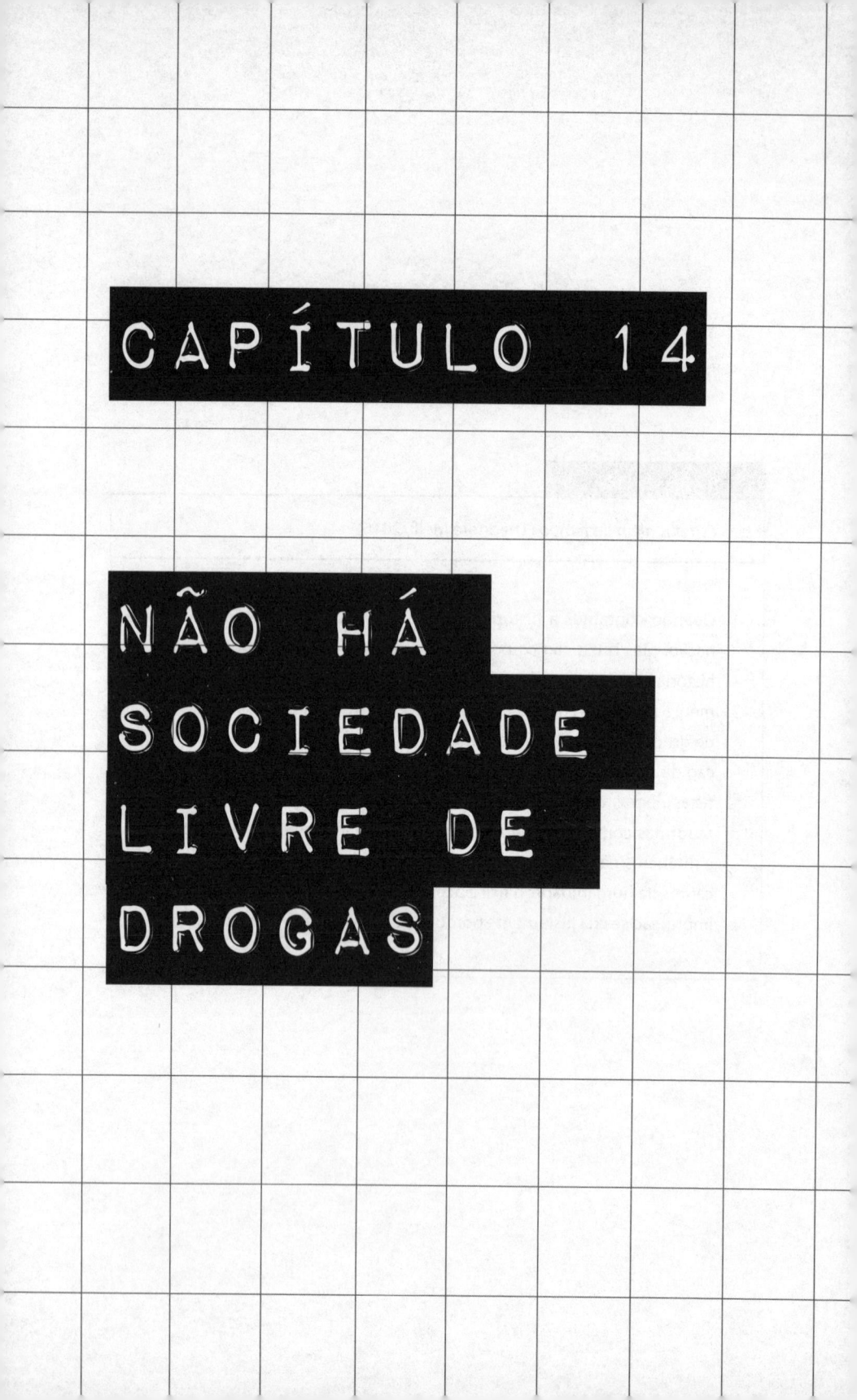

NÃO HÁ SOCIEDADE LIVRE DE DROGAS

FICÇÃO

Liberar drogas para combater seu uso é tão eficiente quanto tentar evitar o adultério fazendo sexo com a vizinha.

REALIDADE

As políticas públicas sobre drogas mais bem-sucedidas tendem a ser complexas demais para serem resumidas em metáforas grosseiras.

Nunca existiu uma sociedade completamente livre de drogas – e é provável que jamais exista. Transitando entre as esferas da segurança e da saúde públicas, esse tema frequentemente tem sido tratado a partir dessa pretensão impossível. Vem daí o insucesso da chamada "guerra contra as drogas", abordagem que já começa com um problema de denominação. Na guerra, o objetivo justifica a morte do inimigo. Na guerra contra as drogas, ninguém quer salvar quem mais precisa de ajuda, apenas eliminá-lo.

As consequências trágicas desse tipo de abordagem são conhecidas ao menos desde 1920, quando os Estados Unidos decidiram banir a fabricação, o transporte e a venda de bebidas alcoólicas. A chamada Lei Seca causou um aumento exponencial no número de assassinatos e criou um ambiente propício para o surgimento de grandes esquemas ilegais de produção e venda de bebidas alcoólicas. Em pouquíssimo tempo, as atividades ilegais relacionadas ao álcool passaram a incentivar que agentes públicos e policiais fossem corrompidos.

Havia um dano social e outro institucional. Emergiu assim a lendária figura de Al Capone, o maior gângster da história americana, e em torno dela uma série de crimes sangrentos. Inclui-se entre eles o chamado Massacre do Dia de São Valentim, uma chacina resultante da disputa entre dois grupos mafiosos interessados em controlar a venda ilegal de bebidas alcóolicas. Quatro anos depois do massacre, os Estados Unidos desistiram da Lei Seca. As máfias perderam poder rapidamente.

Ainda que de maneira tardia, as lições dos anos 1920 parecem estar sendo assimiladas por outros gestores de outros países. O México, em especial, passou décadas tendo como prioridade o desmantelamento dos grandes cartéis de drogas que operam no país. De 2006 em diante, o governo passou a radicalizar os expedientes necessários para combater o crime organizado, deixando um saldo de 160 mil mortos e outros milhares de desaparecidos. Em 2013, a guerra contra os narcotraficantes chegou a custar 10% do PIB mexicano, superando em 2 vezes os gastos com saúde e educação.

Era de se esperar que essa linha de ação se tornasse impopular no decorrer dos anos. E foi justamente isso que aconteceu: mais recentemente, em 2019, o presidente mexicano, Andrés Manuel López Obrador, declarou o fim da guerra às drogas no país e avisou que as Forças Armadas não seriam mais utilizadas para capturar narcotraficantes. A prioridade passou a ser a redução do número de homicídios. Em maio, dando continuidade à sua nova política sobre drogas, o governo mexicano deu os primeiros passos no sentido de suspender a proibição do consumo de substâncias que hoje são ilícitas. O que quer que aconteça no México nos próximos anos vai ser observado atentamente pelos estudiosos do tema. Países europeus têm adotado linhas de ação semelhantes à do México desde o início dos anos 2000 e apresentam bons resultados. A grande dúvida é se a estratégia europeia se revelará eficiente em um contexto social diferente, marcado pela violência e pela presença dos grandes cartéis.

A política sobre drogas de Portugal chama a atenção do mundo desde 2001. Por lá, o que se conseguiu foi a reversão de uma tragédia que se anunciava desde os anos 1980, década em que 1 em cada 100 portugueses relatava algum nível de adicção em heroína. No mesmo período, Portugal também tinha o maior índice de infecção por HIV em toda a Europa.

Com as novas diretrizes de 2001, Portugal se estabeleceu como o primeiro país a descriminalizar a posse e o consumo de todas as substâncias ilícitas. Em vez de encarcerar dependentes, Portugal passou a exigir que, quando fossem apanhadas portando drogas, as pessoas comparecessem diante de comissões formadas especialmente para atender suas necessidades: médicos, advogados e assistentes sociais ofereceriam informações e serviços relacionados à redução de danos, tratamentos e grupos de apoio. Sem precisar temer o encarceramento, mais e mais usuários passaram a aderir a programas de tratamento.

Sob todo e qualquer viés de análise, a experiência portuguesa tem sido um sucesso: em 2015, as infecções por HIV passaram de 104 casos em cada milhão de habitantes para 4,2, menor índice registrado desde os anos 1980. Extensamente documentada por organizações independentes, a política portuguesa para drogas tem inspirado outros países europeus. Em 2017, em uma reportagem de grande repercussão na Inglaterra, *The Guardian* perguntava no título por que o mundo não copiou a radical política portuguesa sobre drogas. O questionamento tinha alguma razão de ser: àquela altura, o Cato Institute, *think tank* sediado em Washington, já tinha constatado que 0,9% dos portugueses com idade entre 15 e 64 anos usavam cocaína. No Reino Unido, o índice passava dos 6%. Constatava-se, assim, que o foco no acolhimento e no tratamento do usuário tinha reduzido a incidência do vício, contrariando os temores estabelecidos diante do anúncio das medidas, em 2001.

Embora a prática portuguesa seja recente, seu amparo teórico é antigo, com quase 50 anos de idade: nos anos 1970, o canadense Bruce Alexander, um professor de psicologia em Vancouver, desenvolveu um experimento bastante revelador. O interesse científico de Alexander exigia que ele oferecesse cocaína aos ratos de seu laboratório com regularidade. Alguns dos ratos de Alexander viviam em caixas isoladas e desinteressantes enquanto outros viviam no que o pesquisador chamou de Parque dos Ratos, uma luxuosa gaiola repleta de tudo aquilo que um roedor pode querer: brinquedos, túneis, labirintos, uma deliciosa comida para ratos e o principal: convívio. Ao contrário de seus primos pobres, os privilegiados que habitavam o Parque dos Ratos não permaneciam isolados. Tanto na gaiola quanto nas caixas sem graça habitadas por cobaias solitárias, havia duas opções de drinks: uma água pura e outra batizada com cocaína. Os ratos infelizes e solitários tinham a tendência de preferir a água batizada – bebiam um gole atrás do outro e, em geral, só paravam quando encontravam a própria morte. Já no Parque dos Ratos, a relação com a água batizada era diferente e muito mais moderada: é claro que todos os ratos experimentaram a água com cocaína, já que eles não sabiam o que havia em cada recipiente, mas o fato é que os habitantes do parque, satisfeitos com as possibilidades que o ambiente oferecia a eles, consumiam em média menos de um quarto da cocaína de seus pares infelizes e isolados.

O experimento de Alexander mostrou que a dependência é muito mais complexa do que se supunha até então: ela não é causada pela mera exposição às "substâncias enfeitiçantes", há outros fatores – principalmente sociais – envolvidos na maneira como o vício se estabelece e atua. O experimento, por si só, ajuda a entender como foi possível para Portugal descriminalizar determinadas substâncias em uma década e ver o uso dessas mesmas substâncias cair significativamente na década seguinte.

Qualquer discussão séria a respeito de política sobre drogas deve passar pela análise de diferentes práticas internacionais e pelos dados coletados em pesquisas científicas. Já a objetificação da mulher do vizinho, coitada, é parte completamente dispensável nesse debate.

PARA LER

A guerra: a ascensão do PCC e o mundo do crime no Brasil (Bruno Paes Manso e Camila Nunes Dias, 2018)

A investigação inicial que abre caminho para a obra de Bruno Paes Manso e Camila Nunes Dias é sobre uma coincidência difícil de explicar: foi justamente no período histórico que São Paulo viu seus índices de violência despencarem que o PCC se estruturou como organização criminosa. Aqui, entenderemos não apenas as razões de ser da "coincidência", mas também como o Brasil criou as condições propícias para a estruturação de seu crime organizado: drogas proibidas geram uma fonte de renda estável a essas organizações, e o encarceramento em massa, igualmente resultante da proibição, significa que sempre haverá novos membros passíveis de serem recrutados. Já a maneira como lidamos com o nosso sistema carcerário fornece uma razão de ser para a associação entre criminosos: é com a pretensão de tornar a vida dentro dos presídios possível que essas organizações nascem. Bruno e Camila apontam uma relação de causa e efeito entre o massacre do Carandiru, em 1992, e o surgimento do PCC, em 1993.

PARA LER

Guerra às drogas e a manutenção da hierarquia racial (Daniela Ferrugem, 2019)

Não se pode falar sobre a política brasileira para drogas sem abordar temas correlatos, como nossas relações sociais. Aqui, Daniela Ferrugem sustenta que a política proibicionista é parte do que reproduz no presente aquele racismo estrutural que nos acompanha desde o período colonial.

PARA LER

Ratolândia (Stuart McMillen)

Em *Ratolândia*, o cartunista Stuart McMillen nos relata os já mencionados experimentos de Bruce Alexander no Parque dos Ratos. Seria difícil encontrar maneira mais econômica e didática de se apropriar do conhecimento produzido pelo canadense naquela ocasião. Muito ao seu modo, McMillen usa a história para nos fazer uma pergunta: "E se a diferença entre ser ou não ser viciado em drogas for a diferença entre se perceber tendo um lugar no mundo ou ver seu mundo como uma gaiola?". *Ratolândia* está disponível gratuitamente on-line.

CAPÍTULO 15

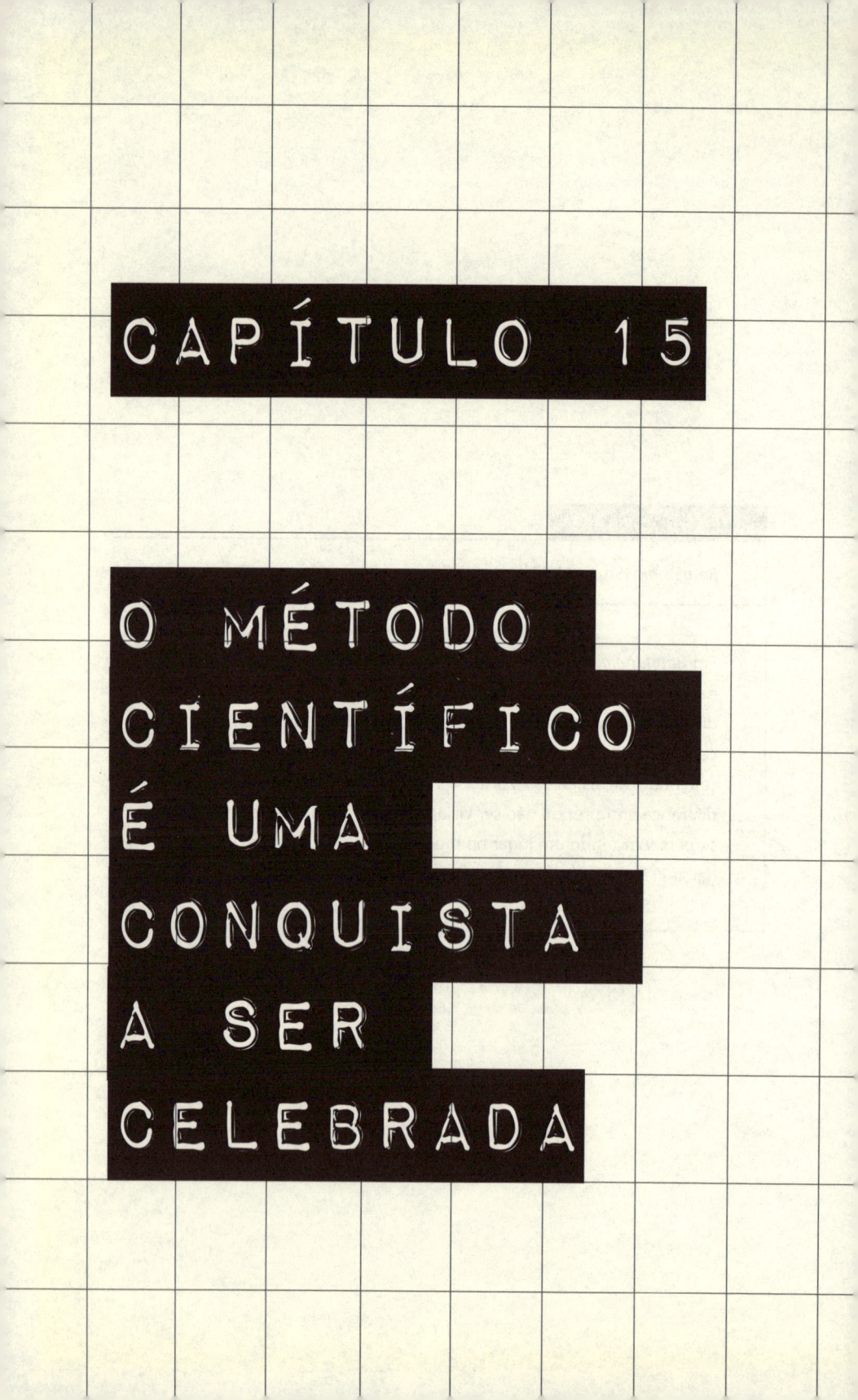

O MÉTODO CIENTÍFICO É UMA CONQUISTA A SER CELEBRADA

FICÇÃO
O método científico não serve para descobrir nada e a ciência "bestifica" a humanidade.

REALIDADE
O método científico é uma construção milenar da qual participaram algumas das mentes mais brilhantes da história, e serve para impedir que mentiras ganhem status de ciência.

A crítica contra a ciência e também aos ambientes em que ela é operada é uma característica dominante na ideologia que norteia o Brasil em nossos tempos. Faz sentido que seja assim, já que a crítica, por menos embasada que seja, contempla interesses políticos importantes. O trabalho de um ideólogo com influência política pode ser exponencialmente dificultado quando seus questionadores usam um método bem estruturado para apontar suas contradições. É necessário que se ataque o método, ainda que o ataque atinja coisas muito maiores do que os interesses em jogo. Questionar o método científico, as universidades, a escola, os professores, os livros – tudo isso serve ao propósito de estabelecer uma única fonte de informação e conhecimento que, convenientemente, não é produzida por meio de argumentação ou comprovação, mas é questão de fé.

Se uma fé, ideologia ou doutrina invalida o método científico assim, logo de cara, só pode ser por interesse próprio. Residem na ciência as ferramentas necessárias para submeter fés, ideologias e doutrinas a alguma racionalidade (e não necessariamente para negá-las ou a elas se opor). Um credo que se embasa na rejeição à ciência certamente quer evitar as verificações e moderações que só a ciência poderia orientar. Quem quer que propague uma crença com a pretensão de substituir a ciência – é bom que se saiba – está mais interessado no credo e no status que retira dela que nos crentes que o seguem.

O primeiro atingido no ataque à ciência é Aristóteles, nome que protagoniza o prólogo da história do método científico. Discípulo de Platão, Aristóteles não era muito chegado à prioridade dada ao mestre ao "mundo das ideias", um reino de pura perfeição, de onde emanaria a luz que gera as sombras das quais nossa realidade é feita. Aristóteles, avesso a abstrações, queria entender como funciona o mundo material. Para isso, precisava observá-lo com algum método. Ele concebeu, assim, uma coisa chamada lógica, e com ela tratou de desvendar tudo o que estava ao redor. Às vezes dava certo, às vezes nem tanto. Conta-se, por exemplo, que ele deixou cair de um lugar alto uma rocha e uma pena a título de experimento. Ao perceber que a rocha tocava o chão muito antes da pena, concluiu que objetos mais pesados caem mais rápido que objetos leves.

Aristóteles, hoje se sabe, errou nessa, mas acertou em muitas outras, principalmente na disposição de observar de maneira analítica o mundo ao redor. Começava assim a longa jornada que nos levaria ao método científico – uma história que envolve tudo aquilo que a humanidade tem de melhor, a começar pela diversidade: diferentes personalidades, etnias e civilizações estão envolvidas nessa grande empreitada, digna de provocar em um ser humano aquele raro orgulho da espécie.

Abu Ali al-Hasan Ibn Al-Haitham, conhecido no Ocidente como Alhazen, foi quem primeiro presenteou a humanidade com um esboço do que viria a ser o método científico. Alhazen era um homem de sua época, integrado a uma civilização muçulmana que se destacava pelos avanços técnicos e que espalhava escolas e bibliotecas por todos os seus territórios. Nascido em 965 no que hoje é o Iraque, Alhazen conquistou notoriedade no Egito, inicialmente de um jeito meio constrangedor para o homem que um dia seria conhecido como o primeiro cientista.

Alhazen chegou ao Egito prometendo controlar as inundações e as secas do rio Nilo. Ele acreditava que, aplicando a engenharia correta, seria possível domar o curso do rio, abastecendo cidades e plantações conforme as exigências de cada estação do ano. O califa Abu Ali Almançor Taricu Aláqueme, mais conhecido como Haquim, gostou da ideia e investiu nela. Esse califa, cuja personalidade ainda desperta debates entre historiadores, às vezes é visto como louco, cruel ou tirano. Também há relatos que atribuem a ele uma liderança tão eficiente quanto imprevisível. Seja qual for a versão mais próxima da verdade, Alhazen preferiu não arriscar quando percebeu que seus planos de domar o Nilo fracassariam: em vez de informar o califa do fracasso, apontando suas causas exatas, ele preferiu fingir que era louco. Acreditava que assim teria uma punição mais branda. Deu certo: Alhazen passou uma década inteira em prisão domiciliar, mas pelo menos manteve a cabeça sobre o pescoço.

Foi nesse período de reclusão que Alhazen concebeu sua obra mais importante: *O livro da ótica*. A obra foi reconhecida por conter ideias inéditas sobre o comportamento da luz e, dois séculos depois da morte do autor, em 1270, ganhou um título em latim: *Opticae Thesaurus Alhazeni*.

Alhazen estruturou seus estudos com um método próprio e fez questão de deixar seus futuros leitores saberem disso. O método começava com a delimitação do problema ou questão a ser estudada. Num segundo estágio, alguma dedução é necessária para separar o objeto de estudo em partes: se Alhazen queria saber como se comporta um raio de luz solar, então ele tinha de compreender que fatores poderiam interagir com o objeto de estudo e, se necessário, buscar conhecimento em autores que tivessem se dedicado a desvendar os mistérios da luz antes dele. Numa etapa seguinte, todos os fatores identificados seriam separados e categorizados. Só depois é que Alhazen poderia tirar conclusões sobre a relevância de cada fator para o resultado do experimento. No fim, Alhazen chegaria a uma determinada hipótese sobre o comportamento de seu raio de luz e tentaria manter uma posição analítica e crítica em relação a ela.

Na segunda metade do século XIII, quando *O livro da ótica* ganhava sua versão latina, a Europa já estava acostumada com a visão de Robert Grosseteste sobre o que a ciência deveria ser e como deveria funcionar. Grosseteste foi outro pioneiro da ciência igualmente interessado em raios solares e arco-íris. Como Alhazen, Grosseteste (apelido que significa literalmente "cabeção") também se via desafiado a estabelecer um método para seus experimentos. A superação desse desafio foi obtida quando ele concebeu o que chamou de "método da resolução e composição".

O "método da resolução e composição" se caracteriza por uma distinção entre o micro e o macro. Funciona assim: ao observar um único raio de luz, o cientista conclui que uma lei universal está regendo seu comportamento. Seu primeiro esforço, portanto, deve ser a compreensão plena dessa lei universal que se revela no comportamento de um único raio de luz. Em seguida, o cientista faz o caminho inverso e observa se essa lei universal se aplica em outras situações particulares.

As ideias de Grosseteste fizeram a cabeça (perdão pelo trocadilho) de muita gente. Antes de sua morte, ele acumulou muitos discípulos que o seguiriam no estudo da ótica e também na jornada histórica de estabelecer um método científico. Um desses discípulos foi Roger Bacon, que acrescentou ao método da resolução e composição, proposto pelo mestre, uma divisão tripartite dos procedimentos envolvidos na pesquisa científica: observação, hipótese e experimentação.

Bacon imaginava que a rotina da pesquisa científica poderia ser facilmente dividida dessa forma. Primeiro, observava-se o fenômeno, depois se formulava uma hipótese que o explicasse e em seguida a hipótese era experimentada. Importante ressaltar que Bacon também propôs um quarto procedimento muito importante, devidamente separado dos três anteriores: a verificação independente – todo e qualquer resultado deveria ser validado por outro pesquisador. Assim, teríamos a garantia de que uma possível coincidência ou erro de medição não seriam tomados como verdade só porque uma pessoa em um lugar do mundo achou que aquilo estava correto. Parece uma ótima ideia para quem está tentando estabelecer os métodos de algo que deve ser sólido, com potencial para orientar as nossas ações no mundo. Esses métodos deveriam valer desde a descrição de como a luz se comporta no espaço até – perdão, Alhazen – como construir um aqueduto que não vá inundar uma cidade inteira.

Os métodos propostos por Alhazen, Grosseteste e Bacon guardam lá suas similaridades. Há uma boa razão para isso: o empirismo, teoria do conhecimento centrada na convicção de que o mundo só pode ser desvendado por meio da experiência sensorial. Na Inglaterra de Bacon, em especial, fazia-se necessário propagar a tese de que a razão e o conhecimento não devem depender apenas da fé. A Idade Média ainda estava longe do fim, e a fé regia quase todos os aspectos da vida em sociedade. O empirismo cumpria também essa função contestadora e tentava dar à ciência alguma margem de autonomia.

Separar tudo quanto fosse possível da fé era uma pretensão desses tempos, com suas razões, mas também com alguma prudência. O filósofo escocês Duns Scotus, outro pensador do século XIII, fez dessa separação sua missão de vida. Scotus pregava que as verdades da fé jamais poderiam ser compreendidas pela razão. Essa primeira afirmação certamente observava os interesses da Igreja, mas abria caminho para uma conclusão meio desconfortável para o poder vigente: se a razão não pode compreender as verdades da fé, então que mal faria se a filosofia pudesse cumprir seus desígnios livremente, sem amarras teológicas? Cuidadoso na apresentação de suas teses, Scotus, que era franciscano, ficou conhecido como Doutor Sutil.

As ideias de Scotus, e Grosseteste e Bacon antes dele, abriram caminho para a geração seguinte: Guilherme de Ockham, nascido em 1288, apenas quatro anos antes da morte de Roger Bacon, manteve em seus escritos aquela disposição de separar fé e razão. Ockham viveu numa Inglaterra que já usufruía de um ou outro avanço técnico obtido pelos seus antecessores: óculos eram uma novidade e tanto, e só se tornaram possíveis porque Roger Bacon e muitos outros se dedicaram ao estudo da ótica, fazendo valer não apenas a separação entre fé e razão, mas também um método segundo o qual a razão pudesse atuar de maneira mais produtiva.

Ockham via os primeiros frutos da separação pela qual tantos antes dele tinham militado. Isso pode ter ajudado a criar nele uma tendência radicalizadora. Dessa tendência, pode ter nascido a famosa

Navalha de Ockham, uma formulação segundo a qual as melhores explicações para qualquer fenômeno são as que incluem o menor número de fatores. O enunciado "*Entia non sunt multiplicanda praeter necessitatem*" [as entidades não devem ser multiplicadas desnecessariamente] tinha implicações diretas para quem ainda tentava fazer sentido do mundo por meio da fé. Se um cristão, por exemplo, é atingido por um raio durante uma tempestade, pode-se atribuir o fenômeno às condições atmosféricas propícias, ou então a uma ira divina manifestada em condições ótimas para que um raio caísse precisamente sobre aquele pobre cristão. A primeira hipótese contém menos elementos (o cristão, a perturbação atmosférica e o raio), já a segunda vai além, ao incluir um deus, sua ira e os mecanismos místicos com os quais ela atua. A Navalha de Ockham cortará essa segunda hipótese e nos recomendará concentrar os estudos na primeira. É bastante natural que a Igreja não tenha gostado muito da ideia.

Os detalhes da biografia de Ockham são controversos, mas há ao menos um consenso: ele foi excomungado e viveu sob a proteção do imperador Luís IV, da Baviera, até que fosse reabilitado pela Igreja Católica.

É importante ressaltar que Ockham pode não ter sido o criador da formulação que leva seu nome. A Navalha de Ockham pode muito bem ser uma aplicação da obra de Aristóteles. Dessa maneira, a formulação levaria o nome dele não pelo seu ineditismo, mas por estar firmemente integrada ao conjunto de sua obra.

O próximo grande nome na história do método científico é Francis Bacon, nascido em 1561. Embora carregue o mesmo sobrenome de Roger, Francis tem uma história muito mais parecida com a de outro de seus antecessores: Alhazen. Assim como o árabe, Bacon também enfrentou um período de isolamento. Nessas condições aparentemente adversas, ele construiu uma parte importante de sua obra.

Francis Bacon, além de filosofia e ciência, fazia política. Chegou a atuar como lorde-chanceler de Jaime I, mas foi afastado da vida pública em 1621, acusado de corrupção. Sem poder exercer cargos públicos, dedicou-se à ciência de maneira mais intensa.

No século XVII, Bacon voltava-se aos esforços dos pensadores do passado. Seiscentos anos o separam de Alhazen, por exemplo, mas muita coisa une os métodos propostos por ambos. Bacon recomenda que a ciência parta da observação do fenômeno, passe pela formulação teórica de uma explicação para ele, e chegue, por fim, a um teste da validade das respostas obtidas, por meio de experimentos. Tudo seria, posteriormente, revisado de maneira independente por outros cientistas, desvinculados das etapas anteriores. Esse método é comumente chamado de "método indutivo", por partir de premissas específicas para tentar chegar a uma regra geral. Se o adepto do método indutivo sabe que ovelhas, leões e galinhas dependem de um ou outro tipo de alimento para viver, então ele conclui que todos os animais precisam se alimentar. E é isso que caracteriza o método indutivo: a observação de casos únicos e específicos leva a uma regra geral.

O contrário do método indutivo é o método dedutivo. Aqui, parte-se de uma premissa geral para se chegar uma conclusão sobre um caso específico. Problema: se a premissa geral que inicia a aplicação do método estiver equivocada, a conclusão sobre o caso específico será igualmente errônea. Se partirmos da regra geral de que tudo que tem asa é capaz de voar e observarmos que pinguins têm asas, concluiremos que pinguins voam. Assim, é preciso partir da verdade geral sobre aves para chegar na verdade específica sobre pinguins. Falando assim, pode parecer que o método dedutivo é muito perigoso, mas ele é fundamental também para comprovar teorias quando aplicadas a casos específicos: uma teoria que falhe consistentemente começará a ser revista pela comunidade.

Francis Bacon foi contemporâneo de Galileu Galilei, outro que contribuiu para a construção coletiva e histórica do método científico. Galileu adota uma necessária ênfase no experimento, que é tão ou mais importante quanto aquelas observações nas quais os métodos indutivo e dedutivo se embasam. Galileu se afasta de Aristóteles ao somar observação e experimentação. Sua versão do método, geralmente referida como "indução experimental" sugere que se observe fenômenos específicos para que se chegue a conclusões universais. Até aí, nada de novo. A diferença é que o método de Galileu inclui uma etapa dedicada à verificação de todas as hipóteses por meio da experimentação.

Como sugere a história do próprio Galileu, a experimentação das hipóteses faz toda diferença. Aristóteles tinha comparado as quedas de uma rocha e uma pena e chegado à conclusão de que objetos mais pesados caem mais rápido. Galileu, determinado a testar todas as hipóteses com sua indução experimental, teria usado também uma bala de canhão e outra muito menor, de mosquete, no mesmo experimento. Reza a lenda que largou ambas do topo da torre de Pisa. Quando as balas chegaram ao chão ao mesmo tempo, ele soube que Aristóteles estava errado.

A indução experimental também é parte do que levou Galileu à sua defesa quase irrestrita do heliocentrismo. Diante da censura inquisitorial, que tentava impedi-lo de divulgar suas teses, ele até assinou um documento em que concordava em rebaixar o heliocentrismo a mera hipótese, para em seguida se sair com "*Eppur si muove*" – afirmou que, apesar de tudo, a Terra ainda se movia em torno do Sol. Aqui, começa a ficar claro que a história do método científico também é a história de uma longa queda de braço com a fé dominante.

Foi na geração de Francis Bacon e de Galileu Galilei que, dentro do método científico, a experimentação passou a ter tanta importância quanto a observação. Muito já tinha sido acrescentado e revisto no método. Paralelamente à evolução metodológica, houve um progresso gerado por ela percebido apenas pelos homens da ciência. A diferença entre os óculos primitivos, surgidos do século XIII, e os telescópios de Galileu, no século XVII, é o suficiente para sugerir como já tinha ido longe o campo da ótica, espécie de berço do método científico desde os tempos de Alhazen.

Apesar dos avanços, o método ainda tinha muita margem para se desenvolver. René Descartes rejeitou a indução de Francis Bacon e agarrou a dedução. É um salto e tanto: aqui os sentidos que protagonizavam o empirismo de Bacon cederam espaço à razão; só ela poderia alcançar a certeza. O foco na razão foi combinado com a máxima "*Cogito, ergo sum*", que estabeleceu como a prova irrefutável da existência do sujeito o fato de ele pensar a respeito da própria existência.

O método de Descartes estabelece quatro regras distintas. A primeira é a da evidência, que determinou as premissas que devem ser acolhidas, de maneira a não incluir nenhum dos juízos do pesquisador. Em seguida, vem a regra da análise, que ensina a dividir em partes o problema estudado. A da síntese orienta o pesquisador a ordenar os objetos de estudo antes fragmentados dos mais simples aos mais complexos. Já a regra da enumeração contém as diretrizes sobre as revisões necessárias a todo estudo.

Apresentadas por Descartes em *Discurso sobre o método*, de 1637, essas regras revelaram-se bastante longevas. Adições significativas ao pensamento cartesiano surgiram apenas no século XIX. Foi aí que Auguste Comte propôs a categorização do conhecimento em cinco ciências distintas entre si: Astronomia, Física, Química, Filosofia e a Física Social. Comte deixou de fora, propositalmente, a Matemática, que considerava superior por exigir abstração e estar envolvida em todas as outras ciências abaixo dela. Comte levou o método cartesiano às ciências sociais.

Outra contribuição dele está na "Lei dos três estados", que, ao evidenciar a evolução do conhecimento humano, também nos ajuda a compreender a evolução do método científico: no início, havia o estado teológico, dedicado a explicar o mundo por meio do divino. Depois, veio o estado metafísico, em que se presume que tudo o que havia de sobrenatural no estado anterior concebe dentro de si os fenômenos naturais. O estado positivo vem na sequência, e nele não se procura mais a causa última – divina ou não – das coisas, mas sim as leis que efetivamente regem a natureza. Não por acaso, a filosofia de Comte foi chamada de positivista e postulava que o conhecimento científico devia ser reconhecido como o único conhecimento verdadeiro.

No século XX, na medida em que as ciências fazem novas descobertas, o método científico agregou complexidades dentro de si. Como as próprias ciências que ele disciplinou e ordenou, o método aceitava ser revisado, revisto e colocado em dúvida. O fato de estar em constante adaptação não o invalidava. De fato, na virada do século XIX para o século XX, o semioticista americano Charles Sanders Peirce propôs mais um método, conhecido hoje como o método abdutivo. Ele põe em evidência as inferências e *insights* que formam o processo de descoberta científica. Nessa linha metodológica, o objetivo é menos estabelecer certezas e validações do que reconhecer uma possibilidade lógica, dando espaço para um percurso circular entre teorias e objetos.

Se existisse como uma construção estática e dogmática, o método científico teria muito pouco a ver com ciência. É justamente porque ele é aplicado que, para o espanto dos espectadores, uma teoria científica parece invalidar a outra de tempos em tempos. É porque se aplica o método científico que é compreensível que dois artigos sobre Física ou Engenharia afirmem conclusões diferentes para um mesmo problema, e por que as Ciências Sociais podem encontrar explicações diferentes para um mesmo fenômeno dependendo de qual base argumentativa estabelecem como premissa. A ciência muda, e é tão viva quanto a comunidade que a produz ao longo da história. Ficar parado é coisa de dogma.

Quem diz que se trata do "pior método para se descobrir qualquer coisa" poderia ter para si um pouco da humildade que um bom cientista tem diante de seu objeto de estudo. Afinal, qualquer um que queira invalidar o método assume a pretensão de ser intelectualmente maior que a soma de algumas das mentes mais brilhantes dos últimos mil anos. E não apresenta uma só evidência para validar essa afirmação.

PARA LER

Vida de laboratório (Bruno Latour, 1979)

Nesse livro, o filósofo da ciência Bruno Latour relata um trabalho investigativo e reflexivo realizado por anos a fio, em que o autor acompanha o trabalho de cientistas *in loco*, ou seja, convivendo e observando seu cotidiano de trabalho nos laboratórios. O que se produz é uma visão muito humana da ciência, conforme acontece no dia a dia. É uma visão que combina a percepção dos cientistas como humanos – participantes de uma rede que produz conhecimento através de trocas e influências múltiplas. Se, por um lado, o texto de Latour torna mais difícil imaginar o cientista como um super-homem dotado de poderes sobrenaturais para descobrir "a verdade" oculta no mundo, por outro lado nos permite perceber que a ciência não se constrói pela genialidade de algumas pessoas iluminadas, mas é lentamente construída de forma viva e pulsante, impulsionada pelo método, transformada pela comunidade e atravessada pelos aparatos técnicos. A ciência é humana, é colaborativa e é uma rede em que ninguém detém a verdade, mas todos a constroem juntos.

PARA LER

A estrutura das revoluções científicas (Thomas Kuhn, 1962)

É fácil achar que um tweet de uma arroba autointitulada como filósofo pode "refutar" toda uma teoria científica, mas a epistemologia (a ciência que estuda a produção do conhecimento) discorda, e escreveu um livro sobre isso. A obra fundamental de Kuhn analisa a história da ciência para entender como se formam os paradigmas científicos, conjuntos de conceitos compartilhados pela comunidade científica em determinado contexto, assim como suas práticas próprias. Kuhn também observa como se operam as mudanças de paradigma na ciência: elas são muito menos o resultado de uma refutação lacradora do que a consequência de muito tempo de crise e muita gente e método envolvidos na sua resolução. Durante esses períodos, anomalias desafiam o paradigma estabelecido até que a comunidade dê o salto e o reescreva. Assim, a ciência nunca é o resultado de um questionamento único de um gênio louco e radical – é preciso que cientistas provoquem o paradigma, de fato, mas as saudáveis mudanças vêm somente a partir da superação de modelos extensamente estudados, em favor de novos modelos extensamente estudados.

CAPÍTULO 16

VACINAS SÃO SEGURAS

FICÇÃO

Vacinas ou matam, ou endoidam, ou não servem para nada.

REALIDADE

Vacinas não matam. Ignorância, sim.

Ao dizer que vacinas matam ou endoidam, o Brasil retrocede a um ponto preciso de sua história: novembro de 1904, mês e ano da famosa Revolta da Vacina. Naquela ocasião, o Brasil era presidido por Rodrigues Alves, um advogado que, anos antes, tinha perdido uma filha para a febre amarela. De seus traumas pessoais e de suas observações diretas, Alves concluiu que era necessário combater a insalubridade da então capital do país, o Rio de Janeiro. A cidade crescia rapidamente naquele início de século XX: os cerca de 500 mil habitantes de 1890 se tornaram mais de 800 mil em 1906. À disposição de toda essa gente havia um planejamento urbano herdado do período colonial. As condições sanitárias eram precárias – peste bubônica, varíola e febre amarela se proliferavam rapidamente.

As pretensões sanitaristas de Rodrigues Alves encontraram apoio num jovem médico chamado Oswaldo Cruz. Oswaldo tinha acabado de voltar da França, onde fora aluno de Louis Pasteur. Além de emprestar seu nome ao processo de pasteurização e de ser um dos fundadores da microbiologia, Pauster foi o criador da primeira vacina contra a raiva. Tê-lo como professor pode ter dado alguma autoconfiança ao jovem Oswaldo Cruz: desafiado a erradicar a febre amarela no Rio de Janeiro, ele teria dito ao presidente que aceitaria ser fuzilado se falhasse.

Com a chancela presidencial, Oswaldo Cruz colocou nas ruas as suas brigadas mata-mosquito. A iniciativa era mais eficiente que simpática: agentes sanitários entravam nas casas sem pedir licença, borrifavam inseticida e, ocasionalmente, levavam consigo os doentes que encontravam pelo caminho; estes eram isolados e, muitas vezes, internados compulsoriamente.

Não demorou muito para que a seleta parte da população que tinha acesso à Justiça passasse a obter *habeas corpus*, impedindo as invasões dos agentes sanitários. Quando isso aconteceu, Oswaldo Cruz fez com que suas equipes trabalhassem de madrugada, pegando os moradores do Rio de Janeiro de surpresa.

A iniciativa de Oswaldo Cruz não agradou, mas funcionou: a febre amarela foi erradicada no Rio de Janeiro em março de 1907. As grandes cidades brasileiras continuam livres da doença até hoje. Só que antes de obter esse resultado, em 1904, Oswaldo Cruz teve de lidar com a Revolta da Vacina: em outubro daquele ano, o governo tornou obrigatória a vacinação contra a febre amarela. Quem resistisse à vacinação seria multado e, além disso, sem o comprovante da vacinação, os cidadãos ficavam impedidos de acessar os poucos serviços públicos que o Brasil oferecia.

O mês que se seguiu à aprovação da lei foi conturbado no Rio de Janeiro: o povo protestou nas ruas, os protestos logo viraram revoltas violentas, e as revoltas não tardaram a encorajar movimentos ousados por parte da oposição a Rodrigues Alves, incluindo uma tentativa malsucedida de golpe de estado. Acuado, o governo retrocedeu e decretou a suspensão da vacinação obrigatória. A essa altura, a revolta já tinha deixado um saldo de 30 mortos e 110 feridos.

Rodrigues Alves sabia da impopularidade das medidas de Oswaldo Cruz, mas também estava ciente dos riscos políticos envolvidos numa epidemia de febre amarela: cerca de cem anos antes, a doença tinha frustrado as pretensões de ninguém menos que Napoleão Bonaparte. Ao ver uma das colônias francesas ser balançada por uma revolta de escravos, Napoleão enviou 40 mil soldados para sufocar o movimento. A tropa napoleônica foi dizimada pela febre amarela e a rebelião virou revolução. Assim nascia o Haiti.

Combater a febre amarela, no Brasil do início do século XX, era uma empreitada politicamente arriscada, mas a experiência francesa no Haiti mostrava que os riscos políticos envolvidos em uma epidemia eram ainda mais graves. Incentivado por Oswaldo Cruz a tornar a vacinação obrigatória, Rodrigues Alves deve ter calculado os riscos de suas opções. Só não se sabe se ele incluiu o poder da desinformação nessa conta: muitos dos revoltosos, familiarizados apenas superficialmente com o conceito de vacina, consideravam a injeção perigosa. Tudo que eles sabiam é que teriam um microrganismo injetado em seus corpos. E microrganismo, em 1904, ainda era um conceito novo. Novidades podem mesmo ser assustadoras.

No contexto do século XX, a Revolta da Vacina era compreensível: a obrigatoriedade da vacina era violenta e as invasões dos domicílios pelas brigadas mata-mosquito eram arbitrárias. Havia ainda a impopularidade de outras medidas saneadoras, como o bota-abaixo, um conjunto de obras públicas que redefiniu o Rio de Janeiro e ganhou esse nome ao demolir milhares de moradias para que se abrisse uma avenida central, hoje chamada de Avenida Rio Branco. As pessoas retiradas da região só foram encontrar refúgio nos morros. Tudo considerado, percebe-se que a revolta era muito mais contra a arbitrariedade e a violência com que as medidas foram impostas do que contra a vacina. Fazia algum sentido, ao contrário do movimento antivacina do século XXI.

Como se percebe, a Revolta da Vacina ocorreu diante de todo um cenário social capaz de justificá-la. Seria difícil conceder tal justificativa a qualquer movimento de rejeição à vacina em nossos tempos: sabemos como vacinas funcionam e aprendemos a utilizá-las de maneira razoável dentro de nossas políticas públicas. Desprovida de motivações sociais que a justifiquem, a bronca contemporânea com as vacinas é apenas uma bronca com a ciência – bronca com nome e sobrenome: Andrew Wakefield.

Em fevereiro de 1998, Wakefield assinava uma pesquisa que apontava vínculo causal entre a vacina tríplice viral, inflamação intestinal e autismo. Começava assim, com a publicação dessa pesquisa na revista *Lancet*, uma desconfiança que dura até hoje.

A vacina tríplice viral é a principal ferramenta profilática disponível contra o sarampo, a caxumba e a rubéola. Normalmente, as crianças recebem duas doses: uma entre 9 e 15 meses de idade e outra entre 15 meses e 6 anos. Duas doses são o suficiente para que 97% dessas crianças desenvolvam imunidade contra o sarampo.

No estudo, Wakefield descrevia os casos de 12 crianças que desenvolveram autismo e inflamações graves em seus intestinos. Quando publicou o estudo, Wakefield atuava como consultor honorário em gastroenterologia experimental no London's Royal Free Hospital, mas sua pesquisa parece ter ocorrido longe da instituição. Anos depois, as autoridades inglesas descobririam que Wakefield havia oferecido 5 libras (R$ 25) a crianças que fornecessem a ele amostras de sangue. O mais inusitado: o pesquisador usou a festa de aniversário do filho para reunir as crianças e coletar as amostras.

Wakefield foi processado pelo Conselho Médico Geral do Reino Unido e perdeu a licença médica em 2010. Constatou-se que, além dos métodos científicos pouco ortodoxos, houve manipulação nos resultados da pesquisa. Na ocasião, a instituição se referiu a pesquisa de Wakefield como "desonesta", "enganosa" e "irresponsável". A revista *Lancet*, responsável pela publicação, em 1998, assumiu o erro e se retratou.

Mas o estrago já havia sido feito. Isso porque, ao explorar uma brecha do método científico para ser publicado, o estudo de Wakefield passou a ser beneficiado pelo efeito comunicacional de sua bombástica afirmação. Quando o cerco se fechou, Wakefield se disse vítima de uma conspiração: a condenação seria a obra maquiavélica de uma indústria farmacêutica ameaçada em seus lucros. Muita gente acreditou. Em Londres, houve protestos contra a condenação dele.

Nos doze anos que separam a publicação da pesquisa e a condenação do pesquisador, muita coisa aconteceu: as informações sobre o estudo de Wakefield chegaram aos Estados Unidos, onde foram reinterpretadas e se tornaram ainda mais nocivas. Na versão americana da tese antivacina, o agente responsável por causar autismo é o timerosal, um componente antibactericida que está presente em outras vacinas além da tríplice viral. Se antes o medo se concentrava em uma vacina específica, agora ele podia fazer com que pais do mundo inteiro hesitassem diante de toda e qualquer vacinação.

Em 2018, a Organização Mundial da Saúde emitiu um alerta: a incidência do sarampo aumentava em quase todas as regiões do mundo, com 30% mais casos em 2017 do que em 2016. O texto previa novos surtos para os anos seguintes e estimava que, em 2017, 110 mortes estavam relacionadas à doença.

O Brasil, que tinha recebido da OMS um certificado de eliminação do sarampo, registrou 10.262 casos da doença em 2018. No Brasil, o impacto do movimento antivacina encontra como aliado à falta de financiamento ao Sistema Único de Saúde, o que agrava a situação. Não se sabe que parcela da culpa pode ser depositada em cada um desses fatores, mas sabe-se que, com exceção da vacina BCG – que é aplicada em recém-nascidos ainda nas maternidades –, todas as outras imunizações estão em queda. Há vidas em jogo e, junto com elas, também estão ameaçados todos os esforços coletivos feitos desde o início do século XX para erradicar ou diminuir a incidência de várias doenças.

Muitos acreditam que a decisão de vacinar ou não seus filhos é individual e, portanto, não poderia se forçada pelos governos. Contudo, a infectologia não cansa de explicar os efeitos daquilo que se chama de "imunidade de rebanho": quanto mais indivíduos numa população se vacinam, as chances de uma infecção se espalhar diminuem; com o tempo, a tendência é a erradicação da doença. Isso protege não apenas quem toma a vacina como aqueles que, por algum motivo, não podem tomá-la. Paradoxalmente, se muitos não se vacinarem, as doenças se espalham rapidamente e todos são prejudicados.

A dureza das medidas saneadoras que levaram à Revolta da Vacina sinaliza o sacrifício que a sociedade teve de fazer para se ver mais saudável. Nesse sentido, o movimento antivacina do século XXI até que é ironicamente justo: faz pouco caso do passado e do futuro ao mesmo tempo, sem distinções.

No presente, o movimento antivacina se capilariza e ocupa um lugar central em diferentes teorias conspiratórias. Nos cantos mais obscuros da internet, as vacinas podem ser parte de um plano de dominação global dos *Illuminati*; na boca do grande ideólogo brasileiro, elas se tornam uma porta para a loucura; já o ex-médico que iniciou essa confusão diz que as vacinas só atendem os interesses da indústria farmacêutica. Na dúvida, fique com o questionamento do Dr. House, que apesar de vir de um personagem ficcional, é muito mais real que as hipóteses anteriores: "Sabe que outra indústria costuma lucrar muito? A que fabrica caixõezinhos para bebês".

PARA LER

A Revolta da Vacina: mentes insanas em corpos rebeldes (Nicolau Sevcenko, 1993)

Este livro é um registro bastante crítico dos acontecimentos que transformaram o Rio de Janeiro no início do século XX. Às práticas sanitaristas se somaram esforços para tentar afastar os pobres do núcleo urbano. Se tudo o que vimos até aqui foi incapaz de dar uma dimensão do preço pago naquela ocasião, o texto de Sevcenko certamente não falhará nesta missão: "A constituição de uma sociedade predominantemente urbanizada e de forte teor burguês no início da fase republicana, resultado do enquadramento do Brasil nos termos da nova ordem econômica mundial, foi acompanhada de [...] um sacrifício cruciante dos grupos populares".

PARA JOGAR

Plague Inc. Evolved (Ndemic Creations, 2015)

Jogo de estratégia em tempo real em que o jogador assume o papel de um agente patogênico e tem como seu inimigo a humanidade. Inicialmente, apenas bactérias estão disponíveis, mas na medida em que se avança no jogo, outros patógenos se tornam disponíveis. Cabe ao jogador orientar a evolução de seus vírus, fungos e bactérias para infectar o maior contingente possível de seres humanos. Em fevereiro de 2018, os desenvolvedores de *Plague Inc.* anunciaram um modo de jogo chamado "*vaccine hesitancy*", em que os agentes patogênicos poderiam se beneficiar dos efeitos do movimento antivacina sobre a sociedade. A expansão atendeu o desejo da comunidade do jogo, que sugeriu a introdução do movimento contrário às vacinas em *Plague Inc.* com uma petição on-line com mais de 10 mil assinaturas.

CAPÍTULO 17

A TERRA NÃO É PLANA, E MAIS: ELA GIRA EM TORNO DO SOL

FICÇÃO
Não há provas de que o geocentrismo seja correto,
mas também não se pode provar o heliocentrismo.

REALIDADE
Um bom telescópio e a capacidade de usá-lo
são o suficiente para acabar com o confronto
entre geocentrismo e heliocentrismo.

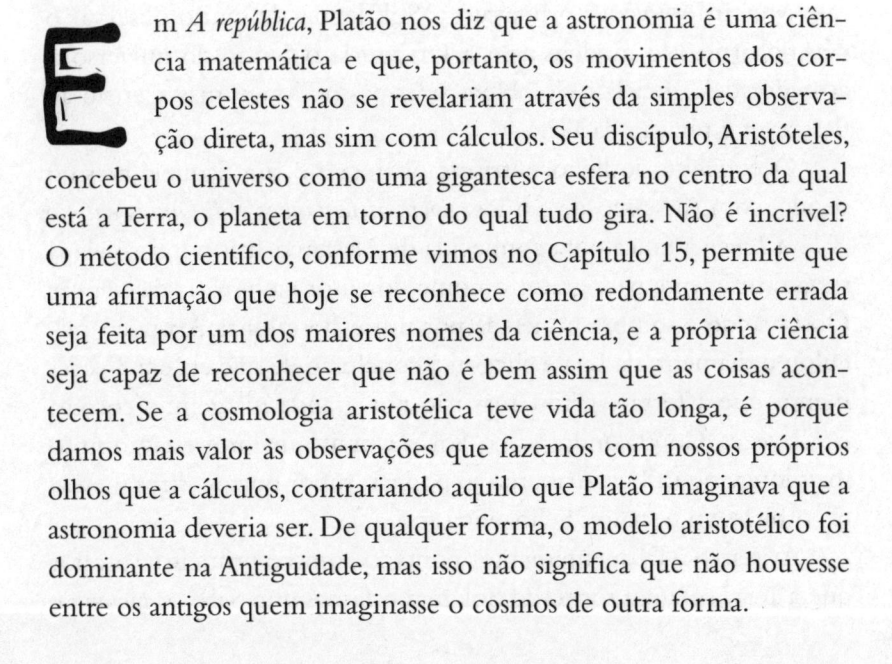

Em *A república*, Platão nos diz que a astronomia é uma ciência matemática e que, portanto, os movimentos dos corpos celestes não se revelariam através da simples observação direta, mas sim com cálculos. Seu discípulo, Aristóteles, concebeu o universo como uma gigantesca esfera no centro da qual está a Terra, o planeta em torno do qual tudo gira. Não é incrível? O método científico, conforme vimos no Capítulo 15, permite que uma afirmação que hoje se reconhece como redondamente errada seja feita por um dos maiores nomes da ciência, e a própria ciência seja capaz de reconhecer que não é bem assim que as coisas acontecem. Se a cosmologia aristotélica teve vida tão longa, é porque damos mais valor às observações que fazemos com nossos próprios olhos que a cálculos, contrariando aquilo que Platão imaginava que a astronomia deveria ser. De qualquer forma, o modelo aristotélico foi dominante na Antiguidade, mas isso não significa que não houvesse entre os antigos quem imaginasse o cosmos de outra forma.

Filolau de Crotona nasceu 470 anos antes de Cristo e ainda é lembrado como o homem que revelou ao mundo os ensinamentos da Escola Pitagórica. Sem ele, portanto, é possível que jamais tivéssemos ouvido a máxima "a Matemática é o alfabeto com o qual os deuses escreveram o universo". Talvez até a Matemática fosse conhecida por qualquer outro nome, já que a própria palavra – *mathematikós* em grego – surge no contexto da Escola Pitagórica, exposta por Filolau.

O mesmo Filolau propôs que a Terra estivesse girando em torno de um "fogo central", que não é exatamente o Sol. No modelo de Filolau, o Sol também orbita o fogo central, assim como a Lua e todos os outros planetas do Sistema Solar. O fogo central imaginado por Filolau ficaria sempre do lado oposto à parte habitada da Terra e, por isso, permanecia oculto aos humanos. No século XXI, a ideia de Filolau pode parecer tão maluca ou ultrapassada quanto o geocentrismo, mas é necessário notar que ela atendia os fetiches da Escola Pitagórica, que reverenciava o fogo como o mais puro dos elementos. Além disso, embora não possa ser creditado como o primeiro proponente do heliocentrismo, Filolau abriu caminho para muito do que viria depois dele.

Heráclides de Ponto, nascido por volta de 390 a.C., concluiu que Mercúrio e Vênus orbitavam o Sol depois de muito observar o céu noturno. No modelo dele, a Terra seria o centro do universo e, ao redor dela, giraria o Sol. Heráclides passou longe, mas acertou ao descrever a rotação da Terra.

O conceito de heliocentrismo aparece no fim daquele mesmo século, com Aristarco de Samos. *Sobre os tamanhos e distâncias entre o Sol e a Lua* é a única obra conhecida de Aristarco, mas por si só ela já seria o suficiente para gravar o nome do autor na história da ciência. Observando a sombra projetada por um eclipse lunar, Aristarco calculou o diâmetro da Lua e chegou à conclusão de que ela era 3 vezes menor que a Terra – errou, mas não por grande margem: o correto é 3,7 vezes. Constatando que o Sol era muito maior e estava muito mais longe que a Lua, Aristarco só poderia supor que os astros menores orbitassem o maior: heliocentrismo.

Aristarco é frequentemente apontado como o primeiro a propor que a Terra gira em torno do Sol, mas o fato é que *Sobre os tamanhos e distâncias entre o Sol e a Lua* não contém nenhuma afirmação clara e direta do heliocentrismo. Qualquer coisa que Aristarco eventualmente tenha escrito sobre o heliocentrismo se perdeu. Sabemos do pioneirismo de Aristarco apenas por meio de citações de terceiros.

Um dos que buscaram embasamento nos cálculos de Aristarco foi Seleuco de Selêucia. Nascido em 190 a.C., ele tinha um interesse especial pelo comportamento das marés. Faz sentido que se interessasse também por um dos temas principais de Aristarco: o tamanho e a distância da Lua. Observando os ciclos das marés e da Lua, Seleuco percebeu uma correlação. Ele foi o primeiro a afirmar que as alterações cíclicas do nível das águas do mar dependem da rotação da Terra e da posição da Lua. É Plutarco, que nasceu 2 séculos depois de Seleuco, quem nos conta que ele foi o primeiro a provar a validade do modelo heliocêntrico. Plutarco só não nos diz como Seleuco fez isso.

Apesar dos esforços de seus pioneiros, o heliocentrismo nunca foi uma ideia dominante durante a Antiguidade. Embora as observações de Aristarco sobre o tamanho do Sol e as conclusões de Seleuco sobre as marés apontassem claramente para a ideia de um Sol no centro, era difícil competir com o apelo empírico do geocentrismo: para um ser humano observando os céus da superfície de seu planeta, o Sol realmente parece se mover continuamente de leste a oeste. Sozinha, essa observação nos conduz ao geocentrismo; modelo que, além de tudo, mexe com as nossas vaidades ao nos dizer (ainda que de maneira simbólica) que os astros estão subordinados a nós. A humanidade ainda demoraria muito para se livrar do engano vaidoso e confortável do modelo geocêntrico.

Foi Cláudio Ptolomeu, um dos mais celebrados discípulos da escola de Alexandria, quem resgatou a concepção de Aristóteles para as posições e movimentos dos astros. Aqui, já estamos no primeiro século depois do nascimento de Cristo. O "modelo ptolomaico", como ficou conhecido, foi desenvolvido no período histórico que precedeu a ascensão do poder político da Igreja Católica. Como favorecia os fundamentos teológicos da Igreja, o geocentrismo de Ptolomeu foi acolhido e protegido por mil e quatrocentos anos, apesar de ter um equívoco, digamos, central. Não que não tivesse méritos: ele ao menos permitia prever com precisão razoável o movimento dos planetas nos céus. Descrito em sua grande obra, *Almagesto*, o modelo ptolomaico atribuía aos astros movimentos perfeitamente circulares, chamados por Ptolomeu de epiciclos: um círculo dentro do outro, cada um deles correspondendo à órbita de um corpo celeste e, no ponto central, a Terra.

Para aceitar seu lugar no sistema solar, o planeta teve de mudar muito: em 1543, quando Nicolau Copérnico finalizou seu *Da revolução de esferas celestes*, já havia à disposição dele a tecnologia necessária para imprimir livros sem que fosse necessário copiá-los manualmente (a prensa de Gutenberg já existia há quase um século). Isso significava que ideias podiam se propagar mais rápido, e foi exatamente isso que aconteceu com a obra de Copérnico. Astrônomos de diferentes nacionalidades se dedicaram ao heliocentrismo proposto por Copérnico. Sustentado principalmente por cálculos, o modelo passou a ser chamado de copernicano. Os cálculos até chegavam perto de arranhar a hegemonia do geocentrismo, mas não atacavam aquilo que o modelo geocêntrico tinha de mais sedutor: uma validade apenas aparente que podia ser constatada por qualquer um disposto a olhar para cima durante uma noite de céu aberto.

Isso mudou em 1609. Galileu Galilei, numa visita a Veneza, soube que alguém muito rico na cidade tinha acabado de adquirir uma "trompa holandesa": um instrumento ótico da mais alta tecnologia, composto por um tubo e um par de lentes. Compreendendo como o instrumento funcionava, Galileu o aprimorou e o mirou para onde lhe interessava. Descobriu, entre outras coisas, que Júpiter também tinha suas luas e que a Lua tinha crateras. Foi ao compreender como se moviam Júpiter e seus satélites que Galileu entrou para o time do heliocentrismo. As descobertas de Galileu foram descritas em *O mensageiro das estrelas*, de 1610.

Com Galileu e com o telescópio, o geocentrismo finalmente se via ameaçado naquele seu empirismo sedutor: quando olhamos mais de perto, com os instrumentos adequados, não resta dúvida sobre o que gira em torno do quê. Talvez por isso, os opositores mais radicais do heliocentrismo tenham se dedicado não apenas a atacar Galileu e suas ideias, mas também o instrumento que o levara a elas. O filósofo

Cesare Cremonini, seguidor da tradição aristotélica na Universidade de Pádua, recusou-se a olhar pelo telescópio; o matemático alemão Cristóvão Clávio considerou que tudo que Galileu via em seu telescópio eram ilusões de ótica, mas teve o bom senso de mudar de ideia mais tarde. Quando não eram direcionados ao pesquisador e ao seu instrumento de pesquisa, os ataques buscavam sustentação teológica, em clara tentativa de estimular o antagonismo entre o heliocentrismo e a fé então vigente. Foi o que fez o principal opositor de Galileu, Lodovico delle Colombe, outro seguidor da tradição aristotélica, ao escrever, em 1611, *Contra o movimento da Terra*. Em uma determinada passagem, Colombe deixa claro que não se pode crer numa leitura literal de determinados trechos da Bíblia e, ao mesmo tempo, no modelo heliocêntrico. No fim, arremata, quase ameaça: "Todos os teólogos, sem exceção, dizem que quando a Escritura pode ser entendida literalmente, jamais pode ser interpretada de outra forma".

Em 1616, começam os problemas de Galileu com a Inquisição: nesse ano, o heliocentrismo virou oficialmente heresia. Na mesma oportunidade, a parte da obra de Galileu que tocava nessa hipótese foi incluída no índice dos livros proibidos da Igreja Católica. Foi ao ouvir essa decisão que ele teria dito *"Eppur si muove!"*, reiterando que, apesar do resultado e independentemente da vontade da Igreja, a Terra continuaria orbitando o Sol.

Uma das testemunhas de defesa de Galileu diante do Tribunal do Santo Oficio se chamava Maffeo Barberini. Sete anos depois do julgamento, Maffeo assumiu o comando da Igreja Católica como Papa Urbano VIII. Seus desentendimentos com a Igreja Católica, assim, foram suficientemente atenuados para que Galileu não sofresse uma morte precoce como a de Giordano Bruno, o frade dominicano queimado vivo em 1600 por, entre outras coisas, defender a tese de que o universo é infinito. Apesar da censura, a obra de Galileu continuou circulando nos territórios europeus de fé protestante.

Em 1619, o astrônomo alemão Johannes Kepler aprimorou o modelo heliocêntrico, descrevendo a forma elíptica das órbitas dos planetas, o que derrotava as órbitas perfeitamente circulares, herdadas do modelo de Ptolomeu. A essas alturas, já sabíamos como se moviam as engrenagens do Sistema Solar, mas não sabíamos exatamente o que as movia. Em 1687, veio Isaac Newton, com sua Lei da Gravitação Universal: são as massas dos corpos celestes que definem a atração que eles são capazes de exercer uns sobre os outros. Essa atração foi chamada de gravidade; um conceito revolucionário que oferecia ao modelo heliocêntrico os seus porquês.

Em 2000, coube ao Papa João Paulo II fazer um pedido formal de desculpas por todos os erros cometidos pela Igreja Católica nos dois milênios anteriores. A condenação de Galileu Galilei pela Inquisição foi relembrada – um processo de reabilitação do cientista pela Igreja já tinha sido iniciado em 1992. Em 1998, o primeiro módulo da Estação Espacial Internacional foi colocado em órbita. Lá de cima, a constatação de que o Sol está no centro do Sistema Solar não apenas pode ser feita a olho nu, como também é um espetáculo por si só: os astronautas têm o privilégio de ver o Sol nascer 16 vezes por dia. Precisamente a cada noventa minutos, aquela observação empírica meio simplória que deu uma sobrevida milenar ao geocentrismo sofre a mais bela das derrotas.

Não é assustador aprender que Aristóteles dizia que o Sol gira em torno da Terra; afinal, no contexto em que essa afirmação é feita, não havia instrumentos teóricos e práticos para que se compreendesse de outra forma. Esses instrumentos são produzidos ao longo de centenas de anos, por meio do trabalho de muitos cientistas. Afirmar que a Terra é o centro do universo, em 2019, no entanto, já é outra coisa. Mas também não causa espanto que o filósofo que coloca o heliocentrismo em dúvida seja o mesmo que critica o método científico e nos alerta para a possibilidade de que a ciência esteja "bestificando" a humanidade. Ele necessita de provas empíricas, quer ver para crer. Resta-nos ensiná-lo a usar um telescópio ou então mandá-lo para o espaço.

PARA LER

Galileu Galilei: um revolucionário e seu tempo (Atle Naess, 2015)

Na tentativa de traçar um panorama do longo histórico do heliocentrismo, priorizamos aqui a noção de como o conhecimento se constrói, geração após geração. Dessa forma, a fascinante história de Galileu Galilei acabou cedendo espaço a coisas muito maiores que ela. Qualquer interesse no astrônomo italiano será devidamente saciado por esta saborosa e premiada biografia publicada pelo norueguês Atle Naess em 2015.

PARA VER

Ágora (2009)

Hipátia foi a primeira mulher a se dedicar à Matemática. Chefiando a escola platônica em Alexandria, ela também teria lecionado Filosofia e Astronomia. *Ágora* é um filme espanhol de 2009 que faz várias intervenções criativas na história documentada. Aqui, Hipátia aparece como uma mulher dedicada a provar a validade do modelo heliocêntrico conforme concebido por Aristarco de Samos. Não há nenhuma evidência histórica de que Hipátia tenha se dedicado a tais estudos. Mesmo assim, o filme tem seu valor por dramatizar a tensão entre o cristianismo e determinados conhecimentos da antiguidade clássica que contrariavam seus dogmas.

CAPÍTULO 18

A HUMANIDADE NÃO PODE QUEIMAR PETRÓLEO INDEFINIDAMENTE

FICÇÃO

Não existem combustíveis fósseis; isso é uma invenção.

REALIDADE

Até existe uma teoria abiótica para explicar a origem do petróleo, mas ela está longe de ser consenso científico.

A humanidade tem usado – nem sempre de maneira prudente, diga-se – o petróleo há pelo menos quatro mil anos. Inicialmente, ele tinha aplicações na engenharia e até na medicina. Naqueles tempos, o mais comum era que usássemos o petróleo que brotava naturalmente na superfície, mas há relatos esparsos de poços perfurados em diferentes partes do mundo ainda durante a Antiguidade.

Já a história do petróleo como combustível é bem mais recente do que seus vastos impactos no meio ambiente sugerem. Em 1848, um escocês chamado James Young desenvolveu um processo de destilação que transformava o petróleo num líquido mais fino, usado inicialmente em candeeiros. Do mesmo processo químico, era obtida também uma substância viscosa muito útil para lubrificar as engrenagens de todas as máquinas que operavam a já sacramentada Revolução Industrial. Em 1850, Young apresentou os processos químicos que ele tinha desenvolvido. Os derivados do petróleo rapidamente encontraram novas aplicações em toda sorte de atividade industrial. Naquele mesmo ano, o polonês Ignacy Łukasiewicz obteve sucesso no desenvolvimento do processo de destilação do querosene.

Na medida em que os derivados do petróleo iam encontrando novas aplicações, a humanidade ia sendo desafiada a encontrar mais e mais petróleo. A segunda metade do século XIX foi marcada por uma série de perfurações pioneiras. Assim, quando o motor a combustão interna chegou, as notícias de descobertas de novas reservas de petróleo já pipocavam em todos os cantos. Era um ponto definidor da história da humanidade: tínhamos aprendido a retirar energia de dentro da terra e tínhamos aprendido a dar as mais variadas aplicações para essa energia. O que poderia dar errado? Alguém até poderia imaginar que, durante um século inteiro, ninguém se propôs a fazer essa pergunta inconveniente, mas isso está longe de ser verdade: também foi no século XIX que começamos a compreender os efeitos do gás carbônico na atmosfera (há mais informações a respeito no capítulo sobre mudanças climáticas). Por enquanto, o que nos interessa é a finitude dos combustíveis fósseis, contestada por aqueles que preferem tapar o sol com a peneira e fingir que não precisamos parar rapidamente de queimar petróleo.

É este o tópico que norteia todo o trabalho de um geólogo chamado Marion King Hubbert. Nos anos 1950, King Hubbert trabalhava para a Shell. Na companhia, uma de suas atribuições era a confecção de relatórios sobre a produtividade dos poços de petróleo. Observando como o ritmo de extração crescia gradualmente, atingia um pico, e diminuía ao longo da vida útil de cada poço, Hubert desenvolveu um método para prever o momento em que cada poço atingiria a produção máxima de petróleo, chamado de "Pico do Petróleo". O método de Hubbert é tão útil para prever o ápice da produção de um único poço quanto para prever o ápice da produção mundial de petróleo ou até a durabilidade das nossas reservas de combustíveis fósseis em geral. E o método ainda tem outros méritos: quando colocada num gráfico cartesiano simples, a curva do pico do petróleo mostra a dimensão histórica e a gravidade da coisa. Uma linha horizontal mede o tempo em larga escala – de cinco mil anos atrás até um futuro igualmente distante. Outra linha vertical mede a quantidade de combustíveis fósseis utilizada pela humanidade. O que você veria nesse gráfico seria um único pico, subindo até o topo como um obelisco, sem nunca se dilatar horizontalmente, deixando clara a brevidade do período histórico em que a humanidade esgotará os combustíveis fósseis. Hubbert apareceu em programas de TV tentando conscientizar a opinião pública: "Esse pico em forma de obelisco mostra o episódio dos combustíveis fósseis. Eu falo de carvão, petróleo, gás e de todos os combustíveis fósseis. Tudo isso foi responsável pela nossa sociedade tecnológica e, para os parâmetros da história, essa terá sido uma era muito breve", disse em certa ocasião.

A análise do geólogo nos deixa diante de uma questão coletiva e quase existencial: se já usamos metade do petróleo disponível – e lembre-se que usamos aquela primeira metade de extração mais fácil, rápida e barata –, resta decidir como usaremos a segunda metade. Podemos usar esse recurso agora, como combustível, ou podemos reservá-lo para o momento em que, com sorte e muito esforço, sejamos capazes de transformá-lo em um coração artificial e todo tipo ainda inimaginável de maravilha tecnológica.

Hubbert confrontou a humanidade não apenas com a responsabilidade que deve assumir diante de seu destino, mas também com a vertiginosa diferença nas escalas temporais em que esses recursos foram acumulados e queimados.

O petróleo bruto é o resultado da morte de organismos ricos em carbono que viviam há milhões de anos em lagos, mares e oceanos. Comprimidos em ambientes pobres em oxigênio e na companhia de outros sedimentos, como a argila e areia, essa matéria orgânica vira petróleo num processo que exige dezenas ou centenas de milhões de anos, sob as condições exatas de temperatura e pressão. Da mesma forma, o gás natural e o carvão mineral também são formados pela decomposição de organismos, o que justifica o termo "combustíveis fósseis". Essa hipótese é chamada de origem biogênica do petróleo e atualmente desfruta de um consenso científico.

Outra concepção para a origem do petróleo é a teoria da origem inorgânica, também chamada de origem abiogênica ou teoria abiótica. Aqui, sustenta-se que o petróleo é formado por processos não biológicos nas profundezas do manto terrestre. A teoria abiótica, embora careça da credibilidade de sua contraparte, segue sendo investigada em algumas das suas variantes.

Como argumentos que desafiam a origem biogênica, é frequentemente citada a presença de metano em cometas, meteoros e em outros planetas onde nunca teria existido vida. Não por acaso, quem nos diz que combustíveis fósseis não existem também nos conta que "encontraram hidrocarbonetos numa galáxia que fica lá na puta que o pariu". Aqui, convém ser um pouco mais específico: por hidrocarbonetos, devemos entender metano, o mais simples dos hidrocarbonetos em sua estrutura molecular. E isso muda tudo.

Numa das raras oportunidades em que a revista *Nature* concedeu espaço às diferentes variações da hipótese inorgânica, lemos que "a característica em comum dessas teorias é que elas requerem todo um número de circunstâncias favoráveis para fornecer as condições para que as reações químicas resultem em hidrocarbonetos. Todos os experimentos e computações têm se concentrado no metano e não consideram uma composição química mais próxima a encontrada naturalmente no interior da Terra".

A hipótese da abiogênese também tem diante de si a tarefa de explicar os resquícios de material biológico encontrados no petróleo. Ela faz isso estabelecendo que tais resquícios se justificam pela presença de microrganismos que degradam hidrocarbonetos – com sua morte, passariam a deixar fragmentos da sua existência.

Um dos defensores mais conhecidos da abiogênese é o geólogo ucraniano Alexander Kitchka, que estima que 60% de todas as reservas de petróleo teriam origem abiótica. De maneira semelhante, Thomas Gold, responsável por popularizar a hipótese abiogênica no Ocidente, estabelece que uma parte das reservas de gás natural pode ter tido origem abiótica. Embora as especulações sobre a origem abiótica existam desde o século XIX, na maioria das vezes, suas pesquisas ficaram restritas a trabalhos desenvolvidos dentro da União Soviética no século XX. Publicando em inglês até meados dos anos 1990, Thomas Gold superou essa barreira. Mais recentemente, em 2008, tanto as conclusões de Kitchka quanto as de Gold são comparadas com as evidências mais recentes coletadas a favor da hipótese da biogênese em *Abiogenic Origin of Hydrocarbons: An Historical Overview* [Origem abiogênia dos hidrocarbonetos: uma visão histórica], onde o geólogo Geoffrey Glasby afirma: "Ambas as teorias [abiogênicas] foram superadas pela compreensão cada vez mais sofisticada dos modos de formação dos depósitos de hidrocarbonetos na natureza". É improvável, no entanto, que a conclusão de Glasby encerre o debate. A ciência, afinal, é feita de dúvidas. Até lá, recomenda-se usar o petróleo com aquela prudência sugerida por King Hubbert: ainda que o petróleo fosse infinito, não poderíamos queimá-lo impunemente, como as mudanças climáticas em curso já deixam claro.

PARA LER

Pico do petróleo e *Ilha de São Mateus* (Stuart McMillen)

Pico do petróleo e *Ilha de São Mateus* são duas obras do cartunista australiano Stuart McMillen. Ambas podem ser encontradas em versão on-line com tradução em português e tratam de assuntos relacionados. *Pico do petróleo* nos conta a história do já mencionado King Hubbert e apresenta o conceito de pico do petróleo. Antes do fim, McMillen afirma que "metade do petróleo acabou" e a outra metade "ainda resta" e, em seguida, nos questiona: "Como vamos usar a metade restante?". Recurso semelhante é utilizado por ele em *Ilha de São Mateus*. Aqui, McMillen conta como renas abandonadas em uma ilha livre de predadores consumiram todos os recursos disponíveis a elas, atingindo um pico populacional antes de entrar em declínio e, posteriormente, em extinção. McMillen parece lamentar o destino das renas ao nos dizer que "a ilha era tão grande, os seus recursos tão abundantes". Com isso, mais uma vez, ele cria condições para se dirigir ao leitor e lhe faz uma pergunta: "Quão grande é a nossa ilha?".

PARA LER

The Long Emergency [A grande emergência] (James Kunstler, 2005)

Neste livro, James Kunstler especula sobre as consequências que o declínio das reservas de petróleo podem trazer ao mundo. Tão interessante quanto a especulação a respeito do futuro é a possível surpresa que o leitor terá ao descobrir que o petróleo tem uma presença muito maior em seu cotidiano do que o uso como combustível sugere: do xampu ao pesticida, passando pelos mais variados usos dentro da medicina.

PARA VER

The End of Suburbia: Oil Depletion and the Collapse of The American Dream
[O fim do subúrbio: o esgotamento do petróleo e o colapso do sonho americano] (Gregory Greene, 2004)

The End of Suburbia é um documentário de 2004 que tem a virtude de fornecer uma explicação didática a respeito do pico do petróleo. Em outros momentos, o filme de Gregory Greene recorre a toda uma variedade de fontes que nos ajudam a imaginar as implicações da escassez deste recurso em nossas vidas. A previsão geral inclui a necessidade de uma mudança radical nos padrões de consumo, o que justifica o fim do sonho americano anunciado no subtítulo da obra.

CAPÍTULO 19

NÃO HÁ RAZÃO PARA DUVIDAR DAS MUDANÇAS CLIMÁTICAS

FICÇÃO
Acreditar em aquecimento global e fumo passivo
é o equivalente a acreditar em duendes e fadas.

REALIDADE
Fadas e duendes são entidades ficcionais.
Fumo passivo e mudanças climáticas
são questões de ciência.

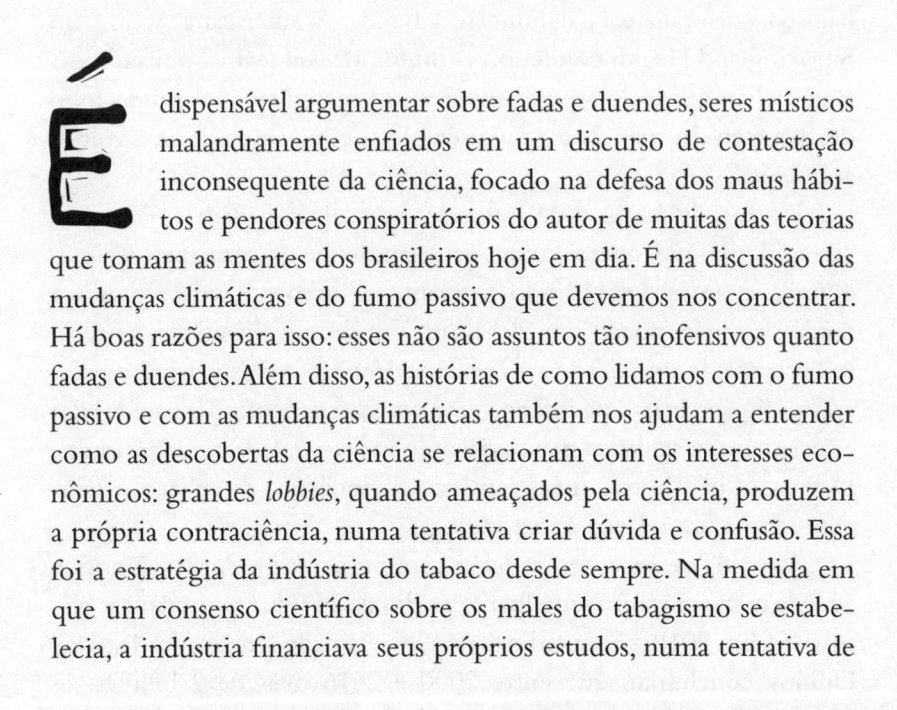

É dispensável argumentar sobre fadas e duendes, seres místicos malandramente enfiados em um discurso de contestação inconsequente da ciência, focado na defesa dos maus hábitos e pendores conspiratórios do autor de muitas das teorias que tomam as mentes dos brasileiros hoje em dia. É na discussão das mudanças climáticas e do fumo passivo que devemos nos concentrar. Há boas razões para isso: esses não são assuntos tão inofensivos quanto fadas e duendes. Além disso, as histórias de como lidamos com o fumo passivo e com as mudanças climáticas também nos ajudam a entender como as descobertas da ciência se relacionam com os interesses econômicos: grandes *lobbies*, quando ameaçados pela ciência, produzem a própria contraciência, numa tentativa criar dúvida e confusão. Essa foi a estratégia da indústria do tabaco desde sempre. Na medida em que um consenso científico sobre os males do tabagismo se estabelecia, a indústria financiava seus próprios estudos, numa tentativa de contrariar e atrasar o consenso. O fumo passivo é apenas uma das batalhas dessa grande guerra travada há décadas.

Fumantes passivos têm um risco 30% maior de contrair câncer de pulmão e 24% maior de infarto do coração do que os não fumantes de acordo com dados do Instituto Nacional do Câncer. De acordo com dados da Organização Mundial de Saúde, aproximadamente 2 bilhões de pessoas são vítimas do fumo passivo no mundo, sendo que, dessas, 700 milhões são crianças, que sofrem com bronquites, pneumonias e infecções de ouvido. No Brasil, as crianças são 40% das vítimas do fumo passivo.

Certo consenso sobre os danos provocados pelo fumo passivo está bem estabelecido há anos: sabemos que faz mal, mas ainda precisamos entender a extensão desse mal. Em 2003, houve uma tentativa de destruir o conhecimento acumulado. Um estudo publicado pelo *British Medical Journal* concluiu que a ligação entre doenças cardíacas, câncer de pulmão e o fumo passivo eram suficientemente fracas para serem ignoradas. O estudo – quem diria, hein? – foi patrocinado em pela indústria do tabaco. Entidades médicas e organizações antitabagistas correram para denunciar a fraude. A americana Action on Smoking and Health condenou o *British Medical Journal* por publicar o que chamou de "pesquisa suspeita". Desacreditado, o estudo logo desapareceu das manchetes e a discussão sobre o fumo passivo voltou aos eixos.

Hoje, a discussão é de interesse especial da pediatria. Faz todo o sentido, já que, como vimos, as crianças são as principais vítimas e ainda estamos descobrindo o quanto o fumo passivo prejudica a saúde dos mais novos: em 2014, um estudo envolvendo mais de 2 mil crianças foi publicado na *European Heart Journal*, sugerindo que a exposição ao cigarro na infância leva ao espessamento das paredes das artérias, o que significa maior risco de infarto e AVC na vida adulta. Dessa vez, não houve financiamento da indústria do tabaco e nem contestação em relação à metodologia.

A queda de braço entre *lobby* econômico e produção científica atua de maneira muito semelhante na discussão sobre as mudanças climáticas. Em 2018, pesquisadores da Universidade Drexel, nos Estados Unidos, concluíram que entre 2000 e 2016 mais de 2 bilhões de dólares foram gastos para influenciar legislações relativas às mudanças climáticas no Congresso americano. Todo esse dinheiro veio de setores que poderiam ser afetados por políticas públicas desenvolvidas com as mudanças climáticas em mente. Tanto essas políticas públicas quanto o *lobby* pesado para que os governos desistam delas são um fenômeno recente, se comparado ao longo esforço científico dedicado ao tema: na guerra contra o *lobby*, a ciência tem ao menos a vantagem de ter chegado mais cedo.

A ciência começou a especular sobre as mudanças climáticas já no século XIX, quando o mundo já contemplava os efeitos da revolução industrial. Ou seja: no mesmo século em que colocamos o primeiro motor à combustão para funcionar, também cogitamos a hipótese de que o CO_2 emitido por ele pudesse ter consequências graves. O mérito desse pioneirismo vai para o britânico John Tyndall. Foi ele que sugeriu, em 1860, que o CO_2 pudesse ter um papel importante para o clima, absorvendo radiação infravermelha e alterando a temperatura do planeta. A hipótese de Tyndall permaneceu em dúvida porque os instrumentos disponíveis para seus experimentos ainda eram um tanto primitivos e suas medições geravam uma natural desconfiança.

Em 1938, um cientista chamado Guy Stewart Callendar apresentou as primeiras evidências de que o planeta estava ficando gradualmente mais quente. Callendar também sugeriu que as emissões de CO_2 seriam as responsáveis por esse aquecimento, sem a pretensão de guiar o futuro da humanidade. Callendar estava muito mais preocupado em compreender as causas das eras do gelo.

Em 1938, Callendar concluiu que, ao longo dos últimos cinquenta anos, o planeta tinha acrescentado 0,3 °C à sua temperatura média. Para chegar a essa conclusão, ele utilizou as medições de 147 estações meteorológicas espalhadas pelo planeta e combinou os dados para produzir uma estimativa das temperaturas globais médias em cada ano. Vale notar que os dados para este tipo de pesquisa vêm de estações meteorológicas científicas, e não de termômetros de rua, como já se especulou por aí. Obviamente, a estimativa não continha dados das regiões ártica e antártica, já que Callendar não dispunha de medições nos extremos do mundo; ainda assim, as conclusões dele são surpreendentemente similares às obtidas com os métodos mais modernos. O cientista conseguiu prever mudanças na temperatura global por meio de papel, caneta e sua obstinação de compilar os dados disponíveis. Percebendo que seu interesse nas eras do gelo o tinha levado a tropeçar em algo grandioso, Callendar escanteou suas outras atividades – ele era também engenheiro e inventor – e publicou ao menos 35 trabalhos científicos sobre o tema nas décadas seguintes.

As contribuições de Callendar foram exploradas e expandidas por outros cientistas nas décadas de 1950 e 1960. O canadense Gilbert Plass, que já dispunha de computadores, previu que no ano 2000 nossa atmosfera teria 30% mais CO_2 que em 1900 (as estimativas mais modernas falam em 37%). Plass pode ser creditado como um dos cientistas que trouxeram a discussão sobre mudanças climáticas para a grande imprensa. Em 1953, a revista *Time* concedeu espaço às suas previsões, ampliando consideravelmente a escala do debate. Em 1961, Charles David Keeling apresentou ao mundo a sua curva de Keeling, demonstrando a acumulação gradual de CO_2 na atmosfera e, ao mesmo tempo, estabelecendo um padrão para medições que é seguido até hoje.

Na década de 1970, o derretimento de geleiras ficou óbvio demais para ser ignorado. Estabeleceu-se um esforço científico para compreender suas consequências. A percepção era de que o recuo dos glaciares afetaria, num primeiro momento, a disponibilidade de água e, num prazo mais longo, o nível dos oceanos. Como consequência disso, as primeiras iniciativas internacionais para lidar com o problema foram criadas na década seguinte: em 1986, foi estabelecido o Serviço Mundial de Observação de Glaciares, sediado em Zurique na Suíça. O IPCC, Painel Intergovernamental sobre Mudanças Climáticas, veio dois anos depois, em 1988.

Criado por iniciativa (ainda que, como vimos, bastante tardia) das Nações Unidas, o IPCC não produz pesquisa original. O objetivo do painel é reunir e resumir o conhecimento produzido por cientistas independentes ou ligados a organizações e governos. É de uma espécie de compilação desses trabalhos que surgem seus famosos relatórios. Até hoje, 5 foram publicados, o primeiro em

1990 e o mais recente em 2014, que tem como base 6.000 estudos científicos diferentes.

O documento de 2014 estabelece que o aquecimento do planeta é inequívoco: o mundo aqueceu em média 0,85 °C entre 1880 e 2012. A razão do aquecimento é, com "elevadíssimo grau de certeza", a emissão de gases estufa pelas atividades humanas. Recomendando aos governos "medidas preventivas urgentes", o relatório se esforça para explicar todos os desdobramentos da elevação das temperaturas globais, que poderiam ter um aumento médio de 4,8 °C até 2100 se as emissões continuassem dentro das tendências atuais. Eventos climáticos extremos se tornaram mais frequentes: na medida em que a água dos oceanos se aquece, criam-se condições propícias para a formação de furacões, tufões e ciclones. Da mesma forma, o regime de chuvas, as correntes marinhas e o padrão dos ventos seriam perturbados, causando mais secas e enchentes. No cenário mais pessimista, a elevação do nível do mar poderia chegar a mais de 80 cm até 2100, tornando áreas costeiras inabitáveis e forçando movimentos migratórios. A água dos oceanos se tornaria ainda mais ácida, absorvendo gás carbônico continuamente e diminuindo as chances de sobrevivência de muitas espécies (várias delas, é bom lembrar, estão no cardápio da humanidade). Depois de atingir um ponto de saturação, absorvendo todo o gás carbônico que conseguem, os oceanos deixariam de amortecer o aquecimento da atmosfera. A partir daí os efeitos se combinariam drasticamente, amplificando o ritmo do aquecimento e agravando suas consequências.

Em 2009, as pesquisas que compõem os relatórios do IPCC viram sua credibilidade ser colocada em dúvida por um escândalo posteriormente batizado de *climategate*. Na ocasião, documentos e e-mails provenientes da Unidade de Pesquisa em Clima da Universidade de East Anglia, uma das instituições associadas, foram vazados para a imprensa, mas não sem antes serem convenientemente editados para cumprirem propósitos negacionistas. Todo o material vazado lidava com a paleoclimatologia, que é o estudo das variações climáticas ao longo da história terrestre. Esse campo da ciência coleta vestígios naturais que podem ajudar a determinar o clima em épocas passadas, muitas vezes auxiliando as previsões sobre como o clima se comportará no futuro. Ainda que o vazamento aniquilasse todo o campo da paleoclimatologia – o que jamais foi o caso – sobrariam evidências das mudanças climáticas em muitas outras áreas da ciência. Mas para as pessoas determinadas a negar a realidade, tanto fez e tanto faz: elas ainda acreditam estarem diante de uma prova cabal de que as mudanças climáticas são uma conspiração política.

Em 2009, diante do *climategate*, o pensador responsável pela frase que compara duendes a fumo passivo e fadas a mudanças climáticas denunciou enfaticamente o que considerou ser a prova de uma fraude científica ou "a mãe de todas as fraudes", e ainda foi além ao articular essa denúncia com uma de suas teorias conspiratórias favoritas, a do globalismo – a visão hipersimplificadora e conspiratória da geopolítica, devidamente explicada no Capítulo 2, segundo a qual estamos todos prestes a viver dominados por um governo comunista global. A ameaça das mudanças climáticas, nessa intersecção entre ignorâncias e fabulações, seria um atalho para "impor a uma cândida humanidade os controles globais destinados a salvá-la de um perigo inexistente". Já os esforços internacionais coordenados para diminuir emissões dos gases responsáveis pelo efeito estufa e controlar desmatamentos seriam a "plena instauração de um governo mundial".

É necessário ressaltar que 2009 foi um ano e tanto para os negacionistas. A já mencionada pesquisa da Universidade Drexel, que se dedicou a mapear os gastos do *lobby* negacionista, aponta que naquele ano as despesas dos lobistas aumentaram significativamente e atingiram um pico de 362 milhões de dólares.

Como já vimos, as quedas de braço entre interesse econômico e ciência não são novidade. Inéditos mesmo são os desafios que as mudanças climáticas impõem à nossa espécie. Durante os últimos 2 milhões de anos, nossos cérebros evoluíram para lidar de maneira eficiente com preocupações de curto prazo, do predador à tempestade que se anuncia nos céus para daqui algumas horas. Talvez seja por isso que é tão difícil convencer um sujeito que crê na teoria da conspiração climática de que o mundo está se tornando mais quente enquanto ele passa frio na viagem à Europa. A miopia o trouxe até aqui, até este preciso momento em que devemos confrontar não apenas nossa responsabilidade diante do planeta como também nossos vieses cognitivos. Tais vieses são parte do problema a ser superado. Fabulações conspiratórias certamente não ajudam em nada.

PARA LER

Gaia: alerta final (James Lovelock, 2010)

James Lovelock nunca foi o mais otimista dos climatologistas. Nesta obra, ele retoma a ideia de que nossa tentativa de manter as coisas como estão deve impossibilitar que nos salvemos da crise climática. Apesar da gravidade de seus avisos, Lovelock mantém alguma leveza diante deles. Consta que, quando o fundador do grupo Virgin, Richard Branson, tentou batizar sua empresa de biocombustíveis de Gaia, em referência à hipótese formulada por Lovelock, o cientista respondeu dizendo que abriria um bordel e o chamaria de Virgin. Em *Gaia: alerta final*, Lovelock extrapola os limites de sua ciência e imagina as consequências sociais e políticas das mudanças climáticas em curso. Um dos efeitos dessas mudanças seria justamente a ascensão dos nacionalismos e dos regimes autoritários, que surgiram como reação aos movimentos migratórios provocados por inundações, desertificações e desastres naturais de todo o tipo. Qualquer semelhança com a situação da política mundial não é mera coincidência.

PARA VER

Game of Thrones [Guerra dos Tronos] (HBO, 2011)

No épico de George Martin, as elites políticas de Westeros disputam o poder usando métodos violentos. Quando é anunciada uma ameaça vinda do norte, em meio a um inverno infernal, essas elites logo tratam de negá-la, numa tentativa de continuar disputando o poder pelos mesmos métodos de sempre. George Martin jura que não escreveu sua ficção com a ambição de estabelecer uma analogia com as mudanças climáticas, mas, numa entrevista, admitiu a validade do paralelo: "De maneira muito ampla, tem aí um paralelo. Temos problemas importantes: política interna e externa e justiça social [...] Tudo isso é importante, mas deixará de ser se estivermos mortos, com nossas cidades sob os oceanos".

PARA JOGAR

Final Fantasy VII (Square, 1997)

Em *Final Fantasy VII*, o jogador é apresentado a um grupo de ambientalistas que combate uma corporação que aprendeu a sugar a energia espiritual do planeta para transformá-la em energia. Quanto mais essa energia é minerada, menos vida o planeta gera. A analogia pode parecer mera coincidência, mas uma das principais personagens do jogo, Tifa Lockhart, tem um nome que guarda semelhança fonética e semântica com Lovelock. Além disso, a história se passa em um planeta chamado Gaia, termo escolhido por Lovelock para identificar a hipótese de que o planeta se comporta como um único organismo vivo e pulsante. Tudo fica ainda mais literal em *Advent Children*, animação que dá continuidade aos eventos do jogo. Aqui, vemos nossos ambientalistas partindo em busca de uma fonte energética mais segura que aquela energia espiritual ficcional. Ironicamente, eles passam a usar petróleo.

CAPÍTULO 20

A ESCRAVIDÃO EXISTIU E SUAS CONSEQUÊNCIAS SÃO SENTIDAS NO PRESENTE

FICÇÃO

Os portugueses não estiveram na África, e os responsáveis pela escravidão são os próprios negros.

REALIDADE

Os portugueses foram pioneiros no tráfico de escravos e, durante décadas, foram os únicos a cruzar o Atlântico levando africanos acorrentados.

> Se você for ver a história, realmente, os portugueses nem pisaram na África. Os próprios negros é que entregavam os escravos", disse Jair Bolsonaro quando ainda era candidato a presidente do Brasil, em uma entrevista ao programa *Roda Viva*. O mediador do programa conseguiu dizer pouca coisa diante da declaração, mas teve tempo de soltar um sintético, porém eloquente "Pelo amor de Deus". Depois de eleito, o presidente fez questão de aparecer em uma de suas transmissões ao vivo com um determinado livro sobre a mesa. Sabemos que Jair Bolsonaro não testemunhou o choque cultural entre europeus e africanos, mas sabemos que o livro sobre a mesa dele atesta coisa parecida com aquilo que ele disse durante a campanha.

A tentativa de negar a escravidão do passado é motivada pela tentativa de negar seus efeitos do presente, invalidando todas as políticas afirmativas que nascem da percepção de que nossa herança escravagista continua sendo um dos principais elementos estruturantes das relações sociais brasileiras. Tal herança pode ser notada nas mais variadas áreas. Nem a arquitetura fica de fora. Até a última década do século XX, ainda se construíam apartamentos com os chamados "quartos de empregada", um simulacro de senzala adaptado ao ambiente urbano e verticalizado.

A declaração do presidente radicaliza um revisionismo que contraria até mesmo os fatos mais óbvios: se os portugueses de fato se mantiveram longe da África, como explicar que Angola, Cabo Verde, Guiné-Bissau, Moçambique e São Tomé e Príncipe falem português? Antes da negação da presença portuguesa na África, o círculo conspiratório brasileiro bem que tentou soterrar a tese da dívida histórica por outros caminhos: minimizaram as contribuições da cultura africana, alardearam a versão de que a escravidão foi inventada na África, emitiram declarações preconceituosas sobre as religiões de matriz africana e disseram que "toda a história do samba vale muito menos que três compassos de Bach", frase que certamente já recebeu mais atenção do que merecia no capítulo sobre a moral judaico-cristã. Há aqui uma perigosa noção de superioridade cultural embasada em um racismo evidente, escrachado até.

O fato é que o Brasil ainda nem estava no mapa do mundo quando, em 1482, o rei de Portugal, Dom João II, mandou que se construísse o Castelo de São Jorge da Mina, onde hoje fica Gana. Tratava-se de uma fortaleza com a qual os europeus defenderiam seus interesses na região. Que interesses eram esses? O nome que aquela região do mundo tinha no século XV ajuda a entender: Costa do Ouro. Nenhuma outra nação europeia, até então, tinha estabelecido qualquer tipo de entreposto comercial ou militar em território africano. Com o tempo, a escravidão passou a ser o eixo comercial do Castelo de São Jorge da Mina. Consta que 30 mil escravos tenham sido embarcados e levados dali para o Brasil, sempre em navios portugueses. O castelo continua de pé, como um monumento que impossibilita que se negue ou revise esse passado, adotando uma versão mais confortável, com a qual os brancos do presente consigam lidar com mais facilidade.

O Castelo de São Jorge da Mina foi o começo de um empreendimento ao mesmo tempo hediondo e grandioso, ao menos em escala. Percebendo as vantagens daquela instalação, os portugueses logo se estabeleceram em vários outros pontos da costa africana. Nas décadas e séculos que se seguiram, o comércio de escravos deixou de ser apenas a principal atividade econômica do Castelo de São Jorge da Mina para se tornar a prioridade na agenda econômica portuguesa. Nos três séculos seguintes, navios portugueses partiam de mais de 90 portos africanos. Nesse período, foram feitas mais de 11 mil viagens, e cerca de 9 mil tiveram o Brasil como destino. Pois é, existe farta documentação e números disponíveis a respeito dessa tragédia histórica. Negá-la não é tão fácil quando instituições acadêmicas do mundo inteiro se reúnem em um esforço coletivo chamado Trans-Atlantic Slave Trade Database, um banco de dados – e de culpas – a respeito do tráfico negreiro.

Portugal não apenas foi o primeiro país a cruzar o Atlântico levando escravos acorrentados – durante algumas décadas, foi o único. O pioneirismo português se fez notar em terras brasileiras. Cerca de 46% de todos que foram levados à força da África para as Américas tinham como destino o Brasil. Isso criou na sociedade brasileira uma dependência do modelo escravagista. Por aqui, a propriedade escrava foi amplamente difundida, indo muito além do trabalho rural. Nas cidades, era fácil encontrar quem tivesse um ou dois escravos. Quase 5 milhões de africanos foram trazidos como escravos para o Brasil. Não é um recorde do qual se possa ter qualquer tipo de orgulho, mas o fato é que nenhum outro país nos supera neste quesito.

Não surpreende que o país mais viciado em trabalho escravo em todo o mundo tenha sido o último a abolir a escravidão, dependendo de fortes pressões externas e rebeliões internas para isso. O que surpreende é o seu esforço histórico em negar o passado e, com ele, até mesmo a existência do negro. O revisionismo do século XXI guarda algum parentesco espiritual com a tese do embranquecimento gradativo da população brasileira, formulada no início do século XX. O antropólogo e médico João Baptista de Lacerda foi um dos principais expoentes da tese. Em 1911, ele participou do Congresso Universal das Raças, em Londres, uma espécie de Comic Con infernal dedicada ao racismo, à eugenia e à pseudociência.

Nessa oportunidade, Batista afirmou: "A população mista do Brasil deverá ter, pois, no intervalo de um século, um aspecto bem diferente do atual. As correntes de imigração europeia, aumentando a cada dia mais o elemento branco dessa população, acabarão, depois de certo tempo, por sufocar os elementos nos quais poderia persistir ainda alguns traços do negro". Consta que a elite brasileira ficou escandalizada com a declaração, mas pelos motivos errados – queriam que os "traços do negro" fossem erradicados em menos tempo.

Batista, aliás, tinha seus próprios meios de aliviar a culpa histórica pela escravidão. Ele costumava buscar apoio numa passagem bíblica bastante constrangedora para Noé. No texto bíblico, Noé toma um porre de vinho e é visto nu por seu filho Cam, que, em seguida, tira uma onda da situação do pai diante dos irmãos. Enfurecido ao saber da chacota, Noé profetiza que Cam será "servo dos servos de seus irmãos". Ao considerar que seus escravos são descendentes da linhagem de Cam, todo escravagista alivia a própria consciência. A ideia de Batista não era exatamente original e já tinha sido usada muitas vezes antes em solo brasileiro, primeiro para justificar a escravidão dos índios, depois dos negros. Batista, tendo visto o Brasil se aproveitar da força de trabalho negra por séculos, agora queria embranquecer o país e se baseava na mesma lenda.

É com a macabra tradição da eugenia que o revisionismo do século XXI se articula. O prazo de Batista expirou em 2011 e mais da metade da população brasileira é negra. Como não foi possível apagar o passado escravagista embranquecendo os negros, agora se tenta negar a responsabilidade por tal passado por meio da criação de mentiras.

PARA LER

O trato dos viventes: formação do Brasil no Atlântico Sul – séculos XVI e XVII
(Luiz Felipe de Alencastro, 2000)

Aqui, o objeto central do historiador Luiz Felipe de Alencastro é o tráfico de escravos durante os séculos XVI e XVII. É o fato que estabelece um forte vínculo entre a formação do Brasil e a história das regiões africanas em que os portugueses buscavam homens e mulheres que escravizariam. O que a geografia separava com um oceano, os portugueses uniam com um sistema econômico: é porque havia intenso trabalho escravo no nosso continente que havia feitorias em Angola. O que estruturava um mesmo sistema econômico no passado, fornece, no presente, as bases para as duas pontas indissociáveis de uma mesma tragédia histórica. O mérito do autor é a insistência numa reintegração: sem compreender o que Portugal fez em Angola, jamais chegaremos a uma compreensão de nosso próprio passado.

PARA VER

Ganga Zumba (Cacá Diegues, 1963)

Ganga Zumba, de Cacá Diegues, retrata a vida do primeiro líder do Quilombo dos Palmares. O filme baseia-se no livro homônimo de João Felício dos Santos. Além dos fatos históricos, há outras razões para prestigiar o filme: estão nos créditos Cartola, Dona Zica da Mangueira, Moacir Santos e Nara Leão. *Ganga Zumba* segue os mandamentos do Cinema Novo, o cultuado movimento que transformou o cinema em instrumento de promoção de justiça social.

CAPÍTULO 21

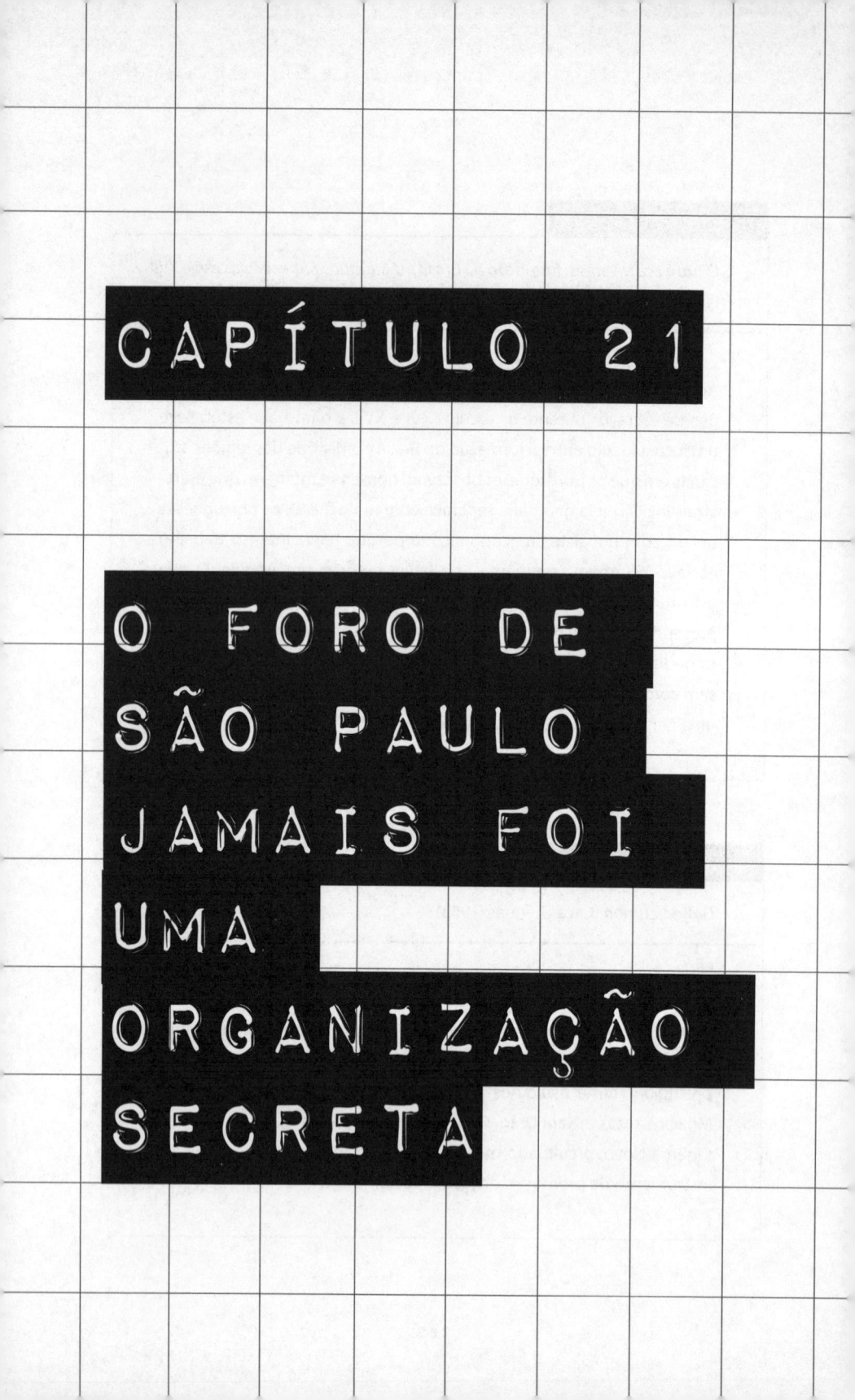

O FORO DE SÃO PAULO JAMAIS FOI UMA ORGANIZAÇÃO SECRETA

FICÇÃO
A mídia escondeu a existência do Foro de
São Paulo por mais de uma década.

REALIDADE
O Foro de São Paulo nunca foi uma organização secreta
e sempre contou com cobertura da imprensa brasileira.

Em 2018, Benevenuto Daciolo Fonseca dos Santos, mais conhecido como Cabo Daciolo, concorreu à presidência do Brasil pelo partido Patriota. Em seu momento mais comentado, durante aquela corrida presidencial, ele colocou Ciro Gomes, seu concorrente pelo Partido Democrático Trabalhista, diante da seguinte pergunta: "O senhor é um dos fundadores do Foro de São Paulo. O que o senhor pode falar aqui para a população brasileira sobre o plano Ursal? O que o senhor tem para dizer?". Gomes, que talvez nunca tivesse ouvido o termo "Ursal" em sua vida, respondeu: "Democracia é uma delícia, é uma beleza, mas ela tem certos custos". E, pagando o custo da democracia, a parte mais curiosa do eleitorado correu para a internet pesquisar o que era a tal Ursal.

A origem do termo nos faz retroceder para dezessete anos antes da eleição de 2018. Em 2001, o Foro de São Paulo realizava mais uma de suas reuniões, em Havana. Na ocasião, os líderes da esquerda latino-americana vociferavam contra a Área de Livre Comércio das

Américas, a Alca, cuja proposta mais básica era a de eliminar as barreiras alfandegárias entre os 34 países americanos, formando assim uma área de livre comércio. As disparidades entre a economia dos Estados Unidos e as de seus vizinhos levantavam sérias desconfianças em relação à proposta. Foi o próprio Luiz Inácio Lula da Silva quem, na ocasião, aventou a tese de que os países da América Latina deveriam priorizar uma integração latino-americana numa tentativa de obter melhores condições de negociar com os Estados Unidos.

Em 9 de dezembro de 2001, a professora universitária aposentada Maria Lucia Victor Barbosa resolveu criticar os líderes reunidos em Cuba em um artigo chamado *Os companheiros*. Publicado em alguns blogs na internet, o texto questionava: "Qual seria, me pergunto, essa tal integração no modelo Castro-Chávez-Lula? Quem sabe, a criação da União das Republiquetas Socialistas da América Latina (URSAL)?". E assim a Ursal, como mera ironia, fazia sua estreia.

A professora Maria Lucia jamais poderia prever a confecção de um dossiê Ursal, publicado anos depois de o termo ser cunhado. O dossiê passou uma década circulando pela internet até que, de alguma forma, encontrou espaço num debate presidencial. O documento lista uma série de notícias publicadas na imprensa brasileira e se esforça para estabelecer relações de causalidade inexistentes entre elas.

Para que a ironia despretensiosa de Maria Lucia fosse transformada em uma ampla teoria conspiratória por gente que ela certamente nunca viu na vida, a ficção da Ursal precisou do apoio de alguns elementos reais, como o Foro de São Paulo. O Foro existe: trata-se de uma associação de partidos de esquerda que conta com 7 integrantes brasileiros – PDT, PCdoB, PCB, PPL, PPS, PSB e PT. Criado em 1990, o Foro de São Paulo mantém o hábito de disponibilizar as atas de suas reuniões publicamente e também sempre contou com ampla cobertura (embora nem sempre favorável) das organizações de mídia.

Na teoria da conspiração que começa com a tentativa de união das esquerdas da América Latina e terminada com a Ursal sendo levada a sério, o Foro de São Paulo é descrito em outros termos. Trata-se de uma "entidade internacional criada pelo PT e Fidel Castro com o objetivo inicial de unir as lideranças de esquerda da América Latina;

e, agora, já reunidas, passou a ter o objetivo de transformar toda a América Latina num grande bloco comunista mundial". A descrição se esforça para usar o Foro de São Paulo, uma entidade real, para embasar a ficção do globalismo (devidamente descrita no Capítulo 2). Organizações supranacionais não são novidade, e suas existências encontram explicações muito mais simples – porém menos divertidas – que aquelas presentes em dossiês que, na superfície, aparentam ter saído das mentes dos roteiristas de *Pinky e o Cérebro*.

Interesses supranacionais existem e organizações supranacionais são criadas para representá-los. É legítimo que esquerdas da América Latina se organizem com o Foro de São Paulo em busca de alguma integração e de alguma margem de negociação com os Estados Unidos, a potência vizinha. É igualmente legítimo que 1.000 multinacionais financiem e promovam o Fórum Econômico Mundial, em Davos. E que uma organização não veja a outra com bons olhos é apenas previsível.

Não há distinção ideológica na capacidade de atrelar essas organizações supranacionais a teorias conspiratórias diversas. Tanto o Foro de São Paulo quanto o Fórum Econômico Mundial foram alvos de todo tipo de especulação a respeito de suas origens e de seus verdadeiros interesses: narcotraficantes, reptilianos e extraterrestres podem aparecer como coadjuvantes em uma ou outra versão dessas histórias.

No Brasil, em que a tese globalista do governo comunista global e da Religião Biônica Mundial adquiriram status de filosofia, o Foro de São Paulo é o alvo mais frequente. Há mais de uma década, ele é usado como uma "prova" das articulações macabras que colocarão o planeta nas garras dos comunistas. Seria fácil argumentar que a mera existência de uma mínima articulação entre as esquerdas do continente nem de longe torna factível a crença no iminente governo comunista global. Mas, como vimos no Capítulo 1, toda teoria conspiratória é irrefutável, na medida em que encontra suas bases nunca nos fatos, mas na fé. Qualquer reunião de pessoas que pertençam a uma entidade pode parecer suspeita se olhada com olhos conspiratórios, como percebemos através do exemplo das conferências da ONU (uma instituição nem um pouco secreta) que levantam a hipótese da ideologia de gênero, conforme comentamos no Capítulo 12.

Os que enxergam no Foro de São Paulo a parte visível de um delirante plano de controle global o fazem parecer uma entidade secreta, coisa que nunca foi. Desde sua fundação, no início da década de 1990, seus objetivos estão bem documentados, principalmente na "Declaração de São Paulo", aprovada ao fim do primeiro encontro, curiosamente realizado na cidade de São Paulo. O texto fala em "luta anti-imperialista e popular", mas nunca passa nem perto de relevar qualquer pretensão de unificação política dos países latino-americanos.

Tratar o Foro de São Paulo como entidade secreta ajuda a manter a conspiração de pé. Mas faz mais do que isso: confere ao filósofo que dedicou décadas inteiras à missão de propagar tal conspiração a desejável aura de um digno desvendador de mistérios. "Durante dezesseis anos, a mídia inteira negou a existência do Foro", ele diz, mas não para por aí. O argumento pode inclusive abordar a presença das Forças Armadas Revolucionárias da Colômbia nos primórdios da organização para fazer parecer que jornalistas, partidos e narcotraficantes se articulam na mesma conspiração. As Farc, como se sabe, foram impedidas de participar do Foro de São Paulo ainda em 2008, justamente a pedido do Partido dos Trabalhadores.

Aparentemente, o compromisso da imprensa brasileira de acobertar o Foro de São Paulo não a impediu de se posicionar de maneira crítica diante dele. Em agosto de 2013, um editorial do *Estado de S. Paulo* considerava que os países representados no Foro "padecem de um burocratismo do aparelho estatal semelhante ao que levou à falência a União Soviética e seus satélites. E cada um deles amarga a frustração da falta de qualquer perspectiva de conquistar uma verdadeira democracia social e de massas".

A sustentação da conspiração globalista e do papel tanto do Foro de São Paulo quanto da imprensa brasileira dentro dela depende de uma observação para lá de seletiva da realidade: o editorial em que o jornal revela seu descontentamento com o Foro de São Paulo é ignorado com a mesma facilidade da ironia original do termo Ursal. O foco, assim, pode ser inteiramente colocado nas relações causais inexistentes que constituem a matéria-prima da "filosofia" do Brasil desses tempos e dos dossiês duvidosos que se convertem em um momento de riso durante um debate eleitoral.

PARA LER

As veias abertas da América Latina (Eduardo Galeano, 1971)

O livro é de 1971, mas em um prefácio para a edição mais recente, seu autor lamenta que a obra permaneça atual. Ainda que tivesse perdido a atualidade, o texto continuaria tendo seu valor por apresentar uma análise histórica da exploração econômica da América Latina desde a colonização europeia. Galeano concebeu a obra aos 30 e tantos anos de idade e foi perseguido por conta disso. Mais recentemente, em 2014, o autor avisou que não tornaria a ler a própria obra porque "a prosa da esquerda tradicional é chatíssima". Seja como for, nele constam os argumentos para justificar a criação de uma unidade ibero-americana.

PARA VER

Chapolin. *Livrai-nos dos metidos, Senhor! E livrai-nos também dos distraídos*
(Roberto Gómez Bolaños, Enrique Segoviano, 1973)

O episódio de número 34 da primeira temporada de Chapolin tenta nos oferecer uma caricatura da posição da América Latina diante das potências envolvidas na Guerra Fria. Nesse episódio, Dimitri Panzov quer se casar à força com uma moça latina. Para defendê-la, surge o Super Sam, um herói devidamente armado com um saco cheio de dólares. A população local rejeita tanto Panzov quanto Super Sam, preferindo ser representada pelo muito menos poderoso Chapolin, que ao menos é nosso e "pouca importa que seja baixinho".

CAPÍTULO 22

A LEI ROUANET NÃO É UMA MAMATA

FICÇÃO

A Lei Rouanet é uma mamata que dá a artistas acesso aos cofres públicos.

REALIDADE

A Lei Rouanet é um mecanismo de renúncia fiscal que permite que artistas captem recursos de empresas privadas.

Talvez o leitor se divirta ao saber que os autores deste livro já foram acusados de utilizar recursos da "Lei Renault" em suas humildes e caseiras produções audiovisuais. Em outros momentos, também nos vimos confrontados com a mamata de uma "Lei Renoir". Sabemos que nossas lágrimas e nossos risos diante de tais afirmações são de pouca importância, mas entendemos que Renault e Renoir dão uma dimensão da desinformação que cerca o principal mecanismo que o Brasil tem para incentivar a cultura.

Comecemos então pelo básico: a lei carrega o nome de Sérgio Paulo Rouanet, um diplomata, professor universitário e o responsável pela tradução da complexa obra do filósofo Walter Benjamin para o português brasileiro, que rendeu a ele a Medalha Goethe, concedida pelo governo alemão. Hoje, Rouanet ocupa a cadeira de número 34 da Academia Brasileira de Filosofia.

Rouanet exerceu o cargo de secretário de Cultura do presidente Fernando Collor de Melo. Nesta ocasião, ele foi o responsável pela criação da lei brasileira de incentivos fiscais à cultura, a Lei 8.313/91. Até que ela fosse aprovada e sancionada pelo presidente da República, Sérgio Paulo Rouanet enfrentou uma longa série de debates, entrevistas e discussões. Em todas essas ocasiões, reiterava sua disposição de conceber um mecanismo que considerasse equilibrado para incentivar a cultura brasileira.

Em agosto de 1991, ao ser sabatinado pelos jornalistas do programa *Roda Viva*, da TV Cultura, ele declarou: "A área cultural é extremamente heterogênea e existe uma variedade muito grande de situações. Alguns empreendimentos culturais podem ser medidos segundo parâmetros de mercado, outros simplesmente não são". O que Rouanet defendia nessa ocasião é que algumas coisas precisam existir independentemente da viabilidade de um mercado em torno delas: restaurar patrimônio histórico é necessário, ainda que não deixe ninguém rico, e manter vivas as tradições regionais por meio da literatura, do teatro ou da dança também é igualmente importante, embora talvez não o seja sob o ponto de vista estritamente econômico. Rouanet imaginou um mecanismo legal que permitisse ao Estado atuar nesses casos específicos, em que pouco ou nenhum mercado se interessa por uma obra ou trabalho, ainda que sejam de relevância para a sociedade.

A ideia de que a Lei Rouanet dá a um grupo seleto de artistas – aqueles aliados ao governo da ocasião – uma via de acesso direto aos cofres públicos é um equívoco do nosso tempo. Em 1991, quando debatia a iniciativa, a imprensa brasileira sabia descrever a Lei Rouanet nos seus próprios termos. Ao longo do tempo, as menções à Lei 8.313/91 se tornaram menos frequentes no noticiário. Voltaram apenas recentemente, em manchetes que relatam os discursos de quem acusa a lei de ser uma mamata.

Para aproveitar a "mamata" da Lei Rouanet, artistas precisam passar por um complexo processo burocrático em 6 etapas. A primeira delas é a proposta. É nesse momento que o artista inscreve o projeto que deseja ver aprovado para a captação de recursos. A segunda etapa é o parecer, emitido pelos avaliadores do Ministério da Cultura (hoje incorporado ao Ministério da Cidadania) num prazo de até 90 dias. Nela, o poder público se concentra apenas na regularidade do projeto e da documentação. Só depois do parecer é que vem o processo de aprovação que considera a relevância cultural do projeto. A aprovação não dá ao projeto inscrito nenhuma garantia de que os recursos virão. Se o projeto for bem-sucedido, o dinheiro só vem na etapa seguinte, a captação: é aí que os autores do projeto devem bater na porta de empresas e pessoas físicas solicitando recursos, que podem ser abatidos das respectivas declarações de imposto de renda. Com os recursos captados, resta executar o projeto e, numa última etapa, realizar a prestação de contas: apresentar planilhas e documentos provando como o dinheiro foi investido na iniciativa cultural em questão.

A descrição das etapas deve ser o suficiente para afastar a ideia, muito difundida, de que a Lei Rouanet permite que os artistas acessem o patrimônio público sem controle ou sem intermediários. Pelo contrário, o dinheiro repassado a eles vem de empresas e pessoas físicas, que são incentivadas a fazer isso na medida em que abatem esses valores de seus impostos. Empresas podem abater até 6% do imposto devido e pessoas físicas têm um limite menor, 4%.

Conceitualmente, é possível discutir por horas se o dinheiro obtido pelos artistas graças à Lei Rouanet é público ou não. Tecnicamente, é renúncia fiscal, um dinheiro que o Estado deixou de arrecadar. Como a legislação tributária brasileira é desafiadora até mesmo para os especialistas que se dedicam a ela, e como há outros mecanismos de renúncia fiscal que poderiam ser utilizados, existe sempre a hipótese de que as empresas e pessoas físicas contribuindo com projetos artísticos obtivessem os abatimentos nos impostos por outros meios e sem a Lei Rouanet. Não é exatamente dinheiro público, é dinheiro que *poderia* ser público, se o Estado assim quisesse. Mas, nesse caso, o Estado decidiu que o melhor seria deixar que o mercado e os indivíduos decidissem o que deve receber o dinheiro por meio da renúncia fiscal.

A sustentação de que a Lei Rouanet é uma mamata indiscriminada e inútil para o país impede o Brasil de observar seus verdadeiros problemas e consertá-los. Essa sustentação, sendo puramente ideológica, encontra seu antídoto nos dados: em 2015, 8.782 projetos foram analisados pelo Ministério da Cultura. Deles, 6.194 projetos foram aprovados, mas apenas 3.146 conseguiram captar recursos. Metade dos projetos aprovados não conseguiu captar nenhum dinheiro, e isso só aconteceu porque nenhuma empresa achou vantajoso apoiá-los. As empresas têm total liberdade para escolher que projetos devem e que projetos não devem receber recursos. Assim, a cultura que o Brasil produz corre o risco de se restringir à cultura que as grandes corporações querem que o Brasil produza. Grandes empresas costumam ter grandes interesses em jogo. Além das vantagens tributárias, há vantagens comunicacionais: apoiar um projeto cultural popular e bem-sucedido é marketing. É bastante razoável esperar que as empresas permitam que seus departamentos de marketing participem das decisões na hora de escolher um projeto cultural a ser apoiado.

Com tantos interesses corporativos em jogo, sobra pouca margem para atender os interesses da cultura nacional. Em 2015, 79% dos recursos captados pela Lei Rouanet foram utilizados em projetos na região Sudeste do Brasil. Foi assim porque as grandes empresas que disponibilizaram os recursos quiseram que fosse: grandes empresas financiam grandes projetos de grandes artistas em grandes centros urbanos. Quando tudo em volta é grande, o pequeno tende a ser esmagado; essa é a verdadeira fragilidade da Lei Rouanet, atestada pelos dados do próprio Governo Federal.

A grande liberdade proporcionada às empresas pela Lei Rouanet invalida outra rejeição à lei. Quando moralistas se sentem horrorizados por uma peça de teatro com nu frontal ou quando uma escultura fálica penetra nos pudores dos mais religiosos, o Estado é responsabilizado pela suposta indecência. O que essa gente parece não saber é que nem nu frontal e nem escultura fálica existiriam se as empresas não quisessem – é como funciona a Lei Rouanet.

Sérgio Paulo Rouanet quis para a cultura brasileira um mecanismo de incentivo situado entre dois polos distintos. Naquela mesma entrevista ao *Roda Viva*, ele disse: "Conceitualmente, é possível pensar em dois modelos extremos: de um lado, uma relação cultura-estado em que a cultura é inteiramente absorvida pelo Estado e funciona para a glória do príncipe, como era no tempo dos Estados Absolutistas (...) E, no outro extremo um estado *laissez-faire*, que acha que não tem que intervir nem para o bem e nem para o mal na cultura. Nossa visão se situa entre esses dois extremos". Criada com declaradas pretensões centristas, a lei hoje é vista como mais uma entre muitas abominações esquerdistas na legislação brasileira, embora na prática a decisão de investimento cultural centrada nos interesses do mercado não tenha nada a ver com a esquerda tradicional.

Em abril de 2019, o Governo Federal anunciou um *rebranding* da Lei Rouanet. Ao saber que o tal *rebranding* incluiria uma possível mudança no nome da lei, Sérgio Paulo Rouanet se mostrou satisfeito. "É um grande alívio", disse ele ao jornal O Globo.

PARA VER

Roda Viva com Sérgio Paulo Rouanet (TV Cultura, 1991)

A já mencionada entrevista de Sérgio Paulo Rouanet segue útil como um documento histórico, atestando o posicionamento, as inspirações e as intenções do então secretário de Cultura. Lá ouviremos Rouanet dizer que no Brasil "não existe uma tradição de mecenato, como existe nos Estados Unidos". A frase e a escolha do parâmetro de comparação estabelecido dentro dela mostram que Rouanet, mais do que proporcionar aos artistas o acesso à mamata pública, via o Estado como um mediador entre os interesses das corporações e da cultura a ser financiada por elas. A entrevista está disponível on-line, embora o número de visualizações (cerca de 4 mil, no momento em que este livro era redigido) sugira que há mais interesse pela crítica rasteira da lei do que pela realidade histórica dela.

PARA JOGAR

Limbo (PlayDead, 2010)

Limbo é o título de estreia da desenvolvedora dinamarquesa PlayDead. O jogo foi lançado em julho de 2010 e venceu uma série de prêmios nos meses que se seguiram ao lançamento. Com forte presença nas listas de lançamentos mais importantes daquele ano, o jogo daria novos estímulos às desenvolvedoras independentes, ainda tratadas como uma novidade nessa indústria. Realizando projetos menores e muitas vezes atrelados a um princípio de representatividade cultural, os desenvolvedores independentes expandiram a compreensão dos videogames em termos de mídia e arte. Limbo é um marco desse movimento, e não existiria se não recebesse subsídios do governo dinamarquês. No ano seguinte, 2011, o US National Endowment for the Arts, órgão que define como os Estados Unidos podem utilizar seus recursos públicos para estimular a cultura, passou a considerar os videogames uma forma de arte e, desde então, desenvolvedores podem recorrer ao NEA para financiar seus projetos.

CAPÍTULO 23

UNIVERSIDADES PÚBLICAS PRODUZEM PESQUISA, MUITA PESQUISA

FICÇÃO
As universidades públicas brasileiras não realizam pesquisas.

REALIDADE
Quase toda pesquisa científica realizada no Brasil
vem das universidades públicas.

A um observador devidamente doutrinado na leitura ideológico-ficcional do Brasil do século XXI, a ideia de que as universidades públicas são dispensáveis parecerá indiscutível. Já para um observador apenas incauto, concentrado demais nas manchetes políticas, a noção de que as universidades públicas são preguiçosas e constituem verdadeiros ralos por onde escorre o dinheiro do contribuinte parecerá uma invenção parida dentro de discursos políticos que apenas recentemente ganharam o chamado *mainstream*. Um brasileiro atento – e *atenção* aqui presume a percepção de que uma construção ideológica precedeu a desconstrução política – saberá reconhecer que toda rejeição à universidade pública começa com o termo *"establishment* acadêmico", formulado com o desdém de alguém que não conseguiu ser aceito por tal *"establishment"*.

O caminho entre a ideologia e a política pública não foi curto, mas já estava praticamente trilhado quando o presidente do Brasil disse em uma entrevista que universidades públicas, em geral, não se dedicam à pesquisa: "Nas universidades, você vai na questão da pesquisa, você não tem! Poucas universidades têm pesquisa, e, dessas poucas, a grande parte tá na iniciativa privada". A declaração não encontra respaldo factual nem mesmo nos dados do próprio governo, e só pode ser feita porque encontra em torno de si um ambiente propício, ideologicamente preparado pelo repúdio ao tal "*establishment* acadêmico".

A Capes é a Coordenação de Aperfeiçoamento de Pessoal de Nível Superior, uma fundação vinculada ao Ministério da Educação. Sua função permanente é a análise dos programas de pós-graduação em todo o Brasil. Ela é quem determina se um programa de mestrado ou doutorado é digno do nome – portanto, tem a legitimidade necessária para levantar dados a respeito da pesquisa acadêmica no país. Em 2016, exercendo essa legitimidade, a Capes contratou a Clarivate Analytics, uma empresa especializada na coleta de dados sobre pesquisas e patentes, para entender como andava a ciência brasileira. Resultado: das 20 universidades que mais produziram pesquisas entre os anos 2011 e 2016, 15 eram federais, 5 eram estaduais. Todas eram públicas. Não é surpresa que o presidente tenha se esquecido de mencionar os dados – é comum que discursos políticos ignorem a realidade imediata, ganhando margem para priorizar o interesse prático e o viés ideológico a que se dedicam. Surpreendente mesmo é que o governante se permita afirmar o exato oposto do que afirma o governo. Há aqui uma discrepância que só pode ser tolerada porque a ideologia que nega o "*establishment* acadêmico" veio antes, preparando o terreno.

Estivesse livre do viés e desobrigado do esforço de negar os próprios dados, o governo se veria diante de outros problemas: os dados levantados pela Clarivate Analytics a pedido da Capes mostraram uma grave disparidade entre as regiões brasileiras, com ampla vantagem para o Sudeste: era nessa região que estavam 11 daquelas 20 universidades que lideravam o ranking da produção de pesquisas. Outras 5 estavam na região Sul, 2 no Nordeste e outras 2 no Centro-Oeste. Trabalhar para diminuir as disparidades observadas pela Clarivate Analytics seria apenas racional, mas não se pode resolver problemas reais quando se está ocupado combatendo inimigos imaginários. E é esse o prejuízo que a introdução do conceito de "*establishment* acadêmico" traz ao Brasil e até a seus governantes: projetando ameaças inexistentes, a simples menção do conceito define as políticas públicas para a área da educação enquanto faz com que nossos problemas reais sejam ignorados.

O termo inglês "*establishment*" refere-se à ordem ideológica, econômica, política ou cultural dentro da qual determinados grupos operam. Estar fora do *establishment*, assim, é o equivalente a estar marginalizado. Considerando-se tudo, é inevitável perceber que o grande ideólogo do Brasil de nossos dias se fez à margem. Necessário que tenha sido assim, uma vez que, antes de ideólogo, lidava com tradições ocultistas, astrologia e todo tipo de matéria que, por rigor e preservação da credibilidade, o tal "*establishment* acadêmico" deve observar com cautela.

Apartado da academia, o ideólogo se viu obrigado a explicar tal apartamento. A explicação é bastante simples: "O *establishment* acadêmico brasileiro é 100% uma farsa grotesca — milhares de semianalfabetos se fazendo de intelectuais". Sendo, segundo sua própria avaliação, um intelectual de verdade, o ideólogo não precisa da academia. Nem ele nem seus discípulos que, se ouvissem professores devidamente titulados, se afastariam do mestre, com mais prejuízo para o segundo que para os primeiros.

Inicialmente restrito a um círculo ideológico pequeno e radicalizado, o repúdio ao "*establishment* acadêmico" foi se normalizando pouco a pouco. Em 2008, o jornalista Reinaldo Azevedo — que mais tarde faria suas reservas ao Brasil bolsonarista — usou seu espaço na revista *Veja* para escrever: "Há mais comunistas na universidade brasileira do quem em Pequim". A constatação de Azevedo estava embasada na correspondência de um leitor, indignado com um curso de extensão chamado "Educação contra o Capital", na Universidade Estadual de Maringá. O curso era ministrado por um professor chamado Ivo Tonet. Em que pese não ter antecipado a rejeição que o título do curso provocaria, Tonet, munido de uma graduação em Letras, um mestrado em Filosofia e um doutorado em Educação, tinha o direito e até a obrigação de lecionar. Azevedo, por sua vez, contribuiu — provavelmente sem saber — para a normalização do macartismo tardio e tropical do ideólogo, com o agravante de direcionar os danos provocados por tal doutrina às únicas instituições que poderiam contrapô-la.

O estardalhaço contra o curso de extensão de Ivo Tonet e outros tantos casos parecidos ajudaram a rejeição ao "*establishment* acadêmico" a fazer seu caminho dos obscuros seminários de "filosofia" aos palácios. Denúncias como a de Azevedo contra Tonet ajudaram a fazer parecer real outra acusação frequente contra a academia brasileira – a de que o país se concentra nas ciências humanas, prejudicando outras áreas, frequentemente vistas como prioritárias. É fácil de perceber como essa noção se construiu: uma pesquisa bem-sucedida sobre solos têm menos chance de ser comentada por um articulista como Azevedo que um curso de extensão com título sugestivamente marxista. Na medida em que priorizava esse tipo de notícia sobre a academia – um tipo polarizador, polêmico e digno de muitos cliques –, a imprensa tradicional ajudava a fixar na imagem das universidades brasileiras um gosto exclusivo pelas humanidades que elas nunca tiveram. Essa, aliás, é outra noção que encontra no viés ideológico o amparo que não encontra nos dados. No levantamento de 2016, a Clarivate Analytics atestou que Agricultura, Medicina e Física eram as áreas com mais pesquisas realizadas pelas universidades brasileiras.

Ou seja: a universidade pública se dedica, sobretudo, à pesquisa daquilo que é mais relevante para a economia do país. Em 2017, ano seguinte ao levantamento da Clarivate Analytics, a agricultura contribuiria com 23,5% do PIB do país, a maior participação em 13 anos. Seria lógico e racional continuar investindo em pesquisa, com a certeza de que tais investimentos geram novos resultados econômicos. Mas a ideologia – contrariando lógica e racionalidade – recomenda ao governo muita cautela com os investimentos nas universidades: pode haver comunistas lá! E, evitando de maneira quixotesca que o orçamento federal caia em mãos vermelhas, o governo subtrai cada vez mais recursos da ciência brasileira: em 2015, o Brasil tinha 10,7 bilhões de reais para investir em ciência. Em 2019, a fatia do orçamento destinado à pesquisa científica caiu para 3,7 bilhões.

É óbvio que há muitas razões por trás dos cortes – a realidade econômica de uma prolongada recessão se impõe –, mas não se deve ignorar a base ideológica que permitiu ao Brasil bolsonarista radicalizar uma tendência pré-existente de cortes na ciência. Ignorá-la é perigoso porque, sempre que acreditamos que a radicalização já produziu seus piores fenômenos, temos novas surpresas negativas. O que começou com o desdém de um filósofo marginal contra o "*establishment* acadêmico", hoje é pura hostilidade não só contra academia, mas também contra a ciência. Era previsível que a primeira manifestação a tomar as ruas contra um governo que hostiliza a educação pública superior fosse formada por estudantes.

É em suas iniciativas contra o ensino das humanidades que o caráter persecutório da rejeição *ao establishment* acadêmico concentra os esforços. Dentro da visão conspiratória que justifica a perseguição, esse esforço faz sentido: afinal, é nas humanas que estão instalados todos aqueles comunistas que provocam tanto dano contra a sociedade. Parte deles toda a "balbúrdia" que, propositalmente indefinida, pode se manifestar de diversas formas. Ela pode estar na festinha do centro acadêmico, mas também pode estar em uma manifestação de rua contra o governo. Natural que o governante tente nos convencer de que, muito mais importante que o estudo das humanidades, é o "curso de consertar geladeira" que ele fez e que nem foi tão difícil assim. Aqui, fica estabelecido que, ao contrário da geladeira, as humanidades não servem para nada. A comparação é reveladora, como apontou Jean Pierre Chauvin, professor de Cultura e Literatura Brasileira, no Jornal da USP: "Reduzir o conhecimento ao utilitarismo acrítico; avaliá-lo estritamente, conforme a maior ou menor aplicabilidade ou rentabilidade financeira anunciada pelo diploma, parecem ser sintomas de uma mentalidade megaindividualista". Em tempo: consertar geladeiras é uma função muito importante, e uma habilidade muito útil para a sociedade. No entanto, se for tudo o que vamos estudar, é bom que saibamos consertar muito bem as geladeiras que temos, porque rapidamente perderemos a capacidade de produzir quaisquer novos aparelhos, pois não haverá engenheiros para criá-los, médicos para salvar a vida dos engenheiros ou professores para formá-los como cidadãos, assim sucessivamente.

Pois é por subestimar as humanidades que esse megaindividualismo identificado por Chauvin trabalha contra os próprios interesses. Sabemos disso desde 1978, quando Herbet Simon ganhou o Nobel de Economia demonstrando que as corporações privadas e os governos mais bem-sucedidos do planeta têm algo em comum: um tipo de governança disposto a se nortear pelo conhecimento adquirido a respeito dos mecanismos cognitivos, comunicacionais, sociais e políticos envolvidos nos processos de decisão. Em linhas gerais, o trabalho de Simon sugere que não é possível que corporações e governos obtenham qualquer sucesso no âmbito econômico sem que antes sejam bem-sucedidos em suas respectivas governanças institucionais. A qualidade da governança depende da aplicação eficiente daquele conjunto de conhecimentos guardados justamente – e quem diria! – nas humanidades. Aqui, compreendemos que, se esse conjunto de saberes pode não ser capaz de consertar o motor da geladeira, ele se mostra indispensável para regrar o longo processo que começa na concepção da geladeira como produto, passa por sua fabricação e comercialização e deságua naquela eventual necessidade de assistência técnica. Não por acaso, 34 das 100 companhias que encabeçam o Financial Times Stock Exchange, um índice que reúne os melhores desempenhos do mercado financeiro, têm representantes das humanidades atuando como CEOs. Nos Estados Unidos, uma pesquisa realizada em 2012 constatou que 60% das pessoas encarregadas de chefiar departamentos de engenharia de produção tinham formação em humanas. No setor público, há outros exemplos. Basta olhar para os parlamentarismos mais tradicionais do mundo. Na Inglaterra, 65% dos membros do Parlamento vêm da área de humanas. Todos esses dados foram reunidos pelo 4Humanities, um coletivo que congrega representantes de universidades dos Estados Unidos, Canadá, Inglaterra e Austrália. Desde 2010, o coletivo faz da defesa das humanidades sua causa e bandeira. O Brasil é a prova de que esse tipo de ativismo será cada vez mais necessário.

Por aqui, uma semana depois do presidente da República afirmar que universidades públicas não realizam pesquisas, Luciano Hang, o influente e bem-sucedido apoiador do bolsonarismo, foi além: "As universidades federais destruíram esse país", abrindo caminho para novas hostilidades e talvez até para um perigoso sentimento de vingança: afinal, o que você faria com essas instituições que supostamente destruíram seu país?

Ainda há margem para radicalizar o discurso contra a academia. E, quando não houver mais margem para radicalizar o discurso, haverá a possibilidade de que ele se degenere em violência pura e simples. Se no futuro houver universidades, esta provavelmente será uma época digna de estudo – daqueles que se faz "para que isso nunca mais se repita".

PARA LER

Anti-intelectualismo nos Estados Unidos (Richard Hofstadter, 1963)

Este livro foi lançado em 1963 e recebeu um prêmio Pulitzer em 1964. Nele, o autor trata do que considera ser uma "tensão histórica" entre o acesso à educação e excelência em educação. Hofstadter nos ajuda a compreender como a democratização da educação redireciona seus propósitos. Nesse sentido, o anti-intelectualismo e até mesmo aquele utilitarismo, manifestado no Brasil do presente como a pretensa superioridade do curso de manutenção de eletrodomésticos sobre o conjunto das ciências humanas, aparecem como uma reação à democratização da educação.

PARA VER

Idiocracia (Mike Judge, 2006)

Esta comédia conta a história de Joe Bowers, que foi selecionado como cobaia em um experimento militar secreto e permaneceu em hibernação por quinhentos anos. A sociedade que Bowers encontra em 2505 se define pela "idiocracia" que aparece no título: a tecnologia ainda está lá e todos recorrem a ela para praticamente tudo. É um conjunto de conhecimentos perdidos e ignorados que faz com que a idiocracia de 2505 seja digna do nome. Agora tente adivinhar que conjunto de conhecimentos é esse. Dica: desaparecido no futuro, ele costuma ser subestimado no presente.

CAPÍTULO 24

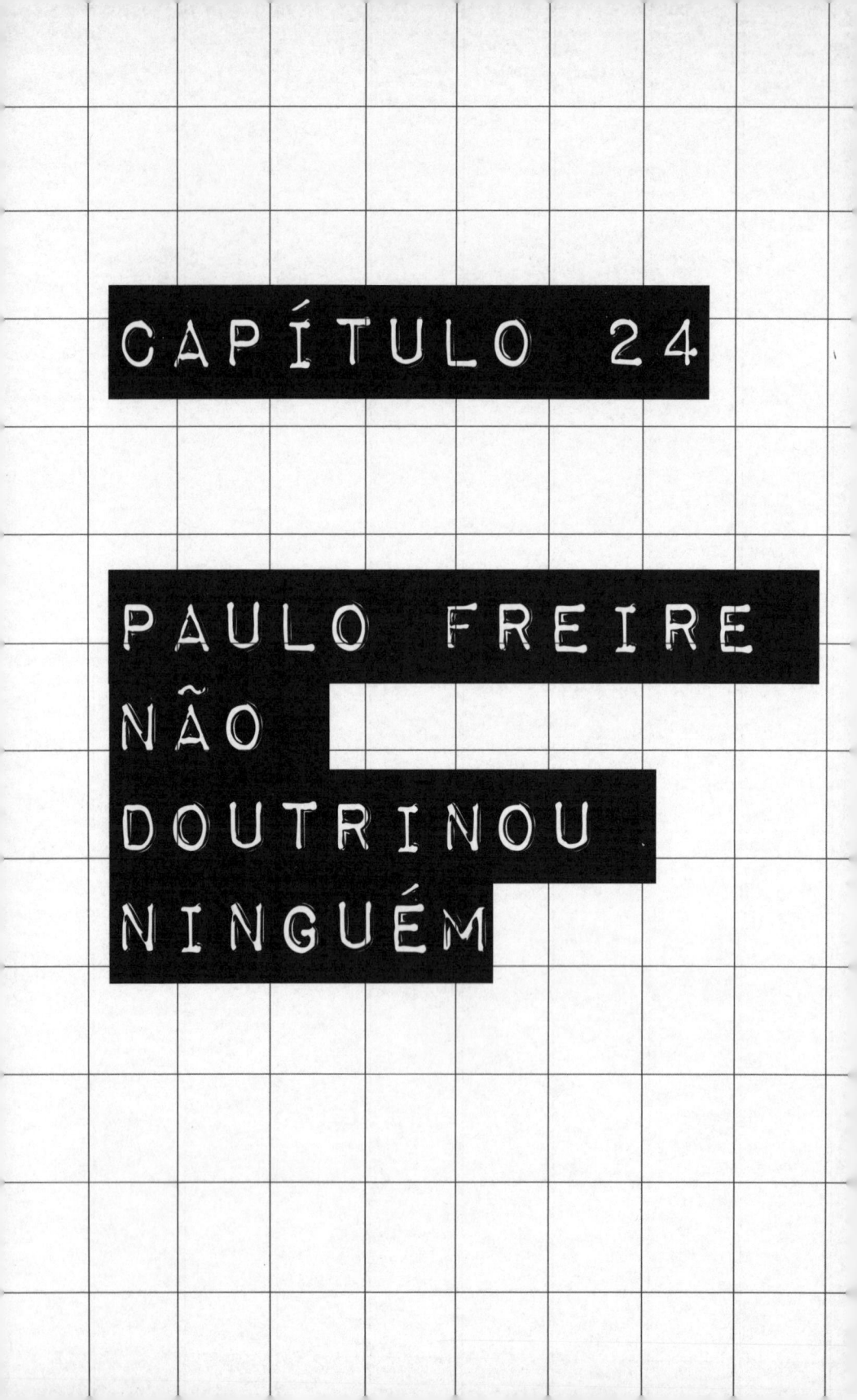

PAULO FREIRE NÃO DOUTRINOU NINGUÉM

FICÇÃO

Paulo Freire é culpado pelos péssimos resultados da educação brasileira.

REALIDADE

O Brasil é culpado por nunca ter levado Paulo Freire suficientemente a sério.

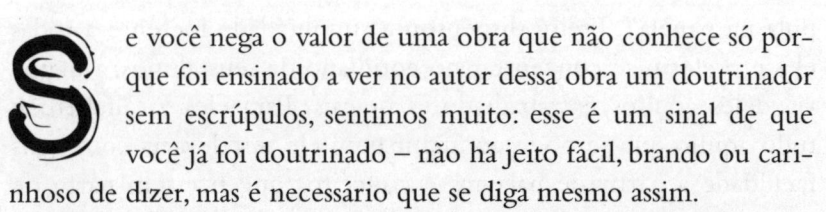

Se você nega o valor de uma obra que não conhece só porque foi ensinado a ver no autor dessa obra um doutrinador sem escrúpulos, sentimos muito: esse é um sinal de que você já foi doutrinado – não há jeito fácil, brando ou carinhoso de dizer, mas é necessário que se diga mesmo assim.

Uma doutrinação eficiente tem como objetivo limitar as interações intelectuais de uma pessoa, evitando que ela faça contato com diferentes saberes e, assim, absorva tudo de uma única pretensa fonte de conhecimento. Essa fonte, claro, se beneficiará da lealdade cega conquistada por meio da doutrinação. Paulo Freire, ao nos conscientizar da importância da liberdade do aluno, se contrapõe de maneira frontal a esse processo. O desvio ideológico necessário para acreditar que sua obra é usada para doutrinar alunos do país todo é certamente impressionante.

Quando dizemos que santo de casa não faz milagre, estamos possivelmente referenciando a Bíblia. É no livro de Marcos que Cristo pergunta: "É somente em sua própria terra, junto aos seus parentes e em sua própria casa, que um profeta não é devidamente honrado?". É inevitável perceber a semelhança entre o questionamento retórico de Jesus e o provérbio que usamos hoje.

A biografia de Paulo Freire radicaliza o provérbio: o santo de casa, além de ter sido proibido de operar seus milagres na terra natal, é também convertido em demônio. Dispensando tal tratamento a seu maior educador, o Brasil certamente produziu mais danos contra si mesmo do que contra ele, sua obra e seus milagres.

Ouvimos falar de Paulo Freire pela primeira vez em 1963. Naquele ano, ele se dedicou a um experimento que chamou de "40 horas de Angicos". Angicos é uma pequena cidade, hoje com pouco mais de 10 mil habitantes, localizada na região central do Rio Grande do Norte. Quarenta horas era o prazo que Paulo Freire se concederia para alfabetizar 300 pessoas. A meta ambiciosa foi atingida.

O sucesso dessa primeira experiência pode ser atribuído, sem nenhum risco de cair na pieguice, ao poder de empatia do educador. Tradicionalmente, seguindo a lógica, o processo de alfabetização recorre a frases de estrutura semântica, sintática e fonética muito simples, como "vovô viu a uva", "o avião voa" e "pipoca pula na panela". Freire dispensou a simplicidade inerente a todas elas e preferiu se concentrar no cotidiano de seus alunos, a maioria deles adultos e trabalhadores braçais. Para eles, o alfabeto e tudo aquilo que se pode construir com ele se relevaria com mais facilidade a partir de palavras e conceitos que fizessem parte de seu cotidiano: o agricultor aprenderia a grafar "cana", "enxada", "terra" e "colheita"; o servente de pedreiro deveria se virar com as letras de "tijolo", "cimento", "madeira" ou "viga". Freire chamou esses termos, cuidadosamente escolhidos dentro da realidade de cada aluno, de *palavras geradoras*. Na medida em que o aluno decodificava os fonemas de cada uma das palavras geradoras, ele poderia usar esses mesmos fonemas para construir novas palavras e ampliar seu repertório.

Em Angicos, já transparecia a beleza que permearia toda a obra do educador. Na concepção freireana, o professor precisaria ser um observador empático do aluno, de suas necessidades e de seu contexto.

A partir desse diálogo empático, surgiram em Freire as mais variadas constatações a respeito da condição social de cada um de seus alunos e suas duras realidades. Abre-se aqui a primeira brecha para pintar o pedagogo como um mero doutrinador. Ao mesmo tempo, abre-se a oportunidade para imaginar novas e produtivas possibilidades na relação entre aluno e professor.

No experimento de Angicos, Freire, rejeitando a verticalidade nas interações entre aquele que educa e aquele que é educado (justamente o contrário da doutrinação), obteve resultados com os quais a "educação bancária" jamais poderia sonhar. "Educação bancária" foi a maneira que Freire encontrou para descrever a educação hierarquizada em que o professor apenas deposita no aluno o conhecimento, sem instruí-lo a respeito das possibilidades abertas por seu valor.

Com os resultados obtidos no Rio Grande do Norte, o método de Paulo Freire parecia ter um futuro promissor pela frente. Certamente não faltariam alunos, já que, no Brasil dos anos 1960, 39% da população era analfabeta.

O governo, liderado por João Goulart, abriu espaço para que a experiência de Angicos fosse multiplicada: professores seriam treinados no método e implantariam 20 mil núcleos de ensino estrategicamente espalhados pelo território nacional. Em 1964, vários desses núcleos já estavam funcionando. Nesse mesmo ano, os militares tomaram o poder e determinaram o fim da iniciativa, já batizada de Plano Nacional de Alfabetização. Mais de vinte anos depois, quando a ditadura terminou, o Brasil ainda tinha 33% de analfabetos em sua população. Hoje, são 7%, e os maiores avanços foram feitos justamente durante os governos civis.

Todos os dados sugerem que o combate ao analfabetismo não era exatamente uma prioridade dos militares – mas sim o combate a Paulo Freire. Em 1964, um inquérito foi aberto contra o pedagogo, apontado como "um dos maiores responsáveis pela subversão imediata dos menos favorecidos" e também como "criptocomunista encapuçado sob a forma de alfabetizador". A experiência de Angicos foi definida como "uma extraordinária tarefa marxista de politização". O texto final do inquérito era assinado pelo tenente-coronel Hélio Ibiapina Lima que, em 2011, seria acusado pelo relatório da

Comissão Nacional da Verdade por violar direitos humanos e cometer crimes durante o regime militar.

Perseguido, Freire optou pelo exílio. Foram quinze anos de andanças por diferentes países, como Bolívia, Chile, Estados Unidos e Suíça. Em todos eles, Freire continuou produzindo. No Chile, finalizou sua obra mais conhecida: *Pedagogia do oprimido*. Mais tarde, embasaria o campo da Pedagogia Crítica, uma filosofia educacional destinada a ajudar estudantes a desenvolverem consciência de liberdade e a reconhecer tendências autoritárias. No exterior, Freire recebeu o reconhecimento que o Brasil não soube lhe oferecer: 48 títulos de doutor *honoris causa* e uma indicação ao Nobel da Paz. É o intelectual brasileiro mais citado em artigos acadêmicos e obras em todo o mundo.

Para algumas pessoas, no entanto, nada disso torna Freire digno do título de Patrono da Educação Brasileira, honra concedida postumamente, em 2012. Na ocasião, o método de Freire foi acusado de não ter reduzido o analfabetismo em lugar nenhum, nem no Brasil, o mesmo país que criminalizou o método e o perseguiu.

Por mais que pareça surreal, a acusação não é irracional. Há aí uma ficção engenhosamente estruturada: primeiro, Paulo Freire é vendido como um doutrinador com ampla atuação na educação do país desde sempre. Depois, é apontado como o responsável pelo fracasso do Brasil em combater o analfabetismo, isso justamente no período em que era perseguido. Assim, nossa atenção é desviada do pouco-caso que os militares fizeram do grave problema do analfabetismo, protegendo aquela fabulação do passado da ditadura militar na qual o Brasil distópico do século XXI frequentemente busca inspiração.

O golpe de mestre está sendo desferido agora mesmo: quando o maior educador brasileiro passa a ser visto como doutrinador sem escrúpulos, cria-se ampla margem para sustentar a ideia de que o Brasil tem uma educação construída à imagem e semelhança do Paulo Freire ficcional: doutrinadora, inescrupulosa e, portanto, passível de ser saneada e reestruturada. Devemos nos perguntar o que há na educação para a liberdade e pensamento crítico que incomoda tanto a política vigente: a quem interessa que a população mais necessitada não saiba ler e escrever? E a que serve uma massa de estudantes que não pensem em formas de educação empáticas e transformadoras? E o mais importante: quem são os verdadeiros doutrinadores? São aqueles que enaltecem as nossas liberdades e autonomias, ou aqueles que sugerem banir autores dos quais discordam?

PARA LER

Educação como prática de liberdade (Paulo Freire, 1967)

Há muitas portas de entrada para a obra de Paulo Freire. *Educação como prática de liberdade*, seu texto de estreia, escrito durante o exílio no Chile, certamente é uma delas – e também o livro no qual este capítulo se apoia em grande parte. Aqui, encontramos não apenas as considerações de Freire sobre a alfabetização de adultos, mas também informações sobre sua biografia e suas motivações para fazer o que fez e viver como viveu. É nesta obra que somos confrontados com a dura realidade de que alguns existem mais do que outros. Existir, para Paulo Freire, é mais do que estar: é decidir, participar, interagir com o mundo. Também é aqui que Paulo Freire nos apresenta seu conceito de "homem simples", que, talvez o leitor saiba, é muito caro a um dos autores deste livro. O homem simples descrito nesta obra é alguém "convertido em espectador" e "dirigido pelo poder dos mitos"; uma condição muito pouco favorável da qual é desejável escapar. Felizmente, a rota de fuga fica clara já no título: é a educação que nos equipa para existir de maneira plena, superando aquela condição reservada ao homem simples e permitindo que ele pratique a liberdade que se confunde com o próprio direito de existir.

PARA VER

Paulo Freire contemporâneo (Moacir Gadotti, 2006)

O documentário de 2007, realizado para a TV Escola, retoma a primeira experiência de Paulo Freire na alfabetização de adultos. O trabalho resgata em materiais de arquivo depoimentos do próprio Paulo Freire e também registra testemunhos das pessoas que viveram a experiência de Angicos. No mesmo filme, conhecemos exemplos mais atuais de como o conjunto de métodos pedagógicos vem sendo aplicado. O destaque aqui é para a variedade de exemplos que denotam a versatilidade da obra de Freire: vemos que o autor é útil tanto a uma catadora de lixo sendo tardiamente alfabetizada quanto a estudantes de um curso de enfermagem que buscavam uma forma mais próxima de lidar com os pacientes.

PARA JOGAR

Super Mario World (Nintendo, 1990)

Todo jogo precisa ensinar seu jogador a interagir com ele. A julgar pela presença massiva de longos tutoriais nas obras mais recentes, a pedagogia poderia ter uma influência muito positiva no desenvolvimento de jogos. *Super Mario World*, de 1991, como muitos de seus contemporâneos, não tinha um tutorial. Aqui, o aprendizado sobre o jogo ocorre de maneira organizada dentro do próprio jogo. As fases de *Super Mario World* estão espalhadas em um grande mapa: esse mapa organiza os desafios em categorias diferentes, mas não impõe uma ordem para quem os enfrenta, preservando uma certa autonomia para que o jogador domine os fundamentos do jogo da maneira que lhe parecer mais apropriada. Organizado desta forma, o jogo recompensa a curiosidade dos jogadores: quem explorar as diferentes fases, buscando seus caminhos alternativos, encontrará uma rota até o final que exigirá menos da habilidade técnica. Mora neste jogo um exemplo sólido de como a criatividade, utilizada de maneira livre e autônoma, pode ser útil a qualquer tipo de aprendizado na medida em que permite a busca de soluções alternativas e que demandem menos recursos. Os princípios colocados em *Super Mario World* se relacionam com *Pedagogia da autonomia*, a última obra que Paulo Freire publicou em vida. Nós até fizemos um vídeo explorando de maneira autônoma e criativa essa relação entre a pedagogia e o jogo. Você pode ver, mas só se você quiser.

DEPOIS DE TUDO, VOCÊ

Não resta dúvidas: um problema desse momento histórico é o uso radical da mentira como ferramenta política. Deram a isso um nome muito conveniente: pós-verdade. Outro problema que caracteriza nossos tempos é a tendência das mídias sociais em nos isolar em bolhas que nos protegem de qualquer divergência. Separadamente, cada um desses dois problemas poderia ser vencido com facilidade, mas juntos eles são imbatíveis: primeiro, o idiota é capturado pela mentira e depois é aprisionado com ela dentro da bolha.

Como a bolha é uma prisão confortável, o idiota não reclama. Pelo contrário: percebendo que suas convicções (ainda que embasadas naquela mentira inicial) são reforçadas, ele as radicaliza. Isso eleva a mentira a um novo patamar: o idiota cria para si uma ficção que inevitavelmente vai afetar a realidade – a dele e a dos outros.

Nas décadas em que o aparato comunicacional que possibilita este cenário estava em ascensão, todos víamos a internet com ingenuidade e otimismo. Ou quase todos. Talvez o leitor já tenha ouvido falar de Terry Pratchett, o muito bem-sucedido autor de ficção responsável pela série *Discworld*. Foi Pratchett, que também atuou como jornalista, quem levantou em 1995 a possibilidade de que desinformação e teorias conspiratórias, como as que vimos neste livro, estariam em ascensão nas décadas seguintes: "Imagine que eu [...] decidisse promover uma declaração espúria segundo a qual os judeus são inteiramente responsáveis pela Segunda Guerra Mundial e que o holocausto não aconteceu [...] Isso é divulgado na internet e fica disponível nos mesmos termos que qualquer pesquisa histórica feita por um historiador e revisada por seus pares [...] Existe uma espécie de paridade na confiabilidade das informações na rede. Tudo está lá e não há como descobrir se o material tem fundamento ou se acaba de ser inventado por alguém".

A previsão de Pratchett foi feita diante de Bill Gates, seu entrevistado na ocasião. Gates fez um contraponto: "Teremos autoridades na rede, e se esse artigo estiver indexado por essas autoridades, então isso significará alguma coisa. [...] As possibilidades de checar a credibilidade de alguém serão mais sofisticadas na rede que nos meios impressos". Antes de avançar, consideremos que Bill Gates está pessoal e economicamente investido em tecnologia, enquanto Pratchett está no negócio de extrapolar os efeitos sociais das tecnologias e imaginar suas consequências.

Em maio de 2019, essa história foi resgatada por Marc Burrows, jornalista que prepara uma biografia de Terry Pratchett. Burrows fotografou a publicação impressa em que a entrevista foi originalmente publicada e divulgou a foto no Twitter. Mais de 10 mil pessoas ajudaram a espalhar a mensagem de Pratchett, o que atraiu a atenção da imprensa. Há uma reportagem sobre a descoberta de Burrows no *The Guardian*. Lá, Burrows apresenta a ironia da coisa: "Quase ninguém me perguntou se a frase que alertava para o perigo de espalhar notícias falsas na internet era real [...] Era só uma foto de um texto numa revista velha que eu poderia facilmente ter falsificado. Todo mundo aceitou minha palavra".

A previsão feita por Pratchett – que, sim, era verdadeira – ganhava nova confirmação com o tweet de Burrows: milhares de pessoas emitiam respostas enaltecendo a esperteza de Pratchett e ajudavam a espalhar uma mensagem cuja origem desconheciam. Não se fizeram presentes aqueles sofisticados mecanismos de checagem previstos por Bill Gates na mesma entrevista. O maior aparato comunicacional da história da humanidade está em nossas mãos e podemos usá-lo como bem entendermos, por conta e risco. E como nós usamos!

Não era o caso de Burrows, felizmente, mas o fato é que há alguns entre nós mentindo deliberadamente para fazer valer suas opiniões. Foi assim desde sempre, mas a internet reforça tal tendência porque, dentro dela, as discussões acontecem em público e todos nos comportamos de maneira diferente quando sabemos que estamos sendo observados por nossos pares. Queremos alguma validação; qualquer sinal de que estamos certos e de que somos superiores ao que quer que estejamos tentando contrapor: com *likes*, RTs e coraçõezinhos, as redes nos permitem inclusive mensurar essa validação. Qualquer brasileiro que sobreviveu ao Orkut sabe a dor e a delícia de ser avaliado numericamente em seu nível de sensualidade pelos seus novos amigos em rede. Daí para a frente, foi só ladeira abaixo.

É viciante e, ao que tudo indica, foi feito para ser assim. Esse é o alerta que consta em *Dez argumentos para você deletar agora suas redes sociais*, obra de Jaron Lanier, um pioneiro do Vale do Silício. Lanier é uma das pessoas por trás de uma invenção que seria mais tarde convertida na Nintendo Power Glove; trabalhou também na Atari e é considerado um dos pais da realidade virtual. Mas para Lanier, a fantasia utópica que marcou a fundação da internet não considerou devidamente os efeitos do que viria a seguir. Todo o sonho de um ambiente comunicacional livre e horizontal, em que todos pudessem falar para todos, mascarou as forças e atores que controlam as novas formas de comunicação de massa e em massa. Para Lanier, esse ímpeto de validação que está embutido no algoritmo da rede é o que faz com que nos transformemos em babacas: quando a realidade factual vira um obstáculo entre nós e a satisfação daquela necessidade de validação, nós nunca hesitamos em combatê-la.

Desta forma, se aderirmos a uma visão superconspiratória do mundo e obtemos validação pessoal divulgando seus elementos conspiratórios, teremos pouco ou nenhum incentivo para buscar uma reconciliação com a realidade. O mesmo vale para os momentos em que a mentira nos pega desprevenidos: se o tweet de Burrows fosse mesmo uma falsificação do passado de Terry Pratchett e de Bill Gates, quantas das 10 mil pessoas que o passaram adiante se retratariam? Também poderíamos nos perguntar quantos entre os propagadores do medo do globalismo se retratariam depois de descobrir que se trata de uma teoria conspiratória que inclui elementos tão ridículos quanto uma "Religião Biônica Mundial" e uma entidade secreta chamada "O Consórcio". Em ambos os casos, a incapacidade de admitir o erro (e de prejudicar aquela busca pessoal por validação) será capaz de ferir o consenso a respeito da realidade.

Essas nossas tendências pessoais são exploradas por uma técnica política de obtenção e manutenção do poder que se estrutura a partir da destruição da realidade, como vimos logo na abertura deste livro. Trata-se da mesma técnica utilizada na primeira metade do século XX e que volta a funcionar no século XXI por duas razões: primeiro porque a velha técnica encontrou novas ferramentas na tecnologia, e segundo porque, aparentemente, não aprendemos nada com o passado.

Se em algum momento obtivemos validação pessoal auxiliando essa técnica política em sua tentativa de minar a realidade, o mais provável é que voltemos a fazer a mesma coisa num futuro próximo. Trata-se de um vício: *likes*, RTs e coraçõezinhos liberam dopamina dentro de nossos cérebros; um neurotransmissor associado, entre outras coisas, ao prazer. O livro de Lanier atribui a Sean Parker, cofundador do Facebook, uma declaração incrivelmente sincera sobre esse assunto: "Precisamos lhe dar uma dose de dopamina de vez em quando [...] Isso é um circuito de feedback de validação pessoal porque explora uma vulnerabilidade da psicologia humana".

Se as redes sociais exploram uma vulnerabilidade da psicologia humana, então as teorias conspiratórias exploram uma vulnerabilidade das redes sociais, onde não existe nada nem parecido com os sofisticados sistemas de checagem previstos por Bill Gates em 1995: ainda não há rede alguma fazendo uma triagem algorítmica dos conteúdos com o objetivo de separar a realidade daquilo que a preda. Talvez por isso, pouco mais de vinte anos depois da conversa entre

Pratchett e Gates, o Oxford Dictionaries, departamento da universidade de Oxford responsável pelos famosos dicionários, tenha escolhido "pós-verdade" como a palavra do ano.

Em 2016, ao fazer a escolha, os pesquisadores também nos apresentaram um conceito para o substantivo. Eles consideraram que pós-verdade "denota circunstâncias nas quais fatos objetivos têm menos influência em moldar a opinião pública do que apelos à emoção e a crenças pessoais". A definição, por mencionar "apelos à emoção", não poderia ter vínculos mais estreitos com a rede social que pretende ser um "circuito de feedback de validação pessoal" e que "explora uma vulnerabilidade da psicologia humana".

O que a definição do dicionário não aborda frontalmente, no entanto, é que o apelo à emoção em detrimento dos fatos é menos uma estratégia comunicacional do que uma estratégia política em si mesma. Uma coisa é o uso da função conotativa da linguagem na publicidade (apelar para a emoção e identificação do receptor usando imperativos e pronomes em segunda pessoa). Outra bem diferente é erodir o tecido da realidade, deixando uma sociedade inteira perdida, sem parâmetro para comunicação porque todos estão operando em mundos completamente diferentes. Estamos todos conectados por redes desenhadas sob medida para tirar vantagens de nossas fragilidades. Quando somos capazes de nos reconhecer nessa condição, caminhamos na direção oposta à do idiota, conforme descrito na abertura deste livro.

O idiota original, relembremos, é alguém que vive apartado da vida em comunidade; possivelmente por se julgar superior a um coletivo que ele despreza. Ele se considera, portanto, longe do alcance de quem quer explorar suas vulnerabilidades. Ele, muito possivelmente, julga não ter vulnerabilidades e despreza quem tem. O idiota moderno acha que todo mundo é doutrinado – menos ele –, e faz questão de demonstrar isso compartilhando o último meme recebido no WhatsApp. O idiota hoje não está mais fora da pólis; está bem no meio dela, fechado na sua bolha.

Este não é o seu caso: se você chegou até aqui, o mais provável é que você não partilhe do desprezo que torna o idiota um idiota. Você se preocupa com o mundo porque reconhece ser parte dele.

Você sabe, inclusive, das imperfeições da sua espécie e reconhece que aquela "vulnerabilidade da psicologia humana" também é a sua vulnerabilidade. E tudo bem! Admitindo ser o que é, você ganha a chance de ser melhor. E, se você se torna melhor, o mundo ganha com isso – mais do que nunca, tudo está conectado, e cada avanço individual ajuda a levar a coletividade ao próximo nível.

Ao contrário do idiota, você é capaz de conviver humildemente com as dúvidas que um mundo tão complexo jamais falha em impor. Mentiras e teorias conspiratórias simplificadoras não tem apelo – não para você. Não lhe falta a humildade de admitir que não sabe e, em não sabendo, não lhe aflige a obrigação de achar – porque só o idiota acha que tem a obrigação de achar.

As teorias conspiratórias e as mentiras na rede invariavelmente nos são apresentadas com empáfia e arrogância: aquele que as formula raramente resiste à tentação do autoelogio. Com frequência, ele combate as contestações de suas teses com xingamentos; coisa que sua ilusão de superioridade permite fazer. Empáfia e arrogância combinam com autoritarismo, o produto final daquela técnica política que explora uma fragilidade das redes que, por sua vez, exploram uma fragilidade da natureza humana.

Com prudência, você reconhece as explorações e as fragilidades. Você sabe que não está acima delas e, assim, desenvolve a cautela necessária. Novamente, é a humildade contida no reconhecimento da própria condição que o torna capaz de superá-la.

Não se sabe se haverá um pós-pós-verdade. Alguns autores são mais otimistas que outros. Foi Hannah Arendt quem nos disse, em 1971, que o mentiroso jamais poderia encobrir toda a imensidão da realidade factual, "ainda que arregimentasse o auxílio de computadores". Essa, segundo Arendt, é a lição que nos deixam os autoritarismos do começo do século XX: por mais assustadoras que tenham sido suas consequências, o obscurecimento duradouro da realidade jamais foi uma delas. Não importa quão poderoso seja o empreendimento político antirrealidade, e não importa quão avançadas sejam as ferramentas que ele usa: enquanto houver uma única testemunha consciente dos meios pelos quais essa técnica opera, seus objetivos jamais estarão plenamente cumpridos. Essa testemunha é você.

Os autores deste livro não têm a menor pretensão de explicar a responsabilidade imposta por essa condição que transforma cada um de nós na frágil sustentação da realidade contra uma enxurrada de mentiras, muito menos de recomendar a linha de ação mais adequada. Essas são decisões suas.

A gente precisa ser humilde e dizer que não sabe o que você deve fazer. A gente também precisa ser grato e dizer: muito, muito obrigado por existir. Primeiro porque, como explicamos, a sua existência dá sobrevida à realidade. Segundo porque, a gente sabe, não tem sido fácil.

REFERÊNCIAS

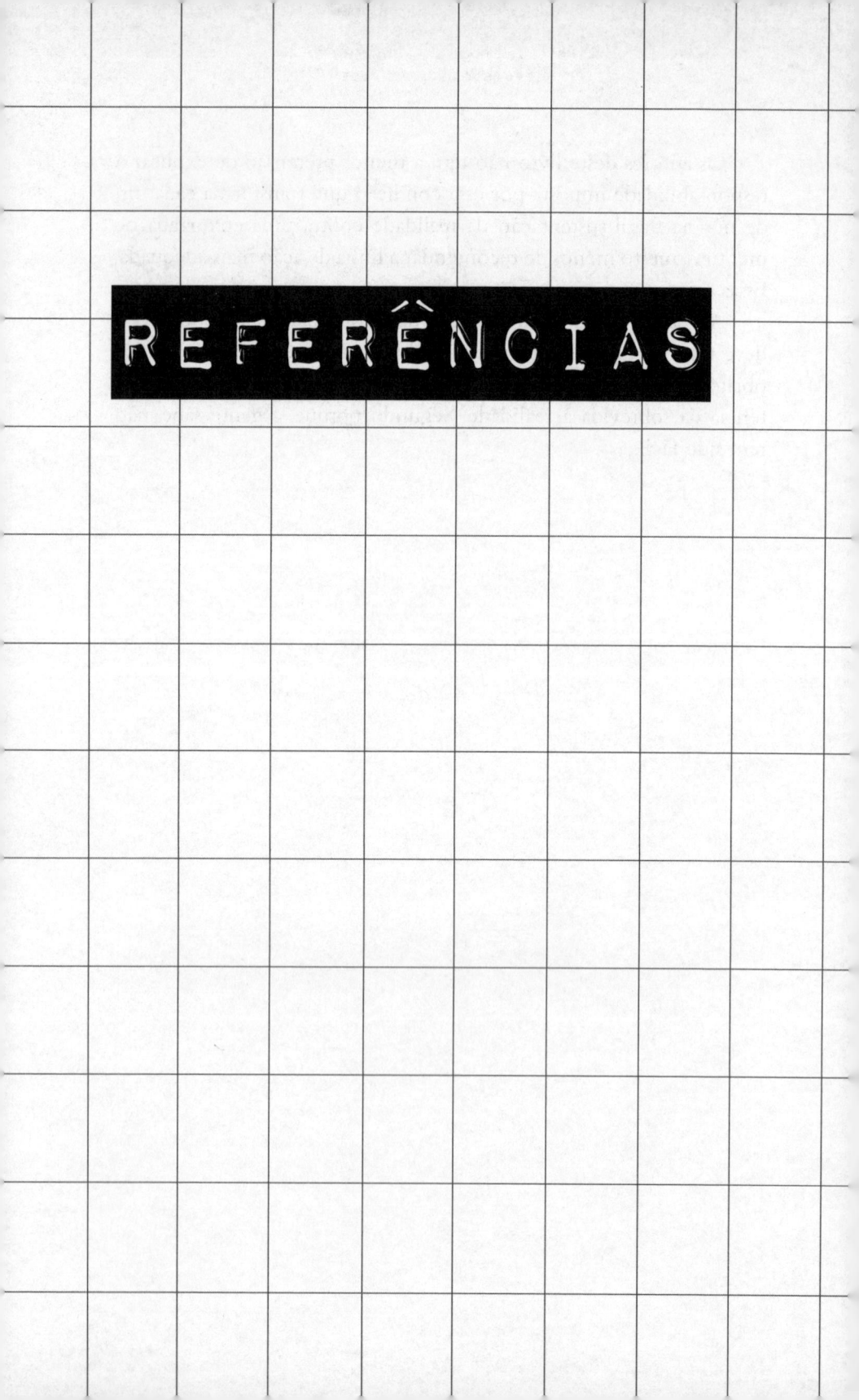

ANTES DE TUDO, O IDIOTA

BARZILAI-NAHON, Karine. (2008) "Towards a Theory of Network Gatekeeping: A Framework for Exploring Information Control", Journal of the American Society for Information Science and Technology (JASIST), Vol. 59(9), pp. 1493–1512.

CAILLOIS, Roger. (2017) Os jogos e os homens: a máscara e a vertigem. Editora Vozes Limitada.

DAWKINS, Richard. (2007) O gene egoísta. São Paulo: Companhia das Letras.

ECO, Umberto. (1994) Seis passeios pelos bosques da ficção. São Paulo: Companhia das Letras.

FLÜSSER, Vilém. (2007) O mundo codificado: por uma filosofia do design e da comunicação. São Paulo: Cosac & Naify.

_____ (2002) Filosofia da caixa preta: ensaios para uma futura filosofia da fotografia. Rio de Janeiro: Relume Dumará.

GUERREIRO, Paulo Sérgio. (2019) A eleição de um meme. Rio de Janeiro: Editora Multifoco.

HARDIN, Garrett. (1968) The tragedy of the commons. Science, 162(3859), 1243-1248.

KOOPMANS, Ruud. (2004) Movements and media: Selection processes and evolutionary dynamics in the public sphere. Theory and society, 33(3-4), 367-391.

LATOUR, Bruno. (2011) Ciência em ação: como seguir cientistas e engenheiros sociedade afora. São Paulo: Editora UNESP.

LEVITSKY, Steven; ZIBLATT, Daniel. (2018) Como as democracias morrem. Rio de Janeiro: Zahar.

LEWIN, Kurt. (1941-1943) Forces behind food habits and methods of change. Bulletin of the National Research Council. 108: 35-65.

LINZ, Juan; STEPAN, Alfred (eds). (1978) The Breakdown of democratic regimes. Vol 2 Europe. Baltimore, London: The Johns Hopkins University Press.

O'NEIL, Cathy. (2016) Weapons of Math Destruction: How Big Data Increases Inequality and Threatens Democracy. New York: Crown.

RHEINGOLD, Howard. (2007) Smart mobs: The next social revolution. Basic books.

SHOEMAKER, Pamela J.;VOS, Tim P. (2016) Teoria do gatekeeping: seleção e construção da notícia. Penso Editora, 2016.
SIMONDON, Gilbert. (2017) On the Mode of Existence of Technical Objects. Univ. Of Minnesota Press.
SOLANO, Esther. (2018) O ódio como política: A reinvenção das direitas no Brasil. São Paulo: Boitempo.
STANLEY, Jason. (2018) Como funciona o fascismo: A política do" "nós" e "eles". L&PM Pocket.

CAPÍTULO 1 - TEORIAS CONSPIRATÓRIAS SÃO IRREFUTÁVEIS, MAS ISSO NÃO AS TORNA VERDADEIRAS

BARKUN, Michael. (2013) A culture of conspiracy: Apocalyptic visions in contemporary America (Vol. 15). Univ. of California Press.
WALKER, Jesse. (2013) The United States of paranoia: A conspiracy theory. New York: Harper.

CAPÍTULO 2 - GLOBALISMO NÃO EXISTE

ECO, Umberto. (2016) Os limites da interpretação. Editora Perspectiva SA.
MAGALHÃES, David. (2018) Quem tem medo do Globalismo? *Estadão* [on-line] Disponível em <https://cultura.estadao.com.br/blogs/estado-da-arte/quem-tem-medo-do-globalismo/>. Acesso em 30.06.19.

CAPÍTULO 3 - A RELIGIÃO BIÔNICA MUNDIAL NÃO AMEAÇA A MORAL JUDAICO-CRISTÃ

COHEN, Arthur Allen. (1971) The Myth of the Judeo-Christian Tradition: And Other Dissenting Essays. Schocken Books.
LATOUR, Bruno. (2002) Reflexão sobre o culto moderno dos deuses fe(i)tiches. Edusc.

NEUSNER, Jacob. (2001) Jews and Christians: the myth of a common tradition. Global Academic Publishing.

CAPÍTULO 4 - O MEDO DO MARXISMO CULTURAL É UMA INVENÇÃO NAZISTA

BORCHGREVINK, Aage. (2013) A Norwegian tragedy: Anders Behring Breivik and the massacre on Utøya. Polity.
SEIERSTAD, Åsne. (2016) Um de Nós. Record.
WIGGERSHAUS, Rolf. (1994) The Frankfurt School: Its history, theories, and political significance. MIT Press.

CAPÍTULO 5 - GRAMSCI NUNCA FOI MAQUIAVÉLICO

GRAMSCI, Antonio. (1999). Cadernos do cárcere: volume 3: Maquiavel, notas sobre o estado e a política (Vol. 3). Editora Record.
MAQUIAVEL, Nicolau. (2004) O Príncipe. 3ª ed. Trad. Maria Julia Goldwasser. São Paulo: Martins Fontes.
MARTUSCELLI, Danilo Enrico. (2008) Gramsci e Althusser como críticos de Maquiavel. Rev. Sociol. Polit. [on-line]. vol.16, suppl., pp.27-41. ISSN 0104-4478.
VACCA, Giuseppe. (2013) Vida e pensamento de Antonio Gramsci (1926-1937). Rio De Janeiro: Contraponto.

CAPÍTULO 6 - DIREITOS HUMANOS NÃO SÃO UMA FERRAMENTA DE DOMINAÇÃO GLOBAL

HUNT, Lynn. (2009) A invenção dos direitos humanos: uma história. Editora Companhia das Letras.
ISHAY, Micheline. (2006) Direitos Humanos: Uma Antologia - Principais Escritos Políticos, Ensaios, Discursos e Documentos... Edusp.

CAPÍTULO 7 - POLITICAMENTE CORRETO É COISA DA DIREITA

BURNETT, Lora. (2015) Politically Correct: A History. [on-line] Disponível em <https://s-usih.org/2015/02/politically-correct-a-history-part-i/>. Acesso em 30.06.2019.
Chisholm v. Georgia. [on-line] Disponível em <https://www.law.cornell.edu/supremecourt/text/2/419>. Acesso em 30.06.2019.
The Guardian. [on-line] Disponível em <https://www.theguardian.com/us-news/2016/nov/30/political-correctness-how-the-right-invented-phantom-enemy-donald-trump>. Acesso em 30.06.2019.
TRAYLOR, Eleanor; CADE, Toni. (1970) The black woman: An anthology (Vol. 1433). New York: New American Library.
WEIGEL, Moira. (2016) Political correctness: how the right invented a phantom enemy.

CAPÍTULO 8 - OBAMA NÃO É UM AGENTE DA KGB

TOMASKY, Michael. (2011) Birthers and the persistence of racial paranoia. The Guardian. [on-line] Disponível em <https://www.theguardian.com/commentisfree/michaeltomasky/2011/apr/27/barack-obama-obama-administration>. Acesso em 30.06.2019.

CAPÍTULO 9 - MARTIN LUTHER KING NÃO ERA REPUBLICANO NEM ANTICOMUNISTA

CARSON, Clayborne. (2014) A autobiografia de Martin Luther King. Rio de Janeiro: Zahar.
GAGE, Beverly. (2014) What an uncensored letter to MLK reveals. The New York Times Magazine. [on-line] Disponível em <https://www.nytimes.com/2014/11/16/magazine/what-an-uncensored-letter-to-mlk-reveals.html?_r=1>. Acesso em 30.06.2019.

CAPÍTULO 10 - NADA NA PSICOLOGIA NOS RECOMENDA UM SISTEMA DE CASTAS

GASSET, José Ortega y. (1967) Meditações do Quixote. Livro Ibero-americano.
GUÉNON, René. (1991) O rei do mundo. Edições 70 - Brasil.
ECO, Umberto. (2016) Os limites da interpretação. Editora Perspectiva SA.
SEDGWICK, Mark. (2009) Against the modern world: Traditionalism and the secret intellectual history of the twentieth century. Oxford University Press.
SCHUON, Frithjof. (2002). O sentido das raças. IBRASA.

CAPÍTULO 11 - FREUD NÃO DEFENDE O INCESTO

FREUD, Sigmund. (1974) Totem e tabu e outros trabalhos. Edição Standart Brasileira das obras psicológicas completas. Vol. XIII (1913--1914). Ed. Imago.
_____ (1856-1939) Três ensaios sobre a teoria da sexualidade. Rio de Janeiro: Imago.
PAIVA, Maria Lucia de Souza Campos. (2011) Recalque e repressão: uma discussão teórica ilustrada por um filme. Estudos Interdisciplinares em Psicologia, 2(2), 229-241.
SOLMS, Mark. (2004) "Freud returns". *Scientific American*, 290(5), 82-89.
STANLEY, Jason. (2018) *Como funciona o fascismo:* A política do "nós" e "eles". L&PM Pocket.

CAPÍTULO 12 - IDEOLOGIA DE GÊNERO NÃO; ESTUDOS DE GÊNERO, SIM

BRITTO, Ayres. (2011) Arguição de descumprimento de preceito Fundamental 132 - Rio De Janeiro. [on-line] Disponível em <http://redir.stf.jus.br/paginadorpub/paginador.jsp?docTP=AC&docID=628633>. Acesso em 30.06.2019.

BUTLER, Judith. (2003) Problemas de gênero: Feminismo e subversão da identidade. Editora Civilização Brasileira.
CAMPOS, João; ZIMBALDI, Salvador. (2013) Requerimento de Instituição de CPI Nº ___ de 2013. [on-line] Disponível em <https://www.camara.leg.br/proposicoesWeb/prop_mostrarintegra?codteor=1075429&filename=Tramitacao-RCP+21/2013>. Acesso em 30.06.2019.
Correio do Estado. (2011) Deputado Bolsonaro leva panfleto antigay a escolas. [on-line] Disponível em <https://www.correiodoestado.com.br/noticias/deputado-bolsonaro-leva-panfleto-antigay-a-escolas/110346/>. Acesso em 30.06.2019.
DAVIS, Angela. (2016) *Mulheres, raça e classe*. Boitempo Editorial.
DE BEAUVOIR, Simone. (2014) *O segundo sexo*. Nova Fronteira.
Grupo Dignidade. (2011) UNESCO aprova os materiais educativos do projeto Escola Sem Homofobia. [on-line] Disponível em <http://www.grupodignidade.org.br/unesco-aprova-os-materiais-educativos--do-projeto-escola-sem-homofobia/>. Acesso em 30.06.2019.
HOOKS, Bell. (2000) *Feminist theory:* From margin to center. Pluto Press.
MISKOLCI, Richard; CAMPANA, Maximiliano. (2017) "Ideologia de gênero": notas para a genealogia de um pânico moral contemporâneo. Sociedade e Estado 32(3), pp.725-747. [on-line] Disponível em <http://www.redalyc.org/articulo.oa?id=339954301008>. Acesso em 30.06.2019.
STRATHERN, Marilyn. (1981) *Self-interest and the social good*: some implications of Hagen gender imagery. Sexual meanings: the cultural construction of gender and sexuality, 166-91.
WOLLSTONECRAFT, Mary. (2017) *Reivindicação dos direitos da mulher*. Boitempo Editorial.

CAPÍTULO 13 - TODO HOMOFÓBICO VIVE EM UM MUNDO SALVO POR MEMBRO DA COMUNIDADE LGBTQI+

HODGES, Andrew. (2012) *Alan Turing:* The Enigma. Random House.
TURING, Alan. (2009) Computing machinery and intelligence. In *Parsing the Turing Test* (pp. 23-65). Springer, Dordrecht.

BORTONI, Larissa. (2017) Expectativa de vida de transexuais é de 35 anos, metade da média nacional. [on-line] Disponível em: < https://www12.senado.leg.br/noticias/especiais/especial-cidadania/expectativa-de-vida-de-transexuais-e-de-35-anos-metade-da-media-nacional/expectativa-de-vida-de-transexuais-e-de-35-anos-metade-da-media-nacional>. Acesso em 30.06.2019.

CAPÍTULO 14 - NÃO HÁ SOCIEDADE LIVRE DE DROGAS

ALEXANDER, Bruce. (2010) Addiction: The View from Rat Park. [on-line] Disponível em <https://www.brucekalexander.com/articles-speeches/rat-park/148-addiction-the-view-from-rat-park>. Acesso em 30.06.2019.

FERREIRA, Susana. (2017) Portugal's radical drugs policy is working. Why hasn't the world copied it? *The Guardian*. [on-line] Disponível em <https://www.theguardian.com/news/2017/dec/05/portugals-radical-drugs-policy-is-working-why-hasnt-the-world-copied-it>. Acesso em 30.06.2019.

CAPÍTULO 15 - O MÉTODO CIENTÍFICO É UMA CONQUISTA A SER CELEBRADA

DAWKINS, Peter. "The Life of Sir Francis Bacon". The Francis Bacon Research Trust. UK Registered Charitable Trust. [on-line] Disponível em <https://www.fbrt.org.uk/pages/essays/Life_of_Sir_Francis_Bacon.pdf>. Acesso em 30.06.2019.

DESCARTES, René. (1978) *Discurso sobre o método*. São Paulo: Hemus.

LEWIS, Neil. (2019) Robert Grosseteste. in *The Stanford Encyclopedia of Philosophy* (Summer 2019 Edition), Edward N. Zalta (ed.). [on-line] Disponível em < https://plato.stanford.edu/archives/sum2019/entries/grosseteste/>. Acesso em 30.06.2019.

NAESS, Atle. (2015) *Galileu Galilei, um revolucionário e seu tempo*. Rio de Janeiro: Zahar.

NAGEL, Ernest (1935). *An Introduction to Logic and Scientific Method*. Philosophical Review, 44:411.

PEIRCE, Charles Sanders. (1977) Semiótica. São Paulo: Perspectiva.
_____. (2008) Ilustrações da lógica da ciência. Tradução e introdução Renato R. Kinouchi. Aparecida, SP: Ideias & Letras.
SIDEBOTTOM, Eric. (2013) Roger Bacon and the beginnings of experimental science in Britain. *Journal of the Royal Society of Medicine, 106*(6), 243–245. doi:10.1177/0141076813488482

CAPÍTULO 16 - VACINAS SÃO SEGURAS

GOWER, Barry. (2012) *Scientific method:* A historical and philosophical introduction. Routledge.
OFFIT, Paul A. (2015) *Deadly choices:* How the anti-vaccine movement threatens us all. Basic Books (AZ).
SEVCENKO, Nicolau. (2018) *A Revolta da Vacina:* mentes insanas em corpos rebeldes. SciELO-Editora UNESP.

CAPÍTULO 17 - A TERRA NÃO É PLANA. E MAIS: ELA GIRA EM TORNO DO SOL

BALL, Sir Robert Stawell. (2011) From Ptolemy to Copernicus (Annotated). [Kindle Edition] A. J. Cornell Publications.
NAESS, Atle. (2015). *Galileu Galilei:* Um revolucionário e seu tempo. Rio de Janeiro: Zahar.

CAPÍTULO 18 - A HUMANIDADE NÃO PODE QUEIMAR PETRÓLEO INDEFINIDAMENTE

BLASBY, Geoffrey. (2006) *Abiogenic origin of hydrocarbons:* An historical overview. Resource Geology, 56(1), 83-96.
BELONOSHKO, Anatoly; LUKINOV, Timofiy; ROSENGREN; Anders; BRYK, Taras; LITASOV, Konstantin. (2015) *Synthesis of heavy hydrocarbons at the core-mantle boundary.* Scientific reports, 5, 18382.

INMAN, Mason. (2016) *The Oracle of Oil:* A Maverick Geologist's Quest for a Sustainable Future. WW Norton & Company.

CAPÍTULO 19 - NÃO HÁ RAZÃO PARA DUVIDAR DAS MUDANÇAS CLIMÁTICAS

BRULLE, Robert. (2018) *The climate lobby:* a sectoral analysis of lobbying spending on climate change in the USA, 2000 to 2016. Climatic change, 149(3-4), 289-303.
IPCC. (2014) Climate Change 2014: Synthesis Report. Contribution of Working Groups I, II and III to the Fifth Assessment Report of the Intergovernmental Panel on Climate Change [Core Writing Team, R.K. Pachauri and L.A. Meyer (eds.)]. IPCC, Geneva, Switzerland, 155 pp.
LAU, David; CELERMAJER, David. (2014) Protecting our children from environmental tobacco smoke: one of our great healthcare challenges. European Heart Journal 35, 2452–2453.

CAPÍTULO 20 - A ESCRAVIDÃO EXISTIU E SUAS CONSEQUÊNCIAS SÃO SENTIDAS NO PRESENTE

CALDEIRA, Arlindo Manuel. (2013) *Escravos e Traficantes no Império Português*. Esfera dos Livros.
Voyages: The Trans-Atlantic Slave Trade Database. [on-line] Disponível em <https://www.slavevoyages.org/>. Acesso em 30.06.2019.

CAPÍTULO 21 - O FORO DE SÃO PAULO JAMAIS FOI UMA ORGANIZAÇÃO SECRETA

O Estado de S. Paulo. (2013) *Um foro anacrônico*. [on-line] Disponível em <https://opiniao.estadao.com.br/noticias/geral,um-foro-anacronico-imp-,1062602>. Acesso em 30/06/2019.

CAPÍTULO 22 - A LEI ROUANET NÃO É UMA MAMATA

BIDESE, Mônica. (2019) Cultura corresponderá a apenas 0,66% da renúncia fiscal da União em 2016. [on-line] Disponível em <http://cultura.gov.br/cultura-correspondera-a-apenas-0-66-da-renuncia-fiscal-da-uniao-em-2016>. Acesso em 30.06.2019.

Roda Viva. (1991) Entrevista de Sérgio Paulo Rouanet. [on-line] Disponível em <https://tvcultura.com.br/videos/13849_sergio-paulo-rouanet-30-08-1991.html>. Acesso em 30.06.2019.

CAPÍTULO 23 - UNIVERSIDADES PÚBLICAS PRODUZEM PESQUISA, MUITA PESQUISA

AZEVEDO, Reinaldo. (2008) "Há mais comunistas na universidade brasileira do quem em Pequim". *Revista Veja* (Blog). [on-line] Disponível em <https://veja.abril.com.br/blog/reinaldo/ha-mais-comunistas-na-universidade-brasileira-do-quem-em-pequim/>. Acesso em 30.06.2019.

CHAUVIN, Jean Pierre. (2019) O papel das ciências humanas. Jornal da USP [on-line]. Disponível em <https://jornal.usp.br/?p=238878> . Acesso em 30.06.2019.

CROSS, Di; THOMSON, Simon; SINCLAIR, Alexandra. (2018) *Research in Brazil:* A report for CAPES by Clarivate Analytics. Clarivate Analytics. Disponível em: <http://www.capes.gov.br/images/stories/download/diversos/17012018-CAPES-InCitesReport-Final.pdf>. Acesso em 30.06.2019.

TERRAS, M; PRIEGO, E; LIU, A; ROCKWELL, G; SINCLAIR, S.; HENSLER, C; THOMAS, L. (2013) "The Humanities Matter!" Infographic. [on-line] Disponível em <4humanities.org/infographic>. Acesso em 30.06.2019.

CAPÍTULO 24 - PAULO FREIRE NÃO DOUTRINOU NINGUÉM

FREIRE, Paulo. (2014) *Educação como prática da liberdade.* Editora Paz e Terra.

DEPOIS DE TUDO, VOCÊ

ARENDT, Hannah. (1972) Lying in politics: Reflections on the Pentagon Papers. Revised and extended version in Crises of the republic, by Hannah Arendt, 3-47. New York: Harcourt, Brace, & Jovanovich.
FLOOD, Alison. (2019) Terry Pratchett predicted rise of fake news in 1995, says biographer. The Guardian [on-line] Disponível em <https://www.theguardian.com/books/2019/may/30/terry-pratchett-predicted-rise-of-fake-news-in-1995-says-biographer>. Acesso em 30.06.2019.
LANIER, Jaron. (2018) Dez argumentos para você deletar agora suas redes sociais. Intrinseca.
WANG, Amy B. (2016) 'Post-truth' named 2016 word of the year by Oxford Dictionaries. The Washington Post. [on-line] Disponível em <https://www.washingtonpost.com/news/the-fix/wp/2016/11/16/post-truth-named-2016-word-of-the-year-by-oxford-dictionaries/?utm_term=.762a1c2073c3>. Acesso em 30.06.2019.

**Acreditamos
nos livros**

Este livro foi composto em Dante MT Std e
impresso pela Gráfica Santa Marta para a Editora Planeta
do Brasil em março de 2020.